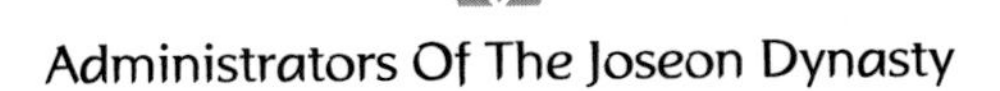

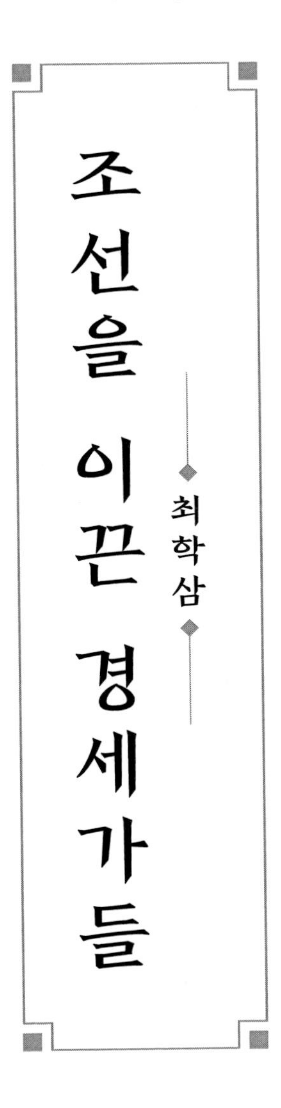

박영사

머 리 말

경세가(輕世家)라고 하면 국어사전에서는 세상을 다스려 나가는 사람이라고 정의된다. 그렇다면 경세가라고 하면 과거의 우리나라 역사에서는 왕이 가장 어울리는 사람일 것이다. 그러나 경세가는 왕에게만 국한되지 않는 용어일 것이다. 경세가가 해야 될 가장 큰 임무로는 국난의 극복과 민생의 안정일 것이다. 이를 위해 필요한 정책의 제안과 시행에 있어 왕이 하지 못하는 부분 또는 하지 않으려고 하는 부분을 왕을 대신하여 제안하고 시행한 위대한 관료들도 경세가가 될 수 있을 것이다.

조선시대 수많은 관료 중에서 국난의 극복과 민생의 안정을 위해 힘쓴 경세가(輕世家)라고 할 수 있는 인물은 손에 꼽을 수 있다. 임진왜란이 일어나기 전 10만 양병설을 주장한 율곡 이이, 임진왜란 중에 훈련도감을 설치하고 둔전경영을 장려한 서애 류성룡, 임진왜란을 승리로 이끈 주역인 성웅 이순신, 실학을 집대성한 다산 정약용, 대동법의 전국적인 시행을 위해 평생을 노력한 잠곡 김육 등이 대표적인 경세가들이다. 본 연구는 이러한 인물들 외에 대동법 시행 초기의 폐지위기를 극복하려고 부단히도 애쓴 오리 이원익과 추포 황신, 암행어사와 지방관 시절 민생을 괴롭히는 폐해를 적발하고 교정시키고자 노력했던 과재 정만석이라는 인물에 대하여도 언급하고자 한다.

이러한 경세가들은 왕을 도와 적극적으로 국난극복과 민생안정을 위해 힘쓰는 한편, 이 두 가지 중요한 사안에 대해 적극적이지 못한 왕을 일깨우고자 하는 노력까지도 서슴지 않았다는 공통점이 있다. 본 연구에서는 이러한 경세가들이 주장하고 실시한 수 많은 정책 중에서 임진왜란 등의 국난 극복과 피폐한 민생을 안정시키기 위한 대표적인 내용들을 검토해 보고자 한다.

먼저 율곡 이이에 관해서는 그가 민생의 안정을 위해 주장한 조세개혁정책과 대동법의 모태가 된 대공수미법의 제안에 관한 내용을 중점적으로 검토해 보게 된다. 다음으로 서애 류성룡에 관한 내용으로는 임진왜란이 일어나 육군이 연전연패하는 과정에서 군사들의 체계적인 훈련을 위해 훈련도감을 설치하고, 전쟁에 필수불가결한 요소인 군량미 확보를 위한 둔전을 설치하는 내용을 중점적으로 검토해 보게 된다.

다음으로는 임진왜란과 관련한 대표적인 인물인 이순신이 군량미 확보를 위해 실시한 둔전의 설치 및 경영, 해로통행첩의 발급과 자신이 없는 사이 전멸하다시피한 조선의 수군을 재건하는 내용에 관하여 검토해 보게 된다. 실학을 집대성한 다산 정약용에 관해서는 그의 수많은 개혁 책 중에 민생과 직결된 세법개혁에 관한 내용을 검토해 보게 된다. 오리 이원익과 추포 황신에 관한 내용에서는 광해군이 즉위한 시기에 시행된 대동법이 얼마 가지 않아 폐지위기에 직면하게 되는 상황에서 대동법의 폐지를 적극적으로 반대하고 계속 시행될 수 있도록 하는 내용을 검토해 보게 된다.

잠곡 김육에 관한 내용에서는 인조 대와 효종 대에 걸쳐 관료 생활의 전 기간을 대동법의 전국적인 실시를 위해 노력하는 부분을 검토하게 된다. 과재 정만석에 관한 내용에서는 암행어사와 지방관 시절 각 고을에서 발생하는 폐단을 적발하여 왕에게 보고하는 한편, 그 폐단을 교정하고자 노력했던 내용을 검토해 보고자 한다.

본 연구에서 언급되지 않은 조선시대 및 기타 우리나라 역사에서의 경세가들에 관한 연구는 계속해서 진행될 예정이다. 본서가 출간되기까지 많은 도움을 주신 박영사 안상준 대표님, 박세기 부장님, 우석진 위원님께 진심으로 감사드린다는 말씀을 전한다. 끝으로 사랑하는 나의 가족 근미, 연우, 서희에게 미안함과 고마움 그리고 사랑을 전한다.

2020년 2월

신어산 기슭 연구실에서 저자

차 례

율곡 이이의 조세개혁정책과 대공수미법 시행 제안에 관한 연구

서애 류성룡의 경세(經世)사상과 조세개혁정책 시행에 관한 연구

이순신의 둔전경영과 해로통행첩 시행에 관한 연구

이순신의 수군재건과 특별조세 징수에 관한 연구

왕의 즉위와 대동법 시행에 관한 연구

대동법 시행초기의 폐지위기와 추포(秋浦) 황신(黃愼)의 공헌에 관한 연구

다산 정약용의 세법개혁을 기초로 한 조선시대 부가세에 관한 연구

정만석의 응지상소(應旨上疏) 중 삼폐(蔘弊)에 관한 연구

율곡 이이의 조세개혁정책과 대공수미법 시행 제안에 관한 연구

율곡 이이의 조세개혁정책과 대공수미법 시행 제안에 관한 연구

본 연구는 율곡 이이의 조세사상을 검토해 보고, 그의 조세개혁정책 중에서도 가장 강력한 의지가 반영되었다고 할 수 있는 공물방납의 폐단을 개선하기 위한 대공수미법의 시행 제안과 관련된 내용을 중점적으로 검토해 보는 것에 그 목적이 있다. 이를 위해 「동호문답」, 「만언봉사」, 「성학집요」 등 그의 저서에서 백성을 편안히 하기 위한 개혁정책을 제안하는 내용 중 재정 및 조세에 관한 내용을 중점적으로 검토하고 해석해 보고자 하였다. 본 연구를 통해 오늘날의 국가재정확보와 국민생활 안정에 필요한 조세를 비롯한 경제, 사회 분야 등에 관련된 정책입안에 관계하는 관료 및 기득권층에게 오로지 백성의 편안한 생활만을 생각했던 율곡 이이의 개혁의지를 깨닫게 하는 것에 본 연구의 의의가 있다고 할 수 있다.

연구의 결과, 임금과 대신들의 반대와 방납업자들의 방해로 대공수미법은 결국 시행되지는 못하였으나, 임진왜란이라는 국란 중에 서애 류성룡이 율곡 이이의 대공수미법 시행에 대한 주장을 계승하여 시행하고자 할 정도로 대공수미법은 국가와 백성을 위해 꼭 필요한 정책이었다고 할 수 있다. 또한, 임진왜란이 끝난 후 광해군 즉위년(1608년)에는 율곡 이이와 류성룡의 대공수미법을 계승한 이원익의 건의로 공물방납의 폐단이 가장 심했던 경기도 지역부터 대동법이 시행되어 제주도를 제외한 전국에 걸쳐 시행되기까지 100년이라는 세월이 걸리기도 하였으나, 1894년 갑오개혁 때 세제개혁이 이루어질 때까지도 존속되어 대공수미법은 대동법이라는 이름으로 결국 시행되었다고 볼 수 있다.

본 연구의 공헌점은 공물방납의 폐단 등을 개선하여 국가의 재정확보와 백성의 안정된 생활을 추구하려고 한 율곡 이이와 같은 대 선각자가 있었기 때문에 그가 시행하고자 했던 대공수미법을 계승하여 대동법이 결국 시행될 수 있었던 것이고, 국가와 백성을 위한 올바른 정책이 시행되기까지는 기득권층의 방해 및 임금 등 지배계층의 인식부족 등 많은 어려움이 존재하였으며, 오늘날에도 국가와 국민을 위한 올바른 정책시행이 지도계층 및 기득권층과의 타협 없이 일부 선각자들의 힘만으로는 결코 이루어질 수 없다는 것을 다시 한 번 일깨워 준다는 것에 있다.

Ⅰ. 서론

율곡 이이(1536~1584년)는 조선시대를 벗어나 한반도 최고의 천재, 십만양병설을 주장한 정치가 및 관료, 대학자로 널리 알려져 있다. 또한, 율곡 이이는 퇴계 이황과 함께 16세기를 대표하는 사림이라고 할 수 있다. 퇴계 이황을 영남학파, 율곡 이이를 기호학파의 대표라 하여 두 사람 사이를 경쟁관계로 보는 견해도 있는데, 이러한 내용은 퇴계 이황의 영남학파가 동인으로, 율곡 이이의 기호학파가 서인으로 전환되어 당쟁을 한 것에서 발생한 오해라고 할 수 있을 것이다. 이 두 사람은 많은 나이 차이에도 불구하고, 성리학에 대한 열정과 공감대가 서로 통했고, 학문적으로 보완하는 관계였다고 할 수 있다. 퇴계 이황이 성리학을 완벽하게 이해했다면, 율곡 이이는 퇴계 이황이 이룩한 학문적 토대 위에서 성리학을 조선에 토착화시킨 인물이라고 할 수 있다. 율곡 이이의 이러한 성리학적 업적 외에도, 정치, 경제, 교육, 국방 등 그가 펼치려고 했던 수많은 분야의 정책들은 오늘날을 살아가고 있는 사람으로서 생각하기에 경이롭기까지 한 것이다.

본 연구에서는 그 중에서도 율곡 이이의 국가의 재정확보와 백성을 편안히 하기 위한 개혁정책과 관련된 내용을 검토해 보고자 한다. 또한, 본 연구에서는 율곡 이이의 개혁정책 중에서도 조세개혁정책에 대한 주장을 「동호문답」, 「만언봉사」, 「성학집요」 등 그의 저서를 통하여 검토하여 보고, 특히 공물방납의 폐단을 개선하기 위해 1608년(광해군 즉위년)부터 시행된 대동법의 효시가 되는 대공수미법의 시행을 제안한 내용을 중점적으로 검토하고 해석하여 율곡 이이의 국가와 백성을 위한 노력들이 오늘날의 국가에서 국민을 위한 조세정책 입안에 있어서 어떠한 교훈점을 주는지를 파악해 보고자 하는 것이 본 연구의 목적이다. 본 연구와 대동법과 관련된 선행연구와의 가장 큰 차이점은 기존의 선행연구들이 대동법의 시행과 관련된 세부내용에 중점을 두고 있는 반면, 본 연구는 대동법이 시행되기 전 율곡 이이가 제안한 대공수미법의 도입취지와 대동법의 효시가 된 대공수미법의 역할 및 대공수미법 외의 추가적인 조세개혁정책까지를 검토해 보고자 한다는 것이다.

본 연구는 Ⅰ.의 서론에 이어 Ⅱ.에서는 이론적 배경 및 선행연구를 기술하고, Ⅲ. 및 Ⅳ.에서는 율곡 이이의 조세개혁정책에 관련된 내용과 대공수미법을 계승한 대동법의 시행에 관련된 내용을 검토하며, 마지막 Ⅴ.에서는 결론을 기술한다.

Ⅱ. 이론적 배경 및 선행연구

1. 율곡 이이의 조세사상

(1) 재정원칙론(財政原則論)[1]

1) 양입위출(量入爲出)의 원칙

조선시대의 재정은 수입을 헤아려 보고 지출을 조절하는 “양기입이위출(量其入 以爲出)” 또는 “양입제출(量入制出)”이라는 원칙에 바탕을 두고 있어, 지출을 헤아려 수입을 정하는 “양출정입(量出定入)”이라는 근대적인 조세관념과 대조된다. 율곡 이이도 양입위출(量入爲出)이라는 종래의 재정원리를 그대로 계승하고 있다. 그는 다음과 같이 기술하고 있다.

① 수입을 요량하지 못하기 때문에 한 해의 수입이 지출을 감당할 수 없게 된다.[2]

② 따라서 적의(適宜)함을 참작하여 부세를 징수해서 수입을 헤아려 지출을 계획함으로써 매양 남은 저축이 있게 되면 국가는 경제는 점차 넉넉해지고 백성의 노고도 또한 휴식을 얻게 될 것이다.[3]

③ 수입을 헤아려서 지출을 하고, 급하지 않은 경비는 모두 혁파하고, 전수관(주관 또는 보관하는 벼슬아치)이 재정관리법을 엄히 밝혀서 도둑을 당하지 않는 연후에야 재정이 고갈되는 지경에 이르지 않을 것입니다.[4]

---

1) 강인애, 1997, 「한국근대조세사상연구」, 조세통람사, pp.258－260.
2) 栗谷先生全書卷之七. 司諫院乞變通弊法箚, 한국고전번역원.
3) 栗谷先生全書卷之七. 司諫院乞變通弊法箚, 한국고전번역원.
4) 栗谷先生全書卷之八. 啓. 六啓條, 한국고전번역원.

앞의 내용에서 강인애(1997)는 수입을 헤아려 보고 지출을 조절하는 양입위출(또는 양입제출)의 재정원리를 율곡 이이가 계승하고 있다고 하면서, 지출을 헤아려 수입을 정하는 양출정입이라는 근대적인 조세관념과 대조된다고 하였다. 이러한 내용은 국가재정 측면에서 생각해 보면 오늘날 무리한 국가재정지출로 인한 국민들의 조세부담을 더 증가시키는 것과 지출을 먼저 정해 놓고 조세징수를 하는 과정에서 징수한 조세로도 그 재정지출을 감당하지 못하는 경우 외채사용 등으로 국가채무가 계속 늘어나는 악순환을 반복하는 문제에 대하여 오늘날의 국가재정에 양입위출의 재정원리를 고려해야 맞지 않느냐는 반문이 생길 수도 있다. 한편으로, 과거와 오늘날의 재정규모 등에 많은 차이가 있는 문제는 다른 차원에서 고려되어야 할 문제로 보여진다.

2) 재정절약감축론(財政節約減縮論)

율곡 이이는 「擬陳時弊疏」에서 제안한 6개의 생재활민책(生財活民策, 국가의 재용을 늘리고 백성을 살리는 방책) 중에서 다음과 같이 네 가지의 재정절약감축안을 제시하고 있다.

첫째, 궁전(宮殿)의 비용을 줄임으로써 백성들이 힘을 펴도록 하여야 한다.

둘째, 제사(祭祀)의 법도를 바로잡음으로써 번거롭고 모독이 되는 것을 고쳐야 한다.

셋째, 관청을 줄여 쓸데없는 관원을 없애야 한다.

넷째, 쓸데없는 경비를 줄임으로써 나라의 비용에 도움이 되도록 하여야 한다는 것이다.[5)]

위의 네 가지 재정절약감축론과 관련하여 오늘날의 상황에서 생각해 보면, 궁전의 비용을 줄인다는 것은 전직 대통령들의 퇴임 전 사저

---

5) 栗谷先生全書卷之四. 擬陳時弊疏, 한국고전번역원.

신축과 관련된 재정지출과 연관지을 수 있을 것이다. 굳이 퇴임 후 기거할 사저를 신축하지 않아도 될 상황에서 국민들의 혈세를 사용하여 사저를 신축했던 전직 대통령도 있고, 언론에서의 지탄 등 국민들의 반감으로 사저 신축을 포기한 전직 대통령도 있는 상황은 율곡 이이의 궁전의 비용을 줄이는 것과 관련된 재정감축론을 다시 한 번 상기시키게 하는 것이다.

다음으로, 제사(祭祀)의 법도를 바로잡음으로써 번거롭고 모독이 되는 것을 고쳐야 한다는 내용은 조선시대 때 종묘와 사직에 제사지내는 행사 등 그 많은 횟수 등을 줄여야 한다는 것인데 오늘날의 상황에서 고려해 보면 조선시대 때 해 오던 제사 등은 많이 없겠으나 지자체에서 시행하고 있는 유사한 축제의 숫자를 줄이는 방법을 검토해 볼 수 있을 것이다.

다음으로, 관청을 줄여 쓸데없는 관원을 없애야 한다는 내용과 오늘날의 상황을 고려해 보면 토지공사와 주택공사의 통합 등 공사 등의 통합은 관청 수를 줄이는 것이 되지만 그와 관련된 공무원들은 그들 가정의 생계와 관련된 문제가 있어 그대로 승계되어야 하는 어려움이 있을 수 있는 것이다.

또한 율곡 이이는 「六啓條」에서 제안 시무육조 중 "족재용"(足財用, 경제를 풍족히 할 것)에서 "군사를 풍족하게 하는 데는 식량을 풍족히 하는 것으로 근본을 삼으니, 백만 군사가 하루아침에 흩어지는 것도 식량이 없기 때문이다. 지금 국가의 식량비축은 1년을 지탱하지 못하니, 이른바 나라가 나라답지 못한 것이다"[6]라고 하였다.

그리고 율곡 이이는 국고가 날로 줄어들어 가는 원인을, ① 수입이 적고 지출이 많은 것(入寡出多),[7] ② 맥도로 세를 거두는 것(貉道收稅),[8]

6) 栗谷先生全書卷之八. 啓. 六啓條, 한국고전번역원.

7) 1년의 수입이 1년의 지출을 감당하지 못하여 묵어온 저축으로 그 경비를 충당하고 있음을 말한다.

8) 세(稅)의 징수가 적어서 국고가 고갈되었음을 말한다.

③ 제사가 번독한 것(祭祀煩黷)[9] 등 세 가지을 들고 있다.

위의 내용과 관련하여 오늘날의 상황에서 고려해 볼 수 있는 것은 IMF 금융위기 이후 외환보유고를 꾸준히 늘려 유지하고 있는 것은 과거의 위기를 다시 되풀이 하지 않기 위한 노력이라고 할 수 있는 것이며, 적자 공기업의 계속적인 유지 및 적자 상황에서도 태연하게 성과급잔치를 벌이는 사태, 부실 대기업 및 금융기관 등에 아낌없는 공적자금투입, 그 공적자금으로 개인의 사리사욕을 채우기 위한 비리와 회계부정을 눈감아주는 등의 감독기관의 부패 등을 들 수 있을 것이다.

(2) 조세법률주의(租稅法律主義) 사상

율곡 이이는 선법일치사상(善法一致思想)을 가지고 있었던바, 국가의 경비를 주관하는 관리(典守官)로 하여금 법규를 엄히 지켜 재정관리를 철저히 하도록 말한 것으로 보아 근대 조세법률주의에 근접한 법사상을 가지고 있었던 것으로 볼 수 있다(강인애 1997, 261).

(3) 조세공평주의(租稅公平主義) 사상과 균역론(均役論)

율곡 이이는 평등사상에 입각하여 평부(平賦), 즉 공평과세의 사상을 가지고 있었다(강인애 1997, 261). 그는 「만언봉사」에서 다음과 같이 기술하고 있다.

> "연산군 때에 더 늘이어 정한 분량을 모두 없애도록 하여 조종의 옛법을 회복하도록 하십시오. 이를 근거로 여러 고을에 그러한 물건의 생산이 있는가 없는가, 토지에 대한 세금이 많은가 적은가, 백성들의 호수가 줄었는가 늘었는가를 조사하여, 그에 따라 조절하여 한결같이 균평되게 하십시오(강인애 1997, 261; 이이 · 강세구(역) 2007, 119)."

---

9) 종묘 등에 제사가 너무 많고 번거러워 국고를 허비(虛費)하는 것을 말한다.

또한, 율곡 이이는 부역(賦役)을 고르게 할 것(균역법)[10]을 주장하면서, 「만언봉사」에서 다음과 같이 기술하고 있다.

> "오늘 한 가지 계획을 진언하여 명목없는 조세를 없앨 것을 요청해 보아도 여러 고을의 세금징수는 여전하고, 다음날 한 가지 일을 건의하여 전호의 부역을 균등히 할 것을 요청해 보아도 호족들이 부역에서 빠지는 것은 전과 다름이 없습니다."[11]

위와 같이 율곡 이이의 조세사상을 검토해 본 결과, 율곡 이이의 재정정책에 있어서 기본이 되는 것은 근검절약을 통해서 국가의 재용을 아끼는 것, 부세제도의 개혁을 통하여 국민의 부담을 줄이는 것, 법률과 평등사상에 의한 조세의 징수였다는 것을 알 수 있으며, 이러한 내용은 임진왜란이 일어나기 전 공물방납의 폐단이 극심했던 상황에서 국가의 재정확보와 백성의 안정된 생활을 추구하기 위해 대공수미법의 시행을 추진한 배경이 되었다고 할 수 있을 것이다.

2. 선행연구

율곡 이이의 조세개혁정책 및 대공수미법 시행에 관련된 선행연구로는 주로 율곡 이이의 도학사상, 사회경제사상에 관한 연구가 많이 있다.

김재우(2007)는 율곡 이이의 도학사상의 성리학적 기반, 도학정치,

10) 영조시대 때 시행된 균역법과 율곡 이이가 「만언봉사」에서 주장한 균역법은 같은 용어로 오해하기 쉬울 수 있으나 세부내용에 차이가 있다. 영조시대 때 시행된 균역법은 1750년(영조 26년) 16세부터 60세까지의 양인(良人)에게 부과하여 2필씩 징수하던 군포(軍布)가 많은 폐단을 일으키자 2필의 군포를 1필로 줄여서 징수한 것을 말한다. 한편, 군포의 징수량 감소로 인해 균역청을 설치하여 그 부족재원(不足財源)을 보충하는 대책으로 마련한 세금이 어전세(漁箭稅)·염세(鹽稅)·선세(船稅) 등의 세금인데 이러한 세금의 징수를 균역청에서 관장하여 군포의 징수량 감소분을 보충한다는 등의 균역법이 1751년(영조 27년) 9월에 제정되어 공포되었다.

11) 栗谷先生全書卷之五. 萬言封事, 한국고전번역원.

경제윤리와 사회정의 등을 검토하였다. 그는 경제윤리와 사회정의 부분에서 율곡 이이는 조세제도와 관련하여 정전제(井田制)[12]를 시행할 것을 주장하였다고 하였으며, 「성학집요」에서 「論語」를 이용하여 10분의 1세[13]를 강조하였으며, 孟子에서 10분의 1세를 빨리 시행할 것을 주장한 것과 朱子가 10분의 1세를 정전법(井田法)으로 본 것을 인용하여 정전법인 10분의 1세를 빨리 시행할 것을 주장하였다 하였으며, 이를 시행하기 위하여 연산군 대에 만들어진 공안[14]을 우선 개정해야 한다는 주장을 하였다고 하였다.

서길수(1976)에 의하면, 율곡 이이는 조세제도를 당시의 세제대로 전조, 역, 공물로 구분하여 논하였다고 하였는데, 그 가운데 역(役)은 선상(選上)[15][16]과 군역(軍役)에 대하여 기술하고 있고, 공물은 공물과 진상으로 나누어 기술하고 있다고 하였다.

이동인(1997)에 의하면, 율곡 이이는 경제제도의 개혁을 통해서 왕도정치를 실현하려고 하였으며, 그의 경제개혁의 목표는 국부(國富)와 안민(安民) 두 가지로 볼 수 있지만, 나라는 백성에 의존하는 것이고 국부의 뿌리는 안민이므로 그의 경제개혁론은 백성을 편안하게 하고 부유하게 하기 위한 논의가 핵심이라고 하였다. 추가적으로 이동인(1997)은 율곡 이이의 경제개혁론과 관련된 한계점으로 첫째로, 온건하고 점진적인 성격에 머물고 있다는 점과 둘째로, 경제정책의 소극성을 들었는데 전자

---

12) 정전제는 중국 하(夏)·은(殷)·주(周) 삼대(三代)의 유제(遺制)로서, 토지의 한 구역을 '정(井)'자로 9등분하여 8호의 농가가 각각 한 구역씩 경작하고, 가운데 있는 한 구역은 8호가 공동으로 경작하여 그 수확물을 국가에 조세로 바치는 토지제도였다.

13) 당년 총 수확량의 10분의 1을 거두는 세금을 말한다.

14) 공안(貢案)은 공물의 징수목록을 말한다.

15) 選上은 選上制度라고도 하며 한양에 있는 종들만 가지고는 역사(役事)를 감당하기에 부족하기 때문에 외지(外地)의 공천(公賤)들로써 번갈아 가며 한양의 역사를 감당하도록 했던 제도이다(강인애, 1997, p.268).

16) 율곡 이이는 「만언봉사」에서 "選上制度"를 폐지하고 그 대신 身貢(노비가 신역(身役) 대신 바치던 공물)을 바치도록 하여 公賤(공천)의 고통을 덜어줄 것을 제안하였다(栗谷先生全書卷之五. 萬言封事, 한국고전번역원).

의 이유로는 율곡이 아무리 현실적으로 절실한 개혁안을 낸다고 하더라도 임금과 조정이 이를 받아들일 때에만 실현될 수 있기 때문에 이들을 염두에 두지 않을 수 없었다는 것과, 경향(京鄕)[17]에 두루 포진하고 있는 부패한 관리와 서리들이 조금 더 철저하고 급진적인 개혁에 응해 줄 리 없었다는 것 등을 들 수 있다고 하였다. 이러한 내용은 당시 기득권층이 자신들에게 피해가 올 수 있는 개혁에 쉽사리 찬성하지 않았을 것이라는 내용으로 판단된다. 한편, 후자의 이유로는 국가의 경비를 절약하고 백성의 부담(특히 공물)을 줄임으로써 백성의 복지를 신장(伸張)하자는 것이지 생산확대를 통한 적극적 부국(富國)을 꾀하자는 것은 아니었다는 것을 들고 있다.

금장태(2011)에 의하면, 율곡 이이는 혼란과 부패에 빠져 있는 나라의 기강을 세우고 원기(元氣)를 살려내야 한다는 근본과제를 위해 먼저 나라의 근본인 백성이 빈곤과 착취에서 벗어나 안정된 생활기반을 확보하게 해야 한다는 과제를 제기하였다. 이를 위해 그가 추구한 개혁정책은 추상적 원칙론이 아니라 구체적 현실의 폐단(時弊)을 확인하고 개혁과제(時務)를 제시하는 것이며, 동시에 법률과 제도의 수정이나 보완의 차원이 아니라 근본적 개혁을 추구하는 '경장(更張)'의 논리였음을 확인할 수 있다고 하였다.

위와 같은 선행연구 외에도 율곡 이이와 관련된 연구가 많이 있기는 하나 대부분 율곡 이이의 성리학적 학문에 근거를 둔 전체적인 사상에 관련된 내용들을 소개하고 있는데 비하여, 본 연구에서는 먼저 율곡 이이의 조세사상을 검토해 보고, 「동호문답」, 「만언봉사」, 「성학집요」 등 그의 저서에서 제시한 조세개혁정책과 관련된 내용을 검토해 보고자 하는 것이 선행연구와의 차이점이다. 또한, 본 연구에서는 율곡 이이의 조세개혁정책 중에서 가장 강력한 의지가 반영된 대동법의 효시가 된 대공수미법의 주장에 대하여 중점적으로 검토해 보고자 한다.

17) 서울과 그 외 지역을 아울러 이르는 말로 전국을 말한다.

Ⅲ. 백성을 편안히 하기 위한 율곡 이이의 개혁정책

율곡 이이는 「동호문답」[18]의 논안민지술(論安民之術)에서 당시의 가장 폐해가 크고 따라서 시급히 해결해야 할 폐단과 그 해결책을 제시하고 있다. 본 연구에서는 먼저 그가 제시한 다섯 가지의 폐단과 그 해결책에 대하여 검토해 보고자 한다. 다음은 이와 관련된 논안민지술의 내용이다.

> 손님이 말하기를, "간사한 것과 옳음을 분별해서 인재를 얻어 정치를 한다면 무엇부터 먼저 해야 하는가?" 하니, 주인이 말하기를, "먼저 폐단이 많은 법부터 개혁하여 민생을 구출해야 한다. 폐단이 많은 법을 개혁하려면 마땅히 언로(言路)를 넓혀서 좋은 방법을 모아야 할 것이니, 위로는 공경(公卿)으로부터 아래로는 하인에 이르기까지 모두 시폐(時弊)를 말하게 하여 그 말이 과연 쓸 만한 것이라면 그 사람의 신분 고하로 취사(取捨)하지 말고 해당 부서로 하여금 전례를 따라 아뢰는 것을 막지 말도록 하여 오직 폐법을 다 고친 뒤에야 나랏일을 해볼 수 있을 것이다."하였다. 손님이, "당신이 민생을 구제하는 일은 폐법을 개혁하는 데 있다고 하는데, 지금 백성이 곤란 받는 제일 큰 폐단은 무엇인가?"하니, 주인이 말하기를, "일족절린(一族切隣)의 폐

---

18) 1569년(선조 2년) 이이(李珥)가 34세 되던 해 홍문관 교리로 동호독서당(東湖讀書堂)에서 사가독서(賜暇讀書)하면서 지은 글이며, 왕도정치의 이상을 문답형식으로 서술하여 선조에게 올린 글이다. 이 글은 왕도정치(王道政治)의 이상을 〈논군도(論君道)〉, 〈논신도(論臣道)〉, 〈논군신상득지난(論君臣相得之難)〉, 〈논동방도학불행(論東方道學不行)〉, 〈논아조고도불복(論我朝古道不復)〉, 〈논당금지시세(論當今之時勢)〉, 〈논무실위수기지요(論務實爲修己之要)〉, 〈논변간위용현지요(論辨姦爲用賢之要)〉, 〈논안민지술(論安民之術)〉, 〈논교인지술(論敎人之術)〉, 〈논정명위치도지본(論正名爲治道之本)〉 등 11개 편으로 나누어 논하고, 마지막에 1575년 이이가 쓴 〈송조여식설(送趙汝式說)〉이 붙어 있다. 〈송조여식설〉은 조여식이 읍재(邑宰)가 되어 조언을 요청한 것에 대해 답한 것이다.

단이 제일이고, 진상(進上)하는 일이 너무 많은 폐단이 둘째이며, 공물을 방납(防納)하는 폐단이 셋째이고, 군역(軍役)과 요역(徭役)이 불공평한 폐단이 넷째이며, 아전들이 가렴주구(苛斂誅求)하는 폐단이 다섯째이다."

1. 일족절린(一族切隣)의 폐단에 대한 해결책

"일족절린의 폐단이 무엇인가 하면, 지금 여기에 과중한 세금 등을 견디지 못하고 도망한 백성이 있다면 반드시 그 일족과 이웃사람에게 그 세금을 부담시키고, 일족과 이웃이 감당할 수 없어 또 도망가게 되면 다시 그 일족의 일족과 이웃의 이웃에 부담시키게 된다. 한 사람이 도망감으로써 환난(患難)이 천 가호(家戶)에까지 파급되니 그 형세는 반드시 한 사람의 백성이 남지 않게 된 뒤에야 끝이 나게 된다. 그러므로 옛날에는 100가구의 마을이 지금은 10가호도 못 되고, 지난해는 10가호의 마을이 지금은 한 집도 없게 되어, 마을은 쓸쓸해지고 인가의 밥짓는 연기가 끊어졌으니 만약 이 폐단을 개혁하지 않는다면 나라의 근본이 넘어져서 나라를 다스릴 수 없을 것이다.

이 폐단을 개혁하려면 곧 사방 고을에 명령을 내려 부적(簿籍)을 조사해서 도망친 가호가 있으면 곧 그 이름을 삭제하여 일족과 이웃을 침해하지 않아야 할 것이다. 그러면 국가의 손실은 오직 이미 도망간 자에만 그치고 말 것이고 아직 흩어지지 않은 백성은 편안히 모여 살게 될 것이다. 이렇게 양육하고 생식(生息)하여 호구가 번성하면 충당되지 못한 군액(軍額)도 얼마 안 가서 충당될 것이다."하였다.

손님이, "그대의 말은 실정과 거리가 있다. 지금의 군액과 예적(隸籍)에는 도망쳐 없어진 자가 거반인데 그대의 말대로 한다면 눈앞에 닥친 여러 가지 군수(軍需)를 당해 나갈 길이 없으니 어찌할 것인가?"하니, 주인이 말하기를, "아, 세상의 견해가 모두 이와 같으니 이것이 나라의 형세가 진작되지 못하는 것이다. 지금 민생의 곤란함은 거꾸로 매달린 것보다 더 고통스러우니 만약 급히 구하지 않으면 그 형세가 장차 나라가 텅 비게 되고야 말 것이니 나라가 비게 되면 눈앞에 닥친 수요를 어디서 마련해 내겠는가. 이치로 보아 반드시 이 지경에 이를 것이다. 군인의 수를 감축하지 않는 것이 좋다는 것은 실로 군인들이 있어 충당할 수 있을 때에 하는 말이다. 지금 호수가 없어진 군인 수에 대하여 그 친족을 침탈하여 군포(軍布)만 징수한다 해도, 만약 사건이 나서 군인을 동원하게 된다면 그 친족이 창을 메고 나오지는 않을 것이고, 군포를 가지고 군인을 모집하지도 못할 것인데, 무엇 때문에 허위 군적부(軍籍簿)를 아껴 두어 백성으로 하여금 실질적인 피해를 받게 하겠는가.(중략)

손님이, "그대의 말은 옳으나 다만 교활한 백성이 모든 병역을 기피하여 나중에 군액이 한 사람도 없게 된다면 어찌할 것인가?"하니, 주인이, "이것은 절대 있을 수 없는 일이다. 무릇 백성이 고향과 친척을 버리고 정처 없이 떠돌아다니는 것은 모두 절박한 사정 때문에 부득이해서 생기는 것이다. 그들이 아무리 교활하더라도 만일 생업을 가지고 살아갈 수가 있다면 어찌 스스로 흩어져 떠돌아다니는 고생을 택하겠는가. 일족절린의 우환이 없고 자신의 병역만 응할 수 있다면 백성들은 다시 생업을 즐기어 마치 물과 불에서 벗어난 것 같이 여길 것이니 어찌 모두 군역을 기피할 이유가 있겠는가.(후략)"

위의 내용은 일족절린(一族切隣)의 폐단과 그 해결책에 대하여 논하고 있는 것으로 과중한 세금을 견디지 못하고 도망한 백성이 있다면, 반드시 그 일족과 이웃에게 그의 세금을 부담시키고, 일족과 이웃이 감당할 수 없어 또 도망가게 되면 다시 그 일족의 일족과 이웃의 이웃에게 부담시키게 되는 폐단에 대하여 율곡 이이는 "사방 고을에 명령을 내려 부적(簿籍)[19]을 조사해서 도망친 가호가 있으면 곧 그 이름을 삭제하여 일족과 이웃을 침해하지 않아야 할 것이다. 그러면 국가의 손실은 오직 이미 도망간 자에게만 있는 것으로 그치고, 아직 흩어지지 않은 백성은

19) 병적(兵籍)을 의미한다(강인애, 1997, p.263).

편안히 모여 살게 될 것이다. 이렇게 양육하고 생식(生息)하여 호구(戶口)가 번성하면 충당되지 못한 군액(軍額)도 얼마 안 가서 충당될 것이다"라는 해결책을 제시하고 있는 것이다.

2. 진상(進上)의 폐단에 대한 해결책

> "진상을 많이 하는 폐단이 무엇인가 하면, 지금의 이른바 진상이란 것이 반드시 모두 임금에게 바치기에 적합한 것이 아니다. 자질구레한 것을 바치지 않는 것이 없고, 바다나 육지에서 나는 것을 빠짐없이 긁어모으고 있으나 어찬(御饌)에 진상할 만한 것을 고른다면 몇 가지 되지 않을 것이다.(중략)
>
> 이와 같은 폐단을 개혁하려면 대신과 해당 관서로 하여금 진상의 명목(名目)을 모두 가져다가 긴요한 것인지 아닌지를 검토하여 상납에 적합한 것만 남겨 두고 그 나머지 긴요하지 않은 물건은 모두 삭제해 버리며 비록 상납에 적합한 것이라 해도 수량이 너무 많은 것은 그 수량을 감소시켜야 할 것이다.(후략)"

위의 내용은 임금에게 올리는 진상(進上)의 폐단과 그 해결책에 대하여 논하고 있는 것으로, 율곡 이이는 "진상의 명목(名目)을 모두 가져다가 긴요한 것인지 아닌지를 검토하여 상납에 적합한 것만 남겨 두고 그 나머지 긴요하지 않은 물건은 모두 삭제해 버리며, 비록 상납에 적합한 것이라 해도 수량이 너무 많은 것은 그 수량을 감소시켜야 할 것이다."라는 해결책을 제시하고 있는 것이다. 이러한 해결책 제시에서 깨닫게 되는 것은 오늘날의 관료제 사회에서 옳지 않은 절차 및 불필요한 중복적인 업무 등도 관행이라 하여 개선하지 않고 계속해서 시행하는 폐단을 없애야 한다는 교훈을 얻을 수 있다는 것이다.

또한, 후술되겠지만 율곡 이이는 진상품 납부는 민호에게도 피해가 큼으로 민호의 부담을 줄이기 위해 식료품과 의복용으로 들여오는 모든 물자와 궁중의 일용품을 일률적으로 3분의 1로 줄여야 한다고 건의하기도 했다(강인애 1997, 259).[20]

3. 공물방납(貢物防納)의 폐단에 대한 해결책

"무엇을 공물방납(貢物防納)의 폐단이라고 하는가 하면, 역대 임금들은 방납[21]을 금지한 것이 매우 엄하며 모든 공물[22]은 오직 백성으로

---

20) 栗谷先生全書卷之四. 擬陳時弊疏, 한국고전번역원.

21) 조선시대 공납제(貢納制)의 전개과정에서 공물(貢物)의 납부를 대행함으로써 중간 이윤을 취하던 행위. 초기에는 유무상통(有無相通)의 편의를 위해 용인되었던 공물대납제가 「경국대전」의 완성과 함께 금지된 뒤에 공납제의 전개과정에서 생겨난 폐단이다. 지방의 각관(各官)의 상납 공물에 대해 중앙의 각사(各司)의 서리 등이 여러 가지 구실을 달아 점퇴한 다음, 그 공납 의무의 대행을 통해 사리를 취하는 행위이다. 공물의 방납은 성종 대 이후 성행하게 되었다. 그 원인은 제도의 미비와 수요의 증가에 있었다. 제도의 미비로는, 공안(貢案)의 개정이 지연되어 불산공물(不産貢物)·절산공물(絕産貢物)이 발생하였지만, 조정에서는 이를 무시하고 분정수납(分定收納)을 강행했던 점을 들 수 있다. 이외에 공물수납을 담당했던 중앙 각사의 서리 및 노복들 대부분에게 급료가 지급되지 않았으므로 공물 수납을 통해 사리(私利)를 취하지 않을 수 없었던 점을 들 수 있다. 또한 임진왜란 이후 국가의 재정 위기를 극복하려는 과정에서 공물 수요가 급증함에 따라 공물의 인납(引納 : 다음 해의 공물을 미리 상납하게 하는 것)과 가정(加定 : 지방의 특산물에 대해 임시로 추가 부담을 요구하는 것)이 강행되었다. 그리고 중앙 각사의 운영비 중 일부를 공물 수납의 과정에서 확보해야 함에 따라 방납 행위는 묵인, 장려되었다. 방납자는 사주인(私主人)과 각사이노(各司吏奴)가 되는 것이 보통이었다. 사주인은 조선 전기 이후 서울에 존재했다. 그 업무는 공리(貢吏)에게 숙식을 제공하고, 공납 물품을 보관 또는 매매하는 특수 상인이었다. 그 명칭은 경주인(京主人)에 대칭해서 붙여진 것인데, 주인(主人)·각사사주인(各司私主人)·강주인(江主人)·초주인(草主人) 등으로 다양하게 불리기도 하였다. 각사이노는 공물 수납 관아의 수납업무 담당자이므로 처음에는 사주인과 결탁해 방납을 도왔다. 그러나 연산군 대 이후에는 직접 방납활동을 담당하게 되었다. 이들 사주인과 각사이노는 방납의 일을 부자·형제가 전승해 가업으로 삼았으며, 사대부, 종실, 부상대고(富商大賈)와 연결되어 그 하수인이 되기도 하였다.(한국민족문화대백과, 한국학중앙연구원)

22) 공물은 전세와 함께 조선 전기 세제의 근간을 이루는 것으로, 민호를 대상으로 상공과 별공으로 나누어 토산물을 부과하였다. 조선정부는 1392년(태조 1년) 공부상정도감(貢賦詳定都監)을 두어 공물의 예산편성 및 그 수납 등을 담당하는 기관으로 삼았

하여금 직접 관(官)에 공납하게 하고 해당 관청의 관리 또한 임금의 뜻을 받들어 아전들에게 기만당하지 않아 농간질이나 실상을 모르게 하는

다. 초기에는 매년 연말이 되면 국가가 다음해의 소요물품의 종류·수량 및 품질 등을 괘지에 기록한 횡간(橫看)과 이에 따라 각 지방관아에 내려준 징수목록인 공안(貢案)을 작성하여 비교적 조직적으로 공물을 징수하였던 것이다. 「세종실록지리지」에는 공물의 품목이 열거되어 있는데 그 종류를 살펴보면 수공업품으로서 그릇·직물·종이·돗자리·기타, 광산물, 수산물, 짐승가죽, 짐승털, 짐승고기, 과실류, 목재류, 약재 등이 있었다. 공물의 종류는 각 지방 토산물의 전 품목에 걸쳐 천연산물과 각종 수공업품이 거의 망라되어 있으며 그 중에서도 충청도·전라도·경상도의 면포, 황해도의 철물, 함경도·평안도의 짐승가죽, 강원도의 목재, 단천의 은, 전주·남원의 후지(厚紙), 임천·한산의 모시, 안동의 돗자리, 강계의 인삼, 제주도의 말 등이 가장 유명하였다. 공물은 현물을 부과하는 것이 원칙이었으나 공물의 종류에 따라서는 민정(民丁)의 요역이나 쌀·베(포목) 등을 부과하는 경우도 있었다. 채광(採鑛)·수렵(狩獵)과 곡초(穀草)·시탄(柴炭)의 상납을 위한 수송 등은 민정의 요역으로 하였고, 활·화살·선박 등 특수품의 대납은 쌀과 포목으로 하였다. 또 경우에 따라서는 수공업기술자나 염전·목장 또는 약초 채취 등에 종사하는 사람으로 하여금 직업으로서 노동에 종사시켜 관청이 공물을 직접 마련하는 수도 있었다. 궁중과 중앙 각 관청이 자체의 수요에 충당하기 위하여 각 지방의 산물과 경지 면적의 다과 등을 기준으로 하여 지방의 주·현 단위로 공물을 부과하면, 주·현에서는 이를 호구와 전결을 참작하여 그 지방의 민호에 배정한다. 그리고 각 민호로부터 수납된 공물은 또 주·현 별로 민호에서 중앙에 직접 상납하게 하였으므로 지방에서 공리(貢吏)를 한양에 파견하여 공납의 임무를 맡게 하였다. 중앙에서는 각 관청이 각각 정해진 물품을 수납하였고 통일된 공물수납기관은 따로 없었다. 수납기한은 다음해 2월까지이며, 호조는 매년 말에 각 관사(官司)의 수납수량을 조사하여 6개 관사 이상에서 미납이 있는 수령은 왕에게 상주하여 파면하게 하였다. 이밖에 각 도의 감영·병영·수영에서도 각기 그 필요한 토산물을 관할하는 각 주나 현으로부터 징수하였으며 각 주나 현은 주나 현대로 각기 필요한 물품을 현물로 각 민호로부터 징수하였다. 그 결과 민호의 공물 부담은 전세의 3, 4배에 달하는 과중한 것이 되고 그 일부는 조선후기까지도 존속되었다. 공물은 그 품질 및 수량 등을 조사한 다음 합격품에 한하여 이를 수납하게 되었으므로 공리의 농간이 많아 농민들은 큰 피해를 입었다. 그리하여 고려시대와 마찬가지로 사주인(私主人) 및 경주인(京主人) 등이 발생하여 방납이라고 하는 납공청부제가 성행하게 되었다. 그러므로 농민들은 이중·삼중의 수탈을 당하게 되었던 것이다. 또한 공물은 토산물을 부과하는 것이 원칙이었으나 실제로는 그 지방에서 얻을 수 없는 공물을 배정하는 경우가 많았다. 이러한 경우에는 그 산지를 찾아가 구입하여 상납하는 수밖에 없었다. 그러므로 이에 따르는 부담은 이만저만이 아니었다. 이러한 불합리성은 세종 이래 세조·성종 때에 와서는 많이 개선되었으나 각 지방의 토산물을 엄선한다는 것은 쉬운 일이 아니었다. 더욱이, 연산군 때에는 궁중의 낭비가 매우 심하여 1501년(연산군 7년)에는 공안상정청을 신설함과 동시에 공물을 규정된 수량 이상으로 증가시키기도 하였다.(한국민족문화대백과, 한국학중앙연구원)

폐단이 없었기 때문에 백성들이 공물 때문에 시달리지 않았던 것이다. 그런데 세도(世道)가 점점 낮아지고 폐습이 날로 불어나 간활(姦猾)하고 엉큼한 아전들이 모든 것을 사사로이 준비해 두고 관청을 우롱하고 백성을 가로막아 백성은 비록 정미(精美)한 물건을 가져왔더라도 끝내 억제하고 받아들이지 않고 반드시 자기들이 준비해 둔 물건을 선납(先納)한 후에 백성에게 백배의 값을 요구한다. 국법이 퇴폐하여 그것을 막을 수 없게 된 지가 오래되어 나라에서 쓰는 것은 조금도 증가되지 못하고 민간은 이미 살림이 텅 비게 되었다.(중략)

손님이, "이 폐단을 개혁하려면 어떤 계책을 세워야 할 것인가?"하니, 주인이 말하기를, "일에 숙달한 사람은 일을 당해서 잘 생각하고 때에 따라 적당하게 처리하는데, 관례(慣例)에 구애받는 사람이 어찌할 수 있는 일이겠는가. 해주(海州)의 공물법을 보면, 논 1결(結)마다 쌀 한 말을 징수하는데 관청에서 스스로 비축해 두었던 물건을 서울에 바치기 때문에 백성들은 쌀을 내는 것만 알고 농간하는 폐단은 전혀 모르고 있으니 이것이 참으로 오늘날의 백성을 구제하는 좋은 방법이 될 수 있다. 만약 이 법을 사방에 반포하면, 방납의 폐단이 머지않아 저절로 개혁될 것이다."하였다. 손님이 웃으면서 말하기를, "그대의 말은 참으로 현실에 어둡다. 우리나라의 고을 치고 해주만큼 충실(充實)한 곳이 없는데, 어찌 8도의 고을로 해주를 본받게 할 수 있는가."하니, 주인이 말하기를, "만약 지금의 통상 쓰는 법을 바꾸지 않는다면 진실로 그대의 말과 같은 것이다. 그러나 대신과 해당 관서로 하여금 8도의 도적(圖籍)을 모두 가져다가 그 인구의 줄어들고 불어남과 전결의 많고 적음, 산물이 풍부하고 박한 것을 강구하여 공물을 다시 부과하되, 그 경중(輕重)을 균등하게 하고 국용(國用)에 절실하지 않은 공물은 양을 적당하게 삭감하여, 반드시 8도 고을에서 마련하는 방법을 모두 해주의 1결 1두(斗)와 같이 한 연후에 그 법령을 반포한다면 어찌 행하지 못할 염려가 있겠는가."

위의 내용은 공물방납(貢物防納)의 폐단과 그 해결책에 대하여 논하고 있는 것으로, 율곡 이이는 "해주(海州)의 공물법[23]을 보면, 논 1결(結)마다 쌀 한 말을 징수하는데 관청에서 스스로 비축해 두었던 물건을 서울에 바치기 때문에 백성들은 쌀을 내는 것만 알고 농간하는 폐단은 전혀 모르고 있으니 이것이 참으로 오늘날의 백성을 구제하는 좋은 방법이 될 수 있다. 만약 이 법을 사방에 반포하면, 방납의 폐단이 머지않아 저절로 개혁될 것이다."하였으며, "대신과 해당 관서로 하여금 8도의 도적(圖籍)을 모두 가져다가 그 인구의 줄어들고 불어남과 전결의 많고 적음, 산물이 풍부하고 박한 것을 강구하여 공물을 다시 부과하되,[24] 그 경중(輕重)을 균등하게 하고 국용(國用)에 절실하지 않은 공물은 양을 적당하게 삭감하여, 반드시 8도 고을에서 마련하는 방법을 모두 해주의 1결 1두와 같이 한 연후에 그 법령을 반포한다면 어찌 행하지 못할 염려가 있겠는가."하였다. 이러한 공물방납의 폐단과 그 해결책으로 제시한 것이 대공수미법(代貢收米法)[25]이며, 이 법의 시행은 율곡 이이의 조세사상 중에서 가장 강력한 조세개혁의 의지가 담겨져 있다고 할 수 있다. 그러나 안타깝게도 공물의 방납 등으로 이득을 취하고 있던 권력층과 방납업자들의 방해로 시행되는 못하였다.

이와 같은 상황에서 알 수 있게 되는 것은 율곡 이이와 같은 대학자이자 대정치가였던 사람도 임금과 관료 및 사대부, 방납업자 등 관련 기득권층과의 협력 없이 혼자 힘으로는 백성을 위한 올바른 정책을 펴는데 성공하지 못하였다는 것은 오늘날의 정치 및 관료제의 상황에서도 다름이 없다는 것을 여실히 깨달을 수 있게 한다는 것이다.

---

23) 황해도의 해주(海州)와 송화(松禾) 등지에서는 명종(明宗)시대 때부터 자체적으로 사대동(私大同) 또는 대동제역(大同除役)이라 하여 토지 1결당 1두씩의 쌀을 거두어 한양에 납부할 각종 공물을 마련함으로써 방납의 횡포를 방비하고 있었다.

24) 공안개정을 말하는 것으로, 현물징수는 그대로 하되 현 실정에 알맞게 공안, 즉 공물목록을 바꾸는 것을 의미한다.

25) 공납(貢)을 대신하여(代) 쌀(米)을 수취(收)하는 법이란 뜻이다.

4. 역사불균(役事不均)의 폐단과 해결책

"지금 이른바 정군(正軍), 보솔(保率), 나장(羅將), 조예(皂隷) 등 모든 역(役)에 응하는 부류는, 혹은 장번(長番)을 서기도 하고, 혹은 2개 번으로 나누어 세우기도 하며, 혹은 3개 번에서 6, 7개 번으로까지 나누어 세우기 때문에, 어떤 이는 침포(侵暴)를 감당하지 못하여 도망가기도 하고, 어떤 이는 생업(生業)을 편안히 하여 자신을 보전하고 있으니, 같은 적자(赤子)로서 어찌 피차의 차별을 두어 그들로 하여금 괴로움과 즐거움이 다르게 한단 말인가. 지금의 계책으로는 대신과 해당 관서가 잘 헤아려 법제를 제정하여 긴 것을 잘라서 짧은 것을 보충하고 일체의 역사(役事)를 모두 순번에 따라 쉬고 번갈아 쉬게 해서 고르고 바르게 하여 누구는 몹시 괴롭고 누구는 수월한 폐단이 없게 해야만 도망한 자를 다시 모을 수 있고 백성은 가속(家屬)을 버리고 기피하려는 계책을 쓰지 않을 것이다."

위의 내용은 군역(軍役), 즉 군정(軍政)에 대한 폐단과 그 해결책에 대하여 논하고 있는 것으로, 과도한 역을 감당하지 못하고 도망가는 사람이 발생하는 폐단에 대하여 대신과 해당 관서가 잘 헤아려 법제를 제정하여야 한다는 해결책을 제시하고 있는 것이다. 이러한 점을 오늘날의 상황과 비교해 보면, 출산율 감소로 인한 현역병 입대자의 부족, 종교문제로 인한 병역거부자 증가문제 등의 내용과 관련이 있다고 할 수 있는데, 행정부에서 자녀소득공제, 자녀세액공제 등의 출산장려정책을 시행하고 있다고는 하나 자녀에게 필요한 양육비 및 교육비 등의 부담으로 인해 그 효과가 미미하다는 것이 현실적인 상황이다.

5. 가렴주구(苛斂誅求)의 폐단과 해결책

"무엇을 아전들이 가렴주구하는 폐단이라고 하는가 하면, 간사스러운 권신(權臣)이 세상을 혼탁하고 어지럽게 한 뒤로 상하가 오직 뇌물만 일삼아서 관작(官爵)도 뇌물이 아니면 진급이 되지 않고 소송도 뇌물이 아니면 판결이 나지 않고 죄수도 뇌물이 아니면 석방되지 않으니 이 때문에 모든 관료들은 이 법을 어기는 일만 하고 아전들은 법률 조문을 가지고 농간하여 모든 물건이 관에 공납될 때에 좋고 나쁜 것을 구별하지 않고 많고 적은 것을 계산하지 않고 오직 뇌물의 등급을 매겨 취사(取捨)의 표준을 삼기 때문에 관청의 일개 하인이나 일개 사령까지도 다 약간의 일만 맡으면 금방 토색질을 일삼게 되었다. 이뿐만이 아니라 중대한 소송사건도 교활한 아전의 손에 맡겨져 뇌물의 많고 적음으로 곡직(曲直)을 결정하게 되었으니 이것이 참으로 정치를 혼란시키고 나라를 망치는 고질이다.(중략)

이와 같은 폐단을 개혁하려면 마땅히 백관을 엄하게 단속하고 장물에 관한 법률을 밝히고 퇴폐한 기강(紀綱)을 진작시켜 조정이 숙연해지고 사람마다 두려워할 줄을 알게 한 연후에 침탈(侵奪)하고 뇌물을 받는 폐습을 일체 금하고, 숨고 감춘 죄를 적발하여 그 실정을 파악하고 백성의 호소를 허용하여 그 원통함을 살펴야 한다. 그래서 아전이나 사령의 무리들이 뇌물을 받았거나 토색질을 한 사실이 발각되어 피해액이 포(布) 1필 이상일 때에는 전가율(全家律)로 다스려 육진(六鎭)의 빈 땅으로 귀양을 보내 인구를 채운다면 뇌물에 대한 폐단을 일소할 수 있을 뿐만 아니라 앞으로 변방을 튼튼히 하는 데도 도움이 있을 것이다. 그러나 관리들이 뇌물을 받는 일은 참으로 모질게 끊어야 하지만 그들이 농사짓는 수입을 대신할 만한 재물을 주지 않으면 안 될 것이다. 옛날의 아전들은 일정한 녹(祿)이 있어 상부(上部)에서 받아먹었으나 지금의 아전들은 따로 봉록이 없으니 토색질을 하지 않으면 배고픔과 추위를 면할 수 없게 되었으니, 이것은 우리나라 제도에 미진한 곳이 있다는 것이다."하였다.

손님이, "나라의 경비가 모자라서 고관(高官)들의 녹도 줄이는 형편인데 하물며 아전들의 봉급을 줄 수 있을까?"하니, 주인이 말하기를, "나라의 경비를 줄여서 아전의 봉급을 주라는 것은 아니다. 다만 국가에서 쓸모없이 버리는 물건을 거두어들이면 그것으로도 넉넉히 줄 수 있을 것이다. 그러면 헛되이 버리는 물건이 무엇이냐 하면, 지금 각사(各司)에서 벌금으로 받는 포와 문서를 작성하는 비용으로 받는 돈을 모두 쓸모없는 곳에 흩어 두고 있는데 만약 해당 관서에서 빠짐없이 거둬들이면 한 해에 얻는 소득이 반드시 수만 필에 가까울 것이다. 이것으로 아전의 봉급에 쓰고 그 나머지는 국가의 경비를 보충할 수 있을 것이니 무엇이 안 될 것이 있겠는가. 이것은 별도로 백성에게 부과하는 것이 아니라 무용(無用)한 것을 유용(有用)하게 쓰자는 것뿐이다. 경제(經濟)에 뜻을 둔 사람은 이 말을 천근(淺近)하다고 소홀히 여겨서는 안 될 것이다."하였다.

위의 내용은 가렴주구(苛斂誅求)의 폐단과 그 해결책에 대하여 논하고 있는 내용으로, 아전들의 뇌물수수와 토색질에 대하여 엄중한 처벌과 그 대안으로 봉록(녹)을 지급하는 해결책을 제시하고 있는 것인데, 각사(各司)에서 벌금으로 받는 포와 문서를 작성하는 비용으로 받는 돈을 해당 관서에서 빠짐없이 거둬들이고 이것으로 아전의 봉급에 쓰고 그 나머지는 국가의 경비를 보충할 수 있을 것이다라는 해결책을 제시하고 있는 것이다. 이와 같은 내용을 오늘날의 상황에서 보면, 일부의 정부 부서와 공기업, 지자체 등은 1년 예산을 다 집행하지 못하여 연내에 집행하여야 한다는 목적으로 멀쩡한 보도블럭을 다시 교체하고, 관청 내의 멀쩡한 집기비품을 새것으로 바꾸는 등의 사례가 허다한데 그러한 곳에 사용되는 지출을 줄여 경제불황과 더불어 기후변화 때문에 한파 및 무더위 기간의 장기화 등으로 고통받는 가구 등에 냉난방 시설 및 비용 등을 지원하여 그들의 고통을 조금이나마 덜어 주는 사업을 확대하는 방법을 고려해 볼 수 있을 것이다.

Ⅳ. 율곡 이이의 조세개혁정책과 대동법 시행

1. 대공수미법 시행 제안의 취지와 특징

앞의 Ⅲ.에서 검토해 본 「동호문답」에서의 다섯 가지 폐단과 그 해결책 제시에 대한 내용 중에서 율곡 이이의 조세개혁정책과 가장 직접적으로 관련된 내용은 세 번째 내용인 공물방납의 폐단과 그 해결책으로 제시한 대공수미법의 시행에 관한 내용이다.

율곡 이이는 해주에서의 공물법 시행과 같이 대공수미법을 시행한다는 것은 각 고을에 일정한 공물의 양이 정해지면 토지를 기준으로 토지의 많고 적음에 따라 일정하게 부과한다는 뜻이다. 즉 각 민호(民戶)의 경제력에 상응하게 부과시켜야 한다는 것이다. 이렇게 공안개정이 이루어지면 토지를 기준으로 해서 특산물 대신 쌀로 납부토록 해야 한다는 것이다. 이러한 대공수미법(代貢收米法)의 시행과 관련된 가장 큰 취지는 특산물 대신 쌀을 수납함으로써 특산물의 운송에 따른 시간과 도난위험은 물론 특산물 자체의 성질에 따른 부패 등 변질을 막을 수도 있고 특산물의 대리납(방납)에 따르는 부정부패를 제거할 수 있는 등 여러 가지 이점이 있기 때문이라고 할 수 있을 것이다. 1569년(선조 2년)에 율곡 이이에 의해 제안된 이러한 대공수미법은 선조의 이해 부족으로 인한 반대와 권력층과 방납업자들 즉, 기득권층의 방해 때문에 아쉽게도 끝내 시행되지는 못하였으나 율곡 이이의 대공수미법 시행 제안의 가장 큰 의미는 후에 실시되는 대동법(大同法)의 가장 강력한 참고사항이 되어 그 효시가 된 것이라고 할 수 있다.

2. 율곡 이이의 추가적인 조세개혁정책

율곡 이이는 대공수미법의 시행 제안 외에도 추가적인 조세개혁을 주장하였다. 다음의 내용은 율곡 이이가 「동호문답」에서 추가적으로 제시한 조세개혁과 관련된 내용이다.

> 손님이, "지금의 폐단은 이것뿐인가?"하니, 주인이 말하기를, "이것뿐이 아니다. 전지의 정확한 측량이 실행되지 않아서 묵은 땅에서도 세금을 받고 있으며, 불교가 아직도 남아 있어서 놀고먹는 승려가 논밭으로 돌아가지 않고 있으며, 불시(不時)의 수요를 모두 시장에서 마련하기 때문에 시장 사람들은 껍데기가 벗겨지고 있고, 엉뚱하게 당하는 침해의 해독이 동내에 넘쳐들어 동내의 백성이 골수까지 마르고 이름도 모르는 잡세(雜稅)가 모든 고을에 남발되어 징수가 공부(貢賦)보다 더 무거워지며, 종모법(從母法)[26]이 양민 여자에게는 적용되지 않아 양민이 사천(私賤)으로 바뀌고, 필요 없는 관리가 많아 낭비되는 경비가 아직도 많고, 백성은 줄어드는데 군읍(郡邑)만 너무 많게 되었으니 오늘날의 폐단을 다 말한다면 하루 종일 해도 모자랄 것이다. 지금하는 방도로만 하고 지금의 정치를 바꾸지 않는다면 요순(堯舜) 같은 임금이 위에 있고 고기(皐夔)[27]와 같은 신하가 밑에 있더라도 정치를 잘하고 못하는 데에는 소용이 없을 것이다. 몇 해가 못 가서 민생(民生)은 생선같이 뭉개지고 흙처럼 무너질 것이다. 특히 크게 걱정되는 것은 지금의 민력(民力)이 거의 죽게 된 사람이 숨을 할딱거리고 있는 것 같아 평일에도 유지하기 어려운데 만일 외침이 남·북(南北)에서 일어난다면 회오리바람이 낙엽을 쓸어버리는 것처럼 될 것이니 백성은 그만두더라도

26) 조선시대 노비 소생의 신분과 역(役) 및 주인을 결정하는 데 있어 모계(母系)를 따르게 한 법으로 조선 후기 양인이 감소하여 보다 많은 양인이 필요하게 되자, 아버지가 노비 신분이고 어머니가 양인인 경우 그 자녀는 어머니 신분을 따라 양인이 되게 한 것을 말한다.

27) 순(舜) 임금의 현신(賢臣)이었던 고요(皐陶)와 기(夔)를 합해서 부르는 말이다.

종사(宗祀)가 어디에 의탁하겠는가. 생각이 여기에 미치니 나도 모르게 통곡이 나온다."하였다.

위의 내용을 검토해 보면, 율곡 이이가 관료로 활동할 당시 조선사회의 종합적인 폐단과 문제점을 토로하고 있다는 것을 알 수 있는데, 그 중에서도 율곡 이이는 특히, 토지세는 정확한 측량[28]을 바탕으로 해야 한다고 보고 있으며 황무지가 된 진황전(陳荒田)[29]에 대한 세금부과를 면하게 해야 한다고 주장하고 있는 것이다. 또한, 조선 초기부터 시행한 억불정책에도 불구하고 세금납부 및 병역의무를 수행하지 않는 승려들이 있다는 문제점 및 공물 및 진상품 등의 갑작스런 수요를 시장 상인들에게 요구하여 그들의 고통이 크다는 문제점을 제시하였으며, 이름도 모르는 잡세[30]를 백성들에게 거두어들이는 일 등을 금지해야 한다는 감세정책을 주장하고 있다는 것을 알 수 있다. 추가적으로, 율곡 이이는 양인의 부족에 따른 사회문제를 해결하기 위해 세종 14년(1432년)에 종부법(從父法)[31]을 폐지하고 종모법을 시행해 온 과정에서 양민이 노비가 되

28) 양전(量田)이라고 하는데 토지의 실제경작 상황을 파악하기 위해 고려 및 조선시대에 실시하였다.

29) 농사를 짓지 않고 묵혀 두어서 황폐화된 토지를 말한다.

30) 조선시대 때 터무니없는 잡세를 징수하여 발생한 용어에는 여러 가지가 있었으나 백징(白徵 : 세금을 납부해야 할 이유가 없는 사람에게 억지로 세금을 거두는 일을 말한다. 생징(生徵)이라고 한다.), 족징(族徵 : 군포를 내지 못하고 도망한 자를 대신하여 그 친족에게 대신 군포를 납부하게 한 것을 말한다.), 인징(隣徵 : 군포를 내지 못하고 도망한 자를 대신하여 그 이웃에게 대신 군포를 납부하게 한 것을 말한다.), 백골징포(白骨徵布 : 정역(丁役)을 수행하지 않고 저승문턱에 들어섰다고 해서 죽은 사람 대신 군포(軍布)를 바친다는 의미이다.), 황구첨정(黃口簽丁 : 젖먹이 등 어린 아이에게도 정역 대신 세금을 납부하게 했다는 것을 말한다.) 등이 대표적인 용어이다.

31) 종모법과는 반대의 개념으로 태종 14년(1414년) 군역부담자의 감소로 인한 양인을 증가시키기 위해 양인 남자와 천인처첩(賤人妻妾) 사이에서 태어난 자녀의 신분은 부계(父系)를 따라 양인이 되게 한 신분법을 말한다. 그러나 종부법이 시행된 후 공천(公賤)이 줄어들고 인륜을 어지럽히는 등의 많은 폐단이 일어나자 결국 폐지되고 세종 14년(1432년)에 종모법이 시행되게 된 것이다.

는 문제점을 제시하기도 하였다. 이러한 문제점의 제시는 고려시대 때부터 시행한 천자수모법,[32] 태종 대의 종부법, 세종 대부터 시행해 온 종모법이 그 시행과정에서 발생한 문제점들을 개선해 왔던 내용들이 그 배경이 되었다고 할 수 있으며, 조선시대 때 종부법과 종모법의 시행과 관련한 그 근본적인 문제는 바로 군역을 부담하는 양인의 수를 유지하기 위한 것이었으므로 오늘날의 현실에서 생각해 보면 본 연구 Ⅲ.에서 역사불균의 폐단과 해결책 부분에서 전술한 바와 같이 출산율 감소로 인한 현역병 입대자의 부족 문제 등과도 관련이 있다고 할 수 있다.

또한, 율곡 이이는 공납과 같이 특산물 납부에 속하지만 임금에게 상납하는 진상품 납부는 민호에게도 피해가 크므로 민호의 부담을 줄이기 위해 식료품과 의복용으로 들여오는 모든 물자와 궁중의 일용품을 일률적으로 3분의 1로 줄여야 한다는 다음과 같은 건의를 하기도 했다.

> "청컨대, 전하의 식사와 옷으로부터 모든 진공(進供)하는 물건들과 대궐 안에서 일상적으로 쓰는 물건들을 모두 3분의 1을 감하십시오. 이러한 방식으로 헤아려서 모든 팔도(八道)에서 진상하는 공물들도 모두 3분의 1을 감해 주십시오(강인애 1997, 259)."[33]

율곡 이이는 이처럼 국민의 부담을 줄이고 민생의 안정을 기하기 위하여 감세정책을 주장하면서도 다른 한편으로는 국가의 부족한 재정을 충당하기 위해서는 토지세의 증세가 불가피하다는 다음과 같은 건의를 하기도 하였다.

---

32) 천자수모법(賤者隨母法)은 고려시대의 노비 세전법(世傳法)으로 천자는 노비를 말한다. 노비 상호간의 혼인으로 생긴 소생의 소유권을 노비의 소유주(비주(婢主))에게 귀속시킨다는 법규이다. 또한 비가양부(婢嫁良夫 : 양인 남자와 여자 노비의 혼인)의 경우에도 적용되어, 그들의 소생은 어머니의 신분과 같이 노비로 하고, 노비의 소유주(婢主)가 이를 소유할 수 있도록 하였다. 이러한 천자수모법은 노비를 소유하고 있던 지배층들의 계속적인 노비 증식의 방법으로 이용되었다.

33) 栗谷先生全書卷之四. 擬陳時弊疏, 한국고전번역원.

"근래 조세(租稅)의 수입이 적은 것이 북쪽 오랑캐의 제도와 같아서 1년의 수입으로는 지출이 부족하여 늘 전에 저축한 것을 보충하여 쓰게 되므로 200년 동안 저축해 온 나라가 지금 2년 먹을 양식도 없어서 나라가 나라답지 못하니, 어찌 한심한 일이 아니겠습니까. 지금 부세를 증가시키자니 민력이 이미 고갈되었고 전례를 그대로 지키자니 얼마 안 가서 저축이 바닥날 것이니, 이는 알기 어려운 것이 아닙니다. 신은 생각건대, 공안을 개정하는 데 있어서 유능한 사람에게 맡겨 규획(規畫)을 잘하게 할 것은 물론, 단지 토산품으로만 균평하게 배정하고 한 고을에서 바치는 것이 두세 관사에 지나지 않도록 한다면 원액(元額)의 수입은 별로 감소되는 것이 없으면서 백성의 부담을 10분의 9쯤 줄일 듯 싶습니다. 이렇게 민력이 여유를 갖게 해서 백성들의 심정을 위안하며 기쁘게 한 다음 적당히 조세를 증가시킨다면 국가의 경비도 점차 충족될 것입니다. 그렇다면 공안을 개정하려는 것은 단지 백성을 위하는 것일 뿐만 아니라 실제로는 경비를 위해서입니다."[34]

위의 내용을 검토해 보면 알 수 있듯이 율곡 이이는 공안을 개정시켜 백성들을 안정시킨 후에 조세(전세)의 증세를 건의했는데, 이것은 앞의 내용에서 그의 감세정책 주장과 상충되는 내용일 수도 있으나 토지에 대한 전세는 토지를 적게 가지고 있는 일반 백성들은 크게 부담이 증가되지 않을 수 있으며 공안개정을 통하여 백성들의 부담은 10분의 9가 감해지므로 전세 증세로 인한 부담은 미미하다고 보았을 것으로 판단된다. 율곡 이이는 「만언봉사」[35]에서도 공안개정 문제를 다음과 같이 주장하고 있다.

---

34) 栗谷先生全書卷之七. 陳時弊疏, 한국고전번역원.

35) 1574년(선조 7년) 율곡 이이가 선조에게 올린 상소문이다. 만언봉사(萬言封事) : 봉사(封事)는 상서(上書)나 봉장(奉狀)이 누설될까 두려워하여 주머니에 넣어 봉해서 바치는 것이다. 이때에 재난이 있어 임금이 직언(直言)을 구함에 응하여 이 봉사를 올린 것이다.(한국고전번역원 율곡전서, 栗谷先生全書卷之五. 萬言封事)

"삼가 바라건대, 전하께서는 반드시 일을 파악할 만한 슬기가 있고, 장래의 일을 미루어 알 만한 심계(心計)가 있으며, 일을 잘 처리할 만한 재능이 있는 자를 가려 공안에 관한 일을 전담하게 하되 대신으로 하여금 그들을 통솔하게 함으로써, 연산군 때에 더 책정한 분량을 모두 없애 조종의 옛 법을 회복하게 하소서. 그리고 각 고을의 물산(物産) 유무와 전결의 다소와 민호(民戶)의 잔성(殘盛)[36]을 조사하고 상호 조절해서 한결같이 고르게 하고 반드시 본색(本色)을 각사(各司)에 바치도록 하면, 방납(防納)은 금하지 않아도 자연히 없어지고 민생은 극심한 고통으로부터 풀려나게 될 것입니다. 오늘날 시급한 일로서 이보다 더 큰 일은 없습니다."

위의 내용에서도 율곡 이이는 「동호문답」에서와 같이 고을의 인구, 토지, 물산의 많고 적음을 조사하여 그에 따라 공물의 양을 정하여 한결같이 균등하고 공평하게 해야 한다는 공안개정을 주장하고 있는 것이다. 그러나 「만언봉사」의 내용에서는 대공수미법에 관한 내용은 언급되지 않고 있는 데 1569년(선조 2년)에 「동호문답」에서 율곡 이이에 의해 제안된 대공수미법은 선조의 반대와 권력층과 방납업자들의 방해 때문에 끝내 시행되지 못하였으므로, 공안개정에 대하여서만 언급하고 있는 것으로 보여진다.

3. 대공수미법과 대동법(大同法)의 관계

공물방납의 폐단을 개선하기 위해 대공수미법의 시행을 주장한 정치가들은 율곡 이이 외에도 조광조(1482년~1519년), 류성룡(1542년~1607년), 한백겸(1552년~1615년), 조익(1579년~1655년), 김육(1580년~1658년) 등 개혁 정치가가 있었으나 결국 그 시행을 현실화시키지는 못하였다.

---

36) 쇠잔하고 번성함을 말한다.

그러나 임진왜란으로 인해 토지가 황폐화되고 그에 따른 전결세 수입이 급감함에 따라 이를 해결하기 위해 율곡 이이, 류성룡 등의 대공수미법 사상을 계승한 영의정 이원익(1547년~1634년)의 건의로 광해군 즉위년(1608년)에 공물방납의 폐단이 가장 심했던 경기도부터 대동법이 시행되게 되어 비로소 대공수미법이 대동법이라는 이름으로 시행되게 된 것이다. 대동법의 시행은 전결세의 수입증대를 위함이 가장 큰 목적이었으나 아울러 폐단이 컸던 공물방납을 개선하려는 목적으로 공물을 현물 대신 쌀로 징수하게 된 것이 대동법 시행의 기본적인 내용인 것이다. 대동법은 1623년(인조 1년) 강원도, 1651년(효종 2년) 충청도, 1658년(효종 9년) 전라도의 해읍(海邑),[37] 1662년(현종 3년) 전라도의 산군(山郡),[38] 1666년(현종 7년) 함경도, 1678년(숙종 4년) 경상도, 1708년(숙종 34년) 황해도의 순으로 100년 동안에 걸쳐 확대 실시되어, 1894년(고종 31년) 갑오개혁의 세제개혁에서 지세(地稅)로 통합되기까지 약 286년 동안 존속하였다.

대동법은 1년간의 공물의 대가를 통산하여 전결 수에 할당한 액을 미곡으로 환산하여 전국의 전결에 부과하고 그 수입으로써 중앙 및 지방의 국가기관이 필요로 하는 물자를 상인으로부터 구입하여 사용하도록 한 제도였다. 그 뒤 이 제도는 각 지방에 점차 확대, 적용되었는데 경기·강원·충청·전라·경상·황해의 6도에 완전히 실시되기까지는 100년이라는 긴 세월이 걸렸다. 대동미의 수납사무를 담당하는 기관(대동청)으로 경기·강원·호서·호남·영남·해서의 6청을 두었다. 대동미의 과세율은 대체로 경기·충청·전라·경상의 4도와 강원도의 일부 지방에서는 논·밭을 통틀어 1결당 쌀 12말로 통일되었다. 황해도의 밭에는 조, 논에는 쌀로 1결당 별수미 3말을 합하여 15말을 징수하였다. 한편, 산간지역에서는 농민 등 백성의 편익을 위하여 같은 양의 잡곡이나 소정의 환가(換價)에 기준하여 쌀 대신 무명·베·돈으로 대납할 수 있게 하였다.

---

37) 해안지방을 말한다.

38) 산간지방을 말한다.

단, 무명이나 베로 납부할 경우는 5승(升) 35척(尺)을 1필로 하였는데, 그 환가는 대체로 쌀 5~8말이었고, 돈(화폐)은 1냥(兩)에 쌀 3말 정도였다(기중서 · 김정기 2009, 206－207; 오기수 2015, 192). 그리고 각종 면세지에는 과세하지 않았다. 대동미의 일부는 상납미(上納米)라 하여 중앙의 선혜청에 옮기고, 일부는 유치미(留置米)라 하여 지방관청에 두고 그 경비에 충당하게 하였다. 상납미는 봄에 수납하는 것을 원칙으로 하고 납세기한은 중앙과의 거리에 따라 상이하였으며 유치미는 가을에 수납하는 것을 원칙으로 하였다.[39)]

대동미는 1결당 12말의 높은 세율이 적용되었으므로 조선시대 재정수입에서 차지하는 비중은 가장 컸다. 그러나 이 제도의 시행으로 없어져야 할 공물은 필요에 따라 여전히 수납되었고, 따라서 농민에게 큰 혜택을 주지는 못하였다. 그러나 대동법은 세원을 토지로 단일화하였고, 조세의 물납(현물납부)이 아닌 금납화(쌀로 납부)의 기초를 마련하였다는 점에서는 조선시대 조세제도의 획기적인 발전 계기가 되었다고 할 수 있다.

한편, 본 장 1.에서도 언급하였듯이 율곡 이이의 대공수미법은 대동법의 가장 강력한 참고사항이 되어 그 효시가 되었고, 백성들의 공납을 위한 특산물 마련과 관련하여 해당 지역에 배정된 특산물이 그 해 생산량 감소 등으로 인해 물품할당량을 채우지 못할 경우에는 다른 지역에서 동일한 물품을 비싸게 구매해서 공납하는 번거로움과 방납업자를 통한 대리납부과정에서 발생하는 부작용 등을 개선하기 위해서 쌀로 납부하자는 방법을 제안하였다는 점은 대동법과 그 근본취지는 동일하다고 할 수 있으며, 율곡 이이의 대공수미법이 그의 저서인 「동호문답」 등에서 제안하여 시행을 주장한 정도이고, 대동법은 세율, 시행지역 등 구체적인 내용까지 확립되어 시행되었다는 것이 그 차이점이라고 할 수 있다.

39) 한국민족문화대백과, 한국학중앙연구원.

V. 결론

본 연구는 율곡 이이의 조세사상을 검토해 보았으며, 그의 조세개혁정책은 공물방납의 폐단을 개선하기 위한 대공수미법 시행과 관련된 내용에 중점을 두고 있으며, 그 바탕은 관리 및 아전들의 부정부패와 백성들에 대한 수탈을 방지하여 국가경제를 튼튼하게 함과 동시에 백성의 생활안정을 도모하려는 의도였다는 것을 파악하는데 그 목적이 있었다. 본 연구와 대동법과 관련된 선행연구와의 가장 큰 차이점은 기존의 선행연구들이 대동법의 시행과 관련된 세부내용에 중점을 두고 있는 반면, 본 연구는 대동법이 시행되기 전 율곡 이이가 제안한 대공수미법의 도입취지와 대동법의 효시가 된 대공수미법의 역할 및 대공수미법 외의 추가적인 조세개혁정책까지를 검토해 보고자 한 것이다.

한편, 율곡 이이의 조세사상은 공평과세와 감세정책을 주장하여 빈부의 격차를 줄이려는 위민·평등사상을 기본으로 하면서도 국가의 재정을 위해서는 토지세의 증세도 불가피하다는 합리적 재정관도 동시에 내포하고 있다는 것도 본 연구를 통해 알 수 있게 되었다. 임금과 대신들의 반대와 방납업자들의 방해로 율곡 이이가 제안한 대공수미법은 결국 시행되지 못하였으나, 임진왜란 중에 류성룡이 율곡 이이의 대공수미법 시행에 대한 주장을 계승하여 시행하고자 할 만큼 의미 있는 것이었다. 그러나 이러한 류성룡의 대공수미법 시행도 1년도 못 되어 폐지되었고, 재시행에 대한 건의와 비변사의 찬성에도 불구하고 역시 시행되지 못하였으며, 임진왜란이 끝난 후 류성룡마저도 파직되어 그 시행이 현실화되지 못한 아쉬움이 있다. 이러한 과정을 거쳐 결국 광해군 즉위년(1608년) 율곡 이이와 서애 류성룡의 대공수미법을 계승한 이원익의 건의로 공물방납의 폐단이 가장 심했던 경기도 지역부터 대동법이 시행되게 되었다.

이러한 대동법은 제주도를 제외한 전국에 걸쳐 시행되기까지 100년이라는 세월이 걸리기도 하였으나, 1894년 갑오개혁 때 세제개혁이 이루어질 때까지 존속되어 결국은 대공수미법이 대동법이라는 이름으로 시행되어 율곡 이이의 국가재정확보와 국민생활의 안정을 도모하기 위한 조세개혁정책이 비로소 결실을 맺게 된 것이라고 할 수 있다.

본 연구는 율곡 이이의 개혁정책 중에서도 재정 및 조세정책에 관한 내용을 중점적으로 검토하고 해석하여 오늘날의 국가재정확보와 국민생활의 안정을 위한 조세정책 입안에 교훈점을 주고자 하는 것에 그 의의가 있다. 본 연구를 통해 검토해 본 율곡 이이의 대공수미법 시행의 제안은 공납의 폐단을 개선하기 위해 지역 특산물 대신 쌀로 납부하여 관청에서 필요한 물품은 납부되어진 쌀을 이용하여 직접 구매하여 사용하자는 내용이 내포되어 있으므로, 오늘날의 관점에서 고려해 보면 점차 축소되어져 가고 있는 물세의 범위를 확대하여 징수되어진 물세의 물건을 관청에서 좀더 적극적으로 조세수입에 충당하려는 의지를 가질 수 있도록 하는 세법의 개정을 고려해 볼 수 있다고 본다.

결론적으로, 본 연구를 통하여 국가의 재정과 백성의 안정된 생활을 위해 노력한 율곡 이이와 같은 대선각자가 있었기 때문에 대공수미법을 계승한 대동법이 시행될 수 있었던 것이고, 국가와 백성을 위한 올바른 정책이 시행되기까지는 기득권층의 방해 및 임금 등 지배계층의 인식부족 등 많은 어려움이 존재하였다는 것을 알 수 있는 것이며, 오늘날에도 국가와 국민을 위한 올바른 정책시행이 얼마나 어렵고 많은 시간을 필요로 한다는 것과 기존의 기득권층과 피할 수 없는 타협이 있어야 한다는 것을 다시 한 번 깨닫게 되는 것이다.

참고문헌

(국역) 「조선왕조실록」, 국사편찬위원회.

강인애, 1997, 「한국근대조세사상연구」, 조세통람사.

금장태, 2011, 「율곡평전: 나라를 걱정한 철인」, 지식과교양.

김관기, 1985, "대동법 실시배경에 대한 一考察", 성균관대학교 석사학위논문.

김옥근, 1999, 「한국경제사」, 신지서원.

김재우, 2007, "율곡의 도학사상과 경세론 연구", 성균관대학교 석사학위논문.

기증서 · 김정기, 2009, "한국 조세제도의 변천과정", 「한국행정사학지」 제24호: 193－219.

서길수, 1976, "이이의 사회경제사상 연구", 제1집: 341－403.

오기수, 2015, "공법(貢法)과 대동법의 역사성과 한계성, 「세무와회계저널」 제16권 제3호: 191－215.

「율곡전서」, 栗谷先生全書卷之三, 玉堂陳時弊疏, 한국고전번역원.

「율곡전서」, 栗谷先生全書卷之四, 擬陳時弊疏, 한국고전번역원.

「율곡전서」, 栗谷先生全書卷之五, 萬言封事, 한국고전번역원.

「율곡전서」, 栗谷先生全書卷之七, 司諫院乞變通弊法箚, 한국고전번역원.

「율곡전서」, 栗谷先生全書卷之七, 陳時弊疎, 한국고전번역원.

「율곡전서」, 栗谷先生全書卷之八, 啓, 六啓條, 한국고전번역원.

「율곡전서」, 栗谷先生全書卷之二十五, 聖學輯要 7, 爲政第四下 安民, 한국고전번역원.

이동인, 1997, "율곡의 경제개혁론", 「한국학보」 87: 85－107.

이이 · 강세구(역), 2007, 「만언봉사, 목숨을 건 직설의 미학」, 꿈이있는세상.

이이 · 전혜경(역), 2012, 「성학집요」, 지식을 만드는 지식.

이이 · 정재훈(역), 2014, 「동호문답 조선의 군주론, 왕도정치를 말하다」, 아카넷.

이정철, 2013, 「언제나 민생을 염려하노니」, 역사비평사.

______, 2010, 「대동법: 조선 최고의 개혁－백성은 먹는 것을 하늘로 삼는

다－」, 역사비평사.
한국민족문화대백과, 한국학중앙연구원.

서애 류성룡의 경세(經世)사상과 조세개혁정책 시행에 관한 연구

서애 류성룡의 경세(經世)사상과 조세개혁정책 시행에 관한 연구

본 연구에서는 서애 류성룡의 경세가로서의 정책시행 중에 조세개혁정책 시행에 관련된 내용을 중점적으로 검토하고자 하였다. 이를 통해 오늘날과 같은 경제불황과 북핵위기 등 국가위기 상황하에서 관료사회와 지도계층에게 줄 수 있는 교훈을 얻고자 하였으며 그 주요 내용을 요약해 보면 다음과 같다.

첫째, 훈련도감을 설치 및 운영하여 조선의 자주국방을 위해 노력하였으며, 훈련도감 군사들의 급료지급 및 운영비조달과 군량미 조달을 위한 둔전경영을 실시하였다. 또한, 이러한 둔전경영과정에서 병작반수제를 통한 국가조세수입 증대를 달성하고자 하였다.

둘째, 공물방납의 폐단을 개선하기 위한 대공수미법이라는 조세개혁정책을 시행하여 백성들의 부담을 덜어주려고 하였으며, 나아가서는 임진왜란을 승리로 이끌기 위한 필수요소인 군량미를 확보하려고 하였다.

셋째, 중강개시와 소금생산을 통해 곡식을 마련하여 굶주린 백성들을 구휼하였고, 아울러 군량미까지 조달하고자 하였다. 또한 중강개시를 통해서는 교역확대를 통한 상공업을 장려하고자 하였다.

넷째, 면천법, 속오군제도의 시행으로 신분을 따지지 않는 인권평등 및 민주적인 사회를 건설하고자 하였다.

결론적으로 서애 류성룡의 대 경세가로서의 능력발휘와 조세개혁정책의 시행을 통해 깨닫게 되는 것은 그를 단순히 유능한 관료로만 볼 것이 아니라 세상을 경략(經略)하고 국난을 극복할 수 있는 능력이 있는 대 경세가(輕世家)로 재정의해야 할 것이고, 오늘날의 경제불황과 북핵위기 등의 국가위기 상황을 극복하기 위해 관료사회와 지도계층에게 서애 류성룡의 정책시행이 크나큰 모범사례로 안내되어야 할 것이며, 조세행정분야에서도 서민들의 부담을 실질적으로 덜어줄 수 있는 소득공제 및 세액공제 등의 조세개혁을 추진해야 한다는 교훈을 얻어야 할 것이다.

Ⅰ. 서론

서애(西厓) 류성룡(柳成龍 : 1542년~1607년)은 오늘날의 사람들에게 임진왜란 당시에 영의정을 지내면서 국난을 극복하려고 노력한 명재상, 그리고 왜군과의 강화를 주도하였다는 매도로 인해 임진왜란 종료와 동시에 파직되고 그 후에 삭탈관직되어 고향인 안동 하회마을로 낙향한 후 「징비록」을 저술하여 후대의 사람들에게 국난에 대비하라는 교훈을 남겨준 사람으로 알려져 있다. 그는 임진왜란 전에 형조좌랑이었던 권율을 의주목사로, 정읍현감이었던 이순신을 전라좌수사로 천거하여 전쟁에 대비하도록 할 만큼 선견지명이 있었고, 퇴계 이황의 대표적인 제자로 성리학적 학문의 수준 또한 높아 오늘날 안동 병산서원에 배향되기까지 한 인물이다.

서애 류성룡이 임진왜란이라는 국난을 극복하기 위해 실시한 사회경제적인 제 개혁안은 계사(啓辭),[1] 장계(狀啓),[2] 소차(疏箚),[3] 문이(文移)[4] 등의 형식으로 「선조실록」, 「西厓文集」, 「징비록」 등에 기재되어 있

1) 논죄(論罪)에 관하여 임금에게 올리던 글을 말한다.
2) 왕명을 받고 지방에 나가 있는 신하가 자기 관하(管下)의 중요한 일을 왕에게 보고하던 문서를 말한다.
3) 상소(上疏)와 차자(箚子 : 상소와 달리 일정한 격식을 갖추지 않고 사실만을 간략히 적어 올리던 상소문)를 아울러 이르는 말이다.

는데 그의 개혁안이 임진왜란 전에도 전혀 없는 것은 아니었다(이수건 2005, 148). 다음은 선조 6년(1573년) 조강(朝講)에서 서애 류성룡이 한 말이다.

> 강관(講官)의 강독(講讀)이 끝나고서, 류성룡이 아뢰기를, "지금 밭둑을 잇대어 많은 전지(田地)를 차지하고 있는 자는 대부분이 세력이 강하여 공부(貢賦)[5]를 내지 않는 무리이고, 소민(小民)[6]이 소유하고 있으면서 공부를 바치고 있는 전지는 매우 적습니다."[7]

위의 내용에서 알 수 있듯이 전제의 문란과 민중의 피폐를 지적한 바 있는 것이다(이수건 2005, 148). 또한, 「西厓別集」에서 다음과 같이 군액의 감축과 공납제의 폐단이 가장 심각한 문제라고 지적하기도 하였다.

> 병사의 수는 날로 줄어들고 이웃 간의 연대보증조직에서 생기는 해독은 붐과 불보다 더 무서우며, 세금의 부과는 공평하지 못한데다가 서리(胥吏)가 대납한 원공물(元貢物)을 징수하는 그 가렴주구(苛斂誅求)의 행패가 이리나 범과 같으니 이것이 그 큰 것이고, 그 나머지는 일일이 거론할 수 없습니다. 지금 곧 무슨 방법을 강구하지 않으면 평원에 일어난 불길처럼 그 불길의 퍼져 나감이 하루하루가 더 심해질 것이니 그렇게 되면 나라의 근본이 위태로워질 것입니다.[8]

그러나 서애 류성룡은 선조 20년(1587년) 이전까지는 자신의 경륜을 펼 위치에 있지 못하였고, 임진왜란이 끝남과 동시에 실각하였으니 그의

4) 관아(官衙)와 관아 사이에 공사와 관계되는 일을 조회하기 위하여 공문을 보내는 것. 또는 그 문건(文件)을 말한다. 이문(移文)이라고도 한다.
5) 세금을 말한다.
6) 힘없는 백성을 말한다.
7) 「선조실록」 6년(1573년) 3월 17일.
8) 「西厓別集」 劵3, 無冰銘 선조 14년(1581년).

주 활동시기는 임진왜란을 전후한 약 10년간이라 할 수 있다(이수건 2005, 147).

임진왜란 중에는 훈련도감의 설치와 운영을 책임졌고, 훈련도감 군사들의 급료지급과 백성들을 구휼하고 전쟁을 승리로 이끄는데 필요한 군량미조달을 위해 실시한 둔전경영 및 중강개시, 대공수미법(작미법)을 시행하였으며, 신분타파정책인 면천법과 양반들에게도 속오군제도 등을 시행하여 인권이 평등한 사회를 건설하려는 시도까지 하였다. 단순히 역사속의 뛰어난 한 관리가 아니라 세상을 경략(經略)하고 어려움을 극복할 수 있는 능력이 있는 대 경세가(輕世家)였던 류성룡이 조선 조정에 없었다면 임진왜란이라는 큰 국난을 극복하지 못했을 수도 있었다는 아찔한 생각을 가지지 않을 수 없는 것이다.

본 연구의 Ⅱ.에서는 서애 류성룡과 관련된 선행연구들을 그의 국방사상·정치사상·철학 등 학문사상·인권사상 및 민주사상·정치적 역할의 소개와 관련된 연구와 다음으로, 율곡 이이, 다산 정약용의 경세사상 및 조세개혁정책에 관련된 연구로 구분하여 먼저 살펴보고, 선행연구와 본 연구의 차이점을 기술해 보고자 하였으며, Ⅲ.에서는 그의 경세사상을 통한 조세개혁정책에 대하여 살펴보고, Ⅳ.에서는 기타의 경세사상을 통한 정책시행을 살펴보며, 마지막으로 Ⅴ.에서는 결론을 기술하고자 한다.

Ⅱ. 선행연구

본 연구에서는 관련된 선행연구들을 먼저, 류성룡의 국방사상(김호종 1990; 조정기 1988)·정치사상(김호종 1995)·철학 등 학문사상(금장태 1995)·인권사상 및 민주사상(김호종 2001)·정치적 역할(허남린 2012)의 소개와 관련된 연구와 다음으로, 율곡 이이, 다산 정약용의 경세사상 및 조세개혁정책에 관련된 연구 등으로 나누어 살펴보았다.

먼저, 서애 류성룡의 국방사상과 관련해서는 김호종(1990)에 의하면, 서애 류성룡은 국방에 대한 자주성 확립, 군기의 확립, 새로운 전술과 신무기의 개발, 군량의 확보를 위한 소금생산과 둔전개발, 대공수미법(작미법)의 시행, 군사훈련의 강화 주장 등의 내용이 그의 국방사상을 알 수 있게 한다고 하였다.

조정기(1988)에 의하면, 서애 류성룡의 군정사상에 대한 내용은 정병양성(精兵養性)을 위한 교련(敎鍊)과 부족한 병력확보를 위해 신분을 초월하여 충수(充數)[9]할 것을 주장하였으며, 도체찰사(都體察使)로서 군령(軍令)의 통일을 위해 관기(官紀)[10]의 엄수를 주장하였다고 하였다.

서애 류성룡의 정치사상과 관련해서는 김호종(1995)에 의하면, 서애 류성룡은 첫째, 정치운영상의 공론관(公論觀)을 보면 그는 국가를 다스리는 사람들이 정치를 바르게 하기 위해서는 우선 개인보다는 대중의 이익을 앞세우는 공정한 논의를 존중하여야 한다고 보았으며, 둘째, 권력집행상의 붕당관은 붕당의 형성이 사람들의 공도정치(公道政治) 추구과정에서 뜻을 같이하는 자들이 학연과 지연 및 혈연에 따라 이를 만들게 된다고 보았으며, 셋째, 권력집행상의 대신관은 대신이 국가의 정령을 통일하고 국왕을 보좌하기 때문에 그 재질이 우수해야 함과 동시에 일반 관인들과는 달리 존경과 권위가 인정되어야 한다고 하였다.

허남린(2012)은 명나라가 주도하는 강화전략을 거부할 힘이 조선에는 없었으며, 명나라의 의향과 배치되는 행동을 취할 여력이 없었던 조선의 조정은 명나라의 강화전략에 힘없이 끌려 다녔으며, 명나라에 동조하는 것이 실리외교의 전부였다 해도 과언이 아니었다고 하였으며, 실리외교적인 측면에서 명나라와 왜군사이에서 선조의 승인으로 인한 강화

9) 군사(병력)를 충원시키는 것을 말한다.
10) 관리들이 지켜야 할 규율을 말한다.

협상을 진행했던 류성룡을 선조가 자신의 강화에 관련된 행적을 지우기 위한 희생양으로 삼아 파직시키는 것도 모자라 삭탈관직까지 시켰다고 하였다.

서애 류성룡의 철학사상과 관련해서는 금장태(1995)에 의하면, 서애 류성룡은 첫째, 성리학 · 수양론 · 예학 · 경세론 등의 도학적 분야를 포용하여 학문적 영역의 다양성에서 큰 폭을 지니고 있으며, 둘째, 학문적인 깊이에서는 엄밀한 실증성과 예리한 통찰력의 창의성을 내포한다고 하였으며, 셋째, 그의 학문적 창의성은 실천적이고 실용적인 학풍으로 전개되고 있다고 하였다.

서애 류성룡의 인권사상에 관련해서는 김호종(2001)에 의하면, 사람들끼리 서로 화친하고 유순하게 상대하도록 교육하게 했으며, 당시 신분제하에서 하층민들의 인권도 존중하여 일부 국민으로 대우하고자 하였으며, 백성들이 기근 등으로 고통받고 있을 때 인권 중에서도 가장 중요한 생존권을 보장하기 위하여 전란중에도 소금을 구워서 쌀로 바꾸게 하였고, 타국과 국경무역을 전개하여[11] 식량을 구하기도 한 것에서 그의 인권사상을 알 수 있다고 하였다. 김호종(2001)에 의하면, 서애 류성룡의 민주사상에 관련된 주된 내용은 정책결정과정에서 집권자의 자의를 배격하고 가능한 한 여러 사람의 의견 즉, 공론(公論)을 매우 중시하면서 공론에 따라 일을 처리하면 부정과 부조리가 사라져 기강이 확립된다고 보았다는 것이다. 또한, 인재 채용에 있어서도 그 과정이 투명하고, 신분이나 지역 간의 차별이 없도록 공정하게 함으로써 유능한 사람을 발탁하여야 한다고 주장한 것이라고 하였다.

다음으로, 서애 류성룡 이전의 뛰어난 정치가이자 경세가였으며, 대공수미법을 류성룡보다 먼저 주장하여 조세개혁을 단행하고자 하였던 율곡 이이의 경세사상 및 조세개혁정책에 관련된 연구로 김재우(2007)는, 율곡 이이의 도학사상의 성리학적 기반, 도학정치, 경제윤리와 사회

11) 중강개시를 말한다.

정의 등을 검토하였다. 그는 경제윤리와 사회정의 부분에서 율곡 이이는 조세제도와 관련하여 정전제(井田制)[12]를 시행할 것을 주장하였다고 하였으며, 「성학집요」에서 「論語」를 이용하여 10분의 1세[13]를 강조하였으며, 孟子에서 10분의 1세를 빨리 시행할 것을 주장한 것과 朱子가 10분의 1세를 정전법(井田法)으로 본 것을 인용하여 정전법인 10분의 1세를 빨리 시행할 것을 주장하였다 하였으며, 이를 시행하기 위하여 연산군대에 만들어진 공안[14]을 우선 개정해야 한다는 주장을 하였다.

서길수(1976)에 의하면, 율곡 이이는 조세제도를 당시의 세제대로 전조, 역, 공물로 구분하여 논하였다고 하였는데, 그 가운데 역(役)은 선상(選上)[15][16]과 군역(軍役)에 대하여 기술하고 있고, 공물은 공물과 진상으로 나누어 기술하고 있다고 하였다.

이동인(1997)에 의하면, 율곡 이이는 경제제도의 개혁을 통해서 왕도정치를 실현하려고 하였으며, 그의 경제개혁의 목표는 국부(國富)와 안민(安民) 두 가지로 볼수 있지만, 나라는 백성에 의존하는 것이고 국부의 뿌리는 안민이므로 그의 경제개혁론은 백성을 편안하게 하고 부유하게 하기 위한 논의가 핵심이라고 하였다.

금장태(2011)에 의하면, 율곡 이이는 혼란과 부패에 빠져 있는 나라의 기강을 세우고 원기(元氣)를 살려내야 한다는 근본과제를 위해 먼저 나라의 근본인 백성이 빈곤과 착취에서 벗어나 안정된 생활기반을 확보

---

12) 정전제는 중국 하(夏)·은(殷)·주(周) 삼대(三代)의 유제(遺制)로서, 토지의 한 구역을 '정(井)'자로 9등분하여 8호의 농가가 각각 한 구역씩 경작하고, 가운데 있는 한 구역은 8호가 공동으로 경작하여 그 수확물을 국가에 조세로 바치는 토지제도였다.

13) 당년 총 수확량의 10분의 1을 거두는 세금을 말한다.

14) 공안(貢案)은 공물의 징수목록을 말한다.

15) 選上은 選上制度라고도 하며 한양에 있는 종들만 가지고는 역사(役事)를 감당하기에 부족하기 때문에 외지(外地)의 공천(公賤)들로써 번갈아 가며 한양의 역사를 감당하도록 했던 제도이다(강인애, 1997, p.268).

16) 율곡 이이는 「만언봉사」에서 "選上制度"를 폐지하고 그 대신 身貢(노비가 신역(身役) 대신 바치던 공물)을 바치도록 하여 公賤(공천)의 고통을 덜어줄 것을 제안하였다(栗谷先生全書卷之五. 萬言封事, 한국고전번역원).

하게 해야 한다는 과제를 제기하였다. 이를 위해 그가 추구한 개혁정책은 추상적 원칙론이 아니라 구체적 현실의 폐단(時弊)을 확인하고 개혁과제(時務)를 제시하는 것이며, 동시에 법률과 제도의 수정이나 보완의 차원이 아니라 근본적 개혁을 추구하는 '경장(更張)'의 논리였음을 확인할 수 있다고 하였다. 이러한 율곡 이이의 개혁정책 중 조세개혁과 관련된 주요 내용은 「동호문답」, 「만언봉사」, 「성학집요」 등 그의 저서를 통해서도 자세하게 알 수 있다.

다음으로 조선 후기 대표적 실학자인 다산 정약용의 경세사상 및 조세개혁정책에 관한 연구로 그의 저서인 「목민심서」의 호전육조(戶典六條) 제2조에 조세의 부과 및 징수에 대한 개혁과 「경세유표」의 지관수제(地官修制) 등을 통해 토지제도인 정전제 시행을 주장한 내용을 알 수 있으며, 양창삼(1993)에 의하면, 다산 정약용은 18세기 후반과 19세기 전반에 자본 및 영업규모가 커진 지방 행상들이 지방 관료들과 결탁하여 폭리를 취하고 있는 점에 주목하고 이들에게도 시전 상인들에게 징수하고 있었던 상업세를 철저히 징수함으로써 조세의 형평을 기하고 정부의 재정수입에 도움을 줄 수 있다고 보았으며, 이들 행상에 대한 상업세 징수방법으로 관소에서 징수하되 지방 관리들의 횡령을 막기 위해 고지서를 발부하도록 하였다고 하였다. 또한 양창삼(1993)은 다산은 조세를 현물 그대로 중앙으로 옮기는데 있어서 운송을 간편히 해 조세비용을 최소화할 것과 조세 수거 중에 발생하는 세리의 농간을 방지하고 중간착복을 없애도록 하였는데, 그는 다산의 이러한 제안은 조세행정을 능률화하고 조세부담을 최소화하여 조세수입을 극대화하려는 조세행정 개혁안이라고 하였다.

김기평 등(2008년)에 의하면, 「목민심서」의 호전육조 제3조 곡부(穀簿)에서 "곡식의 장부는 꼭 정리하지 않으면 안 된다. 경위표(經緯表)라는 일람표를 작성하면 눈앞에 벌여놓은 듯 손바닥에 보이듯 명료하게 살필 수 있다. 경위표는 가로로 보면 양곡의 종별, 총수량을 알 수 있고, 세로로 보면 각 관아 소속 양곡의 수량과 분류, 출납을 알 수 있게 만들어서 한눈에 볼 수 있도록 작성해야 한다"와 "양곡을 나누어 주는 날에는 그 중에 응당 나누어 주어야 할 것과 멈추어 두어야 할 것을 정밀하게 조사, 검열해서 명료하게 살펴볼 수 있도록 꼭 분류 경위표를 작성해야 할 것이다(후략)"라는 내용을 인용하면서 다산이 환곡문란의 대책으로 문서상의 정리를 중요하게 생각하여 세무행정의 투명성 수단으로 경위표 작성을 제시하였다고 하였다.

위와 같이 본 연구와 관련된 선행연구들을 크게 두 분야로 나누어서 살펴보았는데, 선행연구들을 토대로 하여 본 연구에서는 서애 류성룡이 경세가로서의 능력을 발휘하여 임진왜란을 승리로 이끌기 위해 실시한 정책과 제도에 대하여 중점적으로 검토해 보고자 한다. 이러한 목적을 위해, 서애 류성룡이 임진왜란 중에 전란으로 피폐해진 국가와 백성들을 구제하기 위해 실시한 개혁정책을 살펴보고, 아울러 공물방납의 폐단을 개선하여 백성을 편안하게 하고자 하는 조세개혁정책인 동시에 군량미확보를 위한 정책인 대공수미법을 시행하고자 하는 과정의 내용을 중점적으로 검토해 보고자 한다.

Ⅲ. 서애 류성룡의 경세(經世)사상을 통한 조세개혁정책 시행

1. 훈련도감의 설치와 둔전(屯田)경영

임진왜란이 일어나자 조선 조정에서는 포수(砲手), 살수(殺手), 사수(射手)의 삼수병(三手兵)으로 구성된 급료를 받는 일종의 직업군인을 모집하여[17] 훈련도감이라는 중앙군영이 설치되었는데 이는 류성룡의 건의로

17) 창설 당시 훈련도감은 포수로만 구성되었는데, 임진왜란 중에 세자인 광해군을 호위

용산창(龍山倉)[18]에 보관되어 있던 당속미(唐粟米)[19] 1,000석을 재원으로 하여 설치되었으나 이 재원은 곧 고갈될 수밖에 없었다. 훈련도감을 설치할 당시에는 도성에 굶는 사람이 넘쳐나 하루 쌀 2되(升)씩을 지급한다는 조건에도 적지 않은 군사를 모집할 수 있었으나,[20][21] 이순신과 수군의 바다에서의 연전연승, 전국적인 의병활동, 명나라의 원군으로 인해 왜군들이 남해안에 왜성을 쌓고 나오지 않는 등 전쟁의 상황이 소강상태에 접어들면서 군사들은 낮은 급료에 불만을 품기도 하였다. 군영의 편제가 점점 갖추어지면서 훈련도감의 운영비 부족은 더 심해졌다. 이러한 상황에서 훈련도감의 재정조달 문제와 군량미를 확보하기 위한 해결책으로 류성룡은 고려시대 몽고지배시기에 일본원정을 위한 군량미 확보를 위해 시행되었고, 조선 전기에도 국둔전과 관둔전의 형태 등으로 시행되고 있던 둔전을 확대 설치하자는 방안을 제시하였다. 다음의 내용은 류성룡의 둔전설치 제안에 대한 1594년(선조 27년) 2월 1일의 기록이다.

> 류성룡이 인하여 청하기를, "군량을 마련하고 군사 1만 명을 더 모집한 다음, 경성에 5영을 두어 영마다 2천 명씩 배치하고, 해마다 절반은 도성 안에 두어 연습을 시키고, 절반은 도성 밖에 내보내 버려진 땅을 택하여 둔전을 하게 해야 합니다. 그리하여 교대로 경작하여 군량이 나오는 근원을 풍부하게 해서 더욱 근본을 견고히 해야 합니다"하니, 상이 모두 따랐으나 결국에 가서는 그 일이 행해지지 않았다. 도감의 설치에 대해서는 또한 비평이 많았지만 류성룡이 굳은 결의로 담당하였기 때문에 겨우 파하지 않을 수 있었다.[22]

하기 위해 만든 의용대(義勇隊)를 그대로 접수하여 살수로 편성하여, 1594년(선조 27년) 4월 포수와 의용대 출신의 살수가 합쳐진 가운데 합동 군사훈련이 실시되었으며, 1594년 6월에는 훈련도감에 사수가 증설되었다(김종수, 2015, pp.37－38).

18) 지방의 조창에서 한양으로 올라온 세곡(稅穀)을 보관하기 위한 용산에 있던 창고(경창)를 말한다.

19) 당속미란 명나라에서 보내온 좁쌀을 말한다.

20) 이재호, 2007, 「징비록」, 역사의 아침, pp.366－367.

21) 류성룡·김시덕(역해), 2014, 「교감·해설 징비록」, 아카넷, pp.639－641.

위와 같은 류성룡의 둔전 설치 제안이 있기 전에도 1593년(선조 26년) 12월, 도감군들에게 군사훈련의 여가를 이용하여 스스로 황무지를 개척하도록 하고 그 수확을 군량미로 하도록 하였는데 이것이 훈련도감에서 실시한 둔전경영의 시작이라고 할 수 있다. 다음은 훈련도감의 둔전경영 시작과 관련된 기록이다.

호조가 아뢰기를, "(중략) 그리고 경성(京城)의 10리 안에 성을 등진 좋은 전지가 많이 있는데도 경작하는 사람이 없으니 이것 또한 조처가 있어야 하겠습니다. 훈련도감(訓鍊都監)에 응모한 군사가 이미 5백여 명인데 이들은 모두 경기에서 가까운 고을 백성들입니다. 이들의 소원을 물어보았더니 모두 훈련하는 여가에 묵은 전지를 개간하여 스스로 군량을 마련하기를 원하였습니다. 이 또한 원하는 대로 들어주어 경종(耕種)할 철에 종자를 나누어주고 1부(部)를 1운(運)으로 하여 힘을 합하여 농사짓게 하면 매우 편리하고 유익할 것입니다.(후략)"하니, 상이 따랐다.[23)]

류성룡의 둔전 설치 제안으로 1594년(선조 27년) 3월에는 충청도 40여 곳의 사사위전(寺社位田)을 임시로 훈련도감에 귀속시켰다. 다음은 「선조실록」 1594년(선조 27년) 3월 1일 비변사에서 훈련도감의 경비마련을 위해 사찰위전을 지급할 것 등을 청하는 기록이다.

비변사(備邊司)가 아뢰기를, "근래에 도감(都監)을 별도로 설치하여 화포(火砲)의 훈련을 시키고 있습니다. 당초 의논하는 이들은 모두 맞지 않아서 이루기 어려울 것이라고 하였으나 두어 달 뒤에는 제법 효과가 있게 되어 그 중에 기예가 이루어진 자는 절강(浙江)의 선수(善手)와 다름이 없으니 이로써 군사훈련을 하지 않아서는 안 된다는 것을 알았

22) 「선조수정실록」 선조 27년(1594년) 2월 1일.
23) 「선조실록」 선조 26년(1593년) 12월 3일.

습니다. 그러나 생재(生財)의 길이 이미 고갈되고 군량을 이을 대책이 없으니 오직 별도의 방편을 마련하여 경비(經費) 이외에 군량을 조처한 다음에야 군병을 모을 수 있습니다. 충청도의 사찰(寺刹)이 모두 40여 곳인데 그 위전(位田)이 모두 쓸모없는 공한지(空閑地)가 되어 버렸고 간혹 간사한 백성에게 점유당하기도 하여 가을이 와도 수확된 것은 모두 개인에게 들어갑니다. 다른 도의 위전을 다 귀속시킬 수는 없으나 충청도 사사(寺社)의 위전만이라도 군병을 훈련하는 몇 년 동안 훈련도감(訓鍊都監)에 모두 귀속시켜 백성에게 나누어 주어 경작하게 하고, 곡식이 익은 뒤에 별도로 낭청(郎廳)을 파견하여 재(災)와 실(實) 여부를 적간(摘奸)하고 액수를 계산하여 거두어들임으로써 군병의 식량으로 삼게 하소서."[24]

이후 훈련도감의 둔전은 도성 밖 10리 내에 소유주가 확인되지 않은 부곽양전(負郭良田)[25]과 살곶(箭串),[26] 정금원평(鄭金院坪)[27] 등의 목장지, 충청도 지령산(知靈山)[28] 근처, 경기도 광주의 용진(龍津) 등지에도

24) 「선조실록」 선조 27년 3월 1일.

25) 「선조실록」 선조 26년(1593년) 12월 3일, 원문 중 "그리고 경성(京城)의 10리 안에 성을 등진 좋은 전지(부곽양전)가 많이 있는데도 경작하는 사람이 없으니 이것 또한 조처가 있어야 하겠습니다. 훈련도감(訓鍊都監)에 응모한 군사가 이미 5백여 명인데 이들은 모두 경기에서 가까운 고을 백성들입니다. 이들의 소원을 물어보았더니 모두 훈련하는 여가에 묵은 전지를 개간하여 스스로 군량을 마련하기를 원하였습니다. 이 또한 원하는 대로 들어주어 경종(耕種)할 철에 종자를 나누어주고 1부(部)를 1운(運)으로 하여 힘을 합하여 농사짓게 하면 매우 편리하고 유익할 것입니다."

26) 오늘날의 서울시 성동구에 위치함. 왕십리와 뚝섬 사이, 중랑천을 가로지르는 '살곶이다리(보물 제1738호)'는 조선시대 석교 중 가장 긴 다리다. 태조 이성계가 태종 이방원에게 쏜 화살이 태종이 있던 그늘막에 꽂혔다는 일화에서 '살곶'이라는 이름이 유래했다. 오늘날의 살곶이다리에서는 조선시대 최고 국가행사였던 '이성계 사냥행차'가 재현되고 있다.(네이버캐스트 신택리지)

27) 경기도 성남시 수정구 신촌동과 복정동에 걸쳐 있는 지역. 정금원 앞의 넓은 평야로 처음에는 군사를 위한 시초지(柴草地 : 땔감으로 쓰는 풀을 마련하는 토지)(목장)로 활용되다가 군사훈련소로 이용되기도 하였으며, 임진왜란이 일어난 후 둔전으로 사용함.(한국향토문화전자대전)

28) 충청남도 태안군 근흥면 정죽리에 위치한다.

설치되었다. 다음은 1594년(선조 27년) 9월 22일 선조가 훈련도감 군사의 군량 조달방법으로 둔전을 개간하라고 하는 것과 관련한 기록이다.

정원에 전교하였다. "양병(養兵)하자면 모름지기 먼저 농사에 힘써 곡식을 비축해야 한다. 지금 도감(都監)의 포수(砲手)와 살수(殺手)는 그 수효가 날로 증가되는데 군량을 이어댈 방법이 없다. 경성(京城) 성곽 주변의 양전(良田) 가운데 주인이 없는 땅이 헤아릴 수 없이 많은데 어찌하여 각 초병(哨兵)들에게 나누어 지급하고 종곡(種穀)과 경우(耕牛)와 농기(農器)를 갖춰 공급하여 둔전을 대대적으로 개간하여 군사들을 먹일 자본으로 삼지 않는가? 비록 살곶[箭串]이나 정금원평(鄭金院坪)이라도 우선 분급하라고 비변사에 말하라."[29]

또한 둔전 개간에 필요한 물자와 재정을 지원한 자에게는 공명고신[30]을 발급해 주기도 하였다. 다음은 1594년(선조 27년) 7월 8일의 기록이다.

훈련도감이 아뢰기를, "전일 이덕형(李德馨)이 도감당상(都監堂上)으로 있을 때 명년에 포수 등에게 둔전(屯田)을 널리 개간하게 하기 위하여 공명고신(空名告身)을 황해도 총섭(黃海道總攝)인 승(僧) 의엄(義嚴)에게 보내 소[牛]를 모으게 하였습니다. 이번에 의엄이 밭갈이하는 소 33두(頭)를 보냈는데, 그 중 1두를 바친 자가 영직(影職) 참봉(參奉)을 요구하나, 내려 보낸 고신 중에는 참봉 직명이 없다고 합니다. 참봉 고신을 해조(該曹)로 하여금 만들어 보내게 하소서.(후략)"하니, 상이 따랐다.[31]

위의 기록들에서 훈련도감의 설치에 따른 부족한 군량미의 확보를

29) 「선조실록」 선조 27년 9월 22일.
30) 공명첩이라고 함.(성명을 적지 않은 백지 임명장)
31) 「선조실록」 선조 27년 7월 8일.

위해 충청도 40여 곳의 사사위전(寺社位田)을 임시로 훈련도감에 귀속시키기도 하였으며, 부곽양전(負郭良田)과 살곶(箭串), 정금원평(鄭金院坪) 등의 목장지, 충청도 지령산(知靈山) 근처, 경기도 광주의 용진(龍津) 등지에 둔전을 설치하고, 둔전개간에 필요한 물자와 재정을 지원한 자에게는 공명고신을 발급해 주는 방법까지 동원하여 임진왜란이라는 비상시국에 군량미를 확보하여 전쟁을 승리로 이끌기 위한 둔전경영에서 서애 류성룡의 단순한 관리가 아닌 국난을 극복하려는 경세가로서의 능력을 알 수 있게 되는 것이며, 오늘날의 경제불황 및 북핵위기 등의 상황 등 긴박한 국가운영의 상황과 서민 삶의 안정을 도모하기 위해서는 류성룡의 임진왜란이라는 국난극복을 위한 경세가적인 능력을 교훈삼아 관료사회와 지도계층의 국가위기 극복의지가 적극적으로 요구되어진다는 점을 깨달을 수 있게 되는 것이다.

다음은 정조(正祖)가 「弘濟全書」167권 日得錄 7 政事 2에서 류성룡의 둔전경영 및 그의 능력에 대하여 언급하고 있는 것과 관련된 기록이다.

> 상이 이르기를, "둔전(屯田)은 훌륭한 제도이다. 그런데 우리나라는 이름만 있고 실상이 없었다. 재상 류성룡(柳成龍)이 도감(都監)을 설치하여 군병 1만 명을 설치하고 그 반을 나누어 둔전을 경영하여 곡식을 비축해서 군량으로 삼으려고 하였지만 실행에 옮기지는 못하였다. 내가 바야흐로 경기(京畿) 안의 두세 산군(山郡)에 장용영(壯勇營)의 향군(鄕軍) 2초(哨)를 두고 둔전을 설치하여 봄과 여름에는 농사를 짓도록 하고 가을과 겨울에는 활 쏘며 사냥하도록 하였다. 땅에서 나는 곡식을 비축하여 그 군사들의 늠료(廩料)[32]를 주고 나머지를 취하여 장비를 갖추는 데 쓰도록 해서 병사(兵事)와 농사(農事)가 서로 의지하게 하는 뜻을 붙였다. 이는 장횡거(張橫渠)가 뜻을 두었던 일구(一區)의 정전제(井田制)와 그 뜻을 같이하는 것이다."하였다.[33]

32) 관황(官況)이라고도 하며, 조선시대에 관리 등에게 주던 봉급을 말한다.

다음은 정조가 「弘濟全書」171권 日得錄 11 인물 1에서 류성룡의 뛰어난 능력에 대하여 언급하고 있는 것과 관련된 기록이다.

저 헐뜯는 사람들을 고(故) 상신(相臣 · 류성룡)이 처한 시대에 처하게 하고, 고 상신이 맡았던 일을 행하게 한다면 그런 무리 백 명이 있어도 어찌 감히 고 상신이 했던 일의 만분의 일이라도 감당했겠는가. 옛날 당 태종(唐 太宗)이 이필(李泌)에 대해서, '이 사람의 정신은 몸보다 크다'라고 말했는데 나도 서애에 대해서 또한 그렇게 말한다. 대개 그는 젊었을 때부터 이미 우뚝 거인(巨人)의 뜻이 있었다. 처음 훈련도감(訓鍊都監)을 창설했을 때 사수(射手)와 살수(殺手)와 포수(砲手)를 설치하였고, 또 기내(畿內)에 둔전(屯田)을 설치하여 군사 2만을 기르되[34] 반은 서울에 두고 반은 둔전에 두게 하여 군사를 농민 속에 두는 뜻을 담으려고 했다. 계책은 비록 시행되지 않았지만 이처럼 좋은 경륜과 좋은 계책을 어디에서 얻을 수 있겠는가. 오위(五衛)의 제도가 혁파되고 나서 국가에서 믿고서 급할 때 쓸 수 있는 것은 오직 훈련도감의 군사뿐인데, 또 미리 양병(養兵)의 폐단을 생각하여 반농반병(半農半兵)의 설을 주장하였으니, 신기(神機)와 원려(遠慮)는 참으로 우리나라의 유후(留侯)인 것이다. 당시에 토지제도를 정리할 수 없었는데 처음으로 절수법(折受法)을 만들어 세법이 정해지게 하여 지금에 이르러서 개척되지 않은 들이 없고 개간되지 않은 토지가 없게 되었으니 이것은 또 얼마나 큰 사업인가. 혹자는 절수법의 폐단을 가지고 서애에게 허물을 돌리기도 하지만 삼대(三代)의 정치도 더하거나 뺄 것이 있는데 하물며 말류의 폐단이 어찌 법의 죄이겠는가. 이런 경우는 지금 사람이 애당초 이해하지 못하고 다만 남의 선(善)을 가려서 자기의 기분만 후련하게 하려고 한 것이니, 참으로 제 분수를 헤아리지 못한 어리석음만 보인

33) 「弘濟全書」 167권 日得錄 7 政事 2.

34) 이 자료는 한국고전번역원의 「弘濟全書」171권 日得錄 11 인물 1의 번역문에서 발췌한 것인데 "군사 2만을 기르되"에서 2만은 오타인 것으로 보인다. 「선조수정실록」 선조 27년(1594년) 2월 1일과 「弘濟全書」167권 日得錄 7 政事 2에는 1만 명으로 기록되어 있다.

것이다.[35)]

위의 두 가지 기록에서 정조는 류성룡의 둔전경영이 실행되지 못한 점에 대하여 언급하고 있고, 그의 재상으로서의 능력을 인정하고 있는데, "당시에 토지제도를 정리할 수 없었는데 처음으로 절수법(折受法)을 만들어 세법이 정해지게 하여 지금에 이르러서 개척되지 않은 들이 없고 개간되지 않은 토지가 없게 되었으니 이것은 또 얼마나 큰 사업인가."라는 기록에서 토지제도와 관련하여 절수법을 만들어 세법이 정해지게 하였다는 것은 본 연구에서 다시 후술되겠으나 임진왜란 중에 백성들에게 둔전을 지급(절수)하여 경작하게 한 다음, 그 수확량의 반을 세(稅)로 내게 한 병작반수제(竝作半收制) 방식의 둔전경영에 대하여 언급하고 있는 것으로 판단된다.

한편, 위의 기록에서 정조 본인도 둔전을 설치하여 경영하였다는 것을 알 수 있다. 실제로 정조는 1793년(정조 17년) 화성유수부에 장용영 외영을 설치하면서 1788년(정조 12년)에 설치되었던 한양의 장용영과 장용영 외영의 재원마련을 위해 만석거, 만년제, 축만제 등의 저수지를 축조하고, 대유둔(북둔), 축만제둔(서둔) 등의 둔전을 설치하고 경영하였으며, 나아가서는 농업생산력의 증대와 민생의 안정 및 화성성역의 재원까지 마련하게 되는 결과를 가져왔으며, 장기적으로는 병농일치를 기반으로 하는 군제를 정립하고자 하였다(최학삼 2016, 37).

또한, 위의 기록에서는 류성룡의 1만 양병설에 대하여도 언급이 되고 있다. 이와 관련하여 신두환(2015)은 율곡 이이가 경연에서 언급했다는 10만 양병설의 진실에 대하여 의문을 제기하면서 지금까지도 그 근거를 찾기 어렵다고 하였으며, 대부분의 역사학자들도 이 사실에 의문을 제기하고 있으며, 류성룡과 율곡 이이는 서로 친밀한 관계로 같은 조정 내에서 자주 의견을 조율했으며, 정조는 율곡 이이의 10만 양병설보다

---

35) 「弘濟全書」 171권 日得錄 11 인물 1.

류성룡의 둔전설치 제안과정에서의 1만 양병설에 대하여 더 현실성 있게 받아들였다고 하였는데, 정조의 이와 같은 언급은 16세기 후반 당시의 인구, 국가재정상태, 농업생산력 등을 감안한 것으로 판단된다.

훈련도감의 설치에 따른 군사들의 급료지급과 군량미조달을 위한 둔전경영과 관련하여 송양섭(1999)은 조선전기 이래 부역제에 입각한 직영적 둔전은 통상 소출의 거의 전량을 수취하는 순수한 역역(力役)징발의 방식이나 같은 역역징발의 형태라도 소출의 1/3∼1/2 등 일정비율 또는 소정의 액수를 수취하는 방식 등 다양한 유형이 있었는데, 임진왜란이라는 전시상황하에서 전량의 수취는 사실상 불가능하였을 것이고 대부분의 둔전에 대한 수취는 반수(半收)였던 것으로 보인다고 하였으며, 특히 급민병작(給民竝作)[36][37]의 경우에는 당연히 반수의 수취가 행해졌던 것으로 보인다고 하였다. 그는 선조 29년(1596년) 병작(竝作)[38]으로 경영되고 있던 훈련도감의 황해도 둔전의 소출 1만 석 중 5천 석을 수취하고 있는 것이 그 예라고 하였다. 다음은 이와 관련된 기록이다.

김수는 아뢰기를, "훈련도감의 곡식은 황해도 둔전(屯田)에서 나온

---

36) 백성에게 둔전을 지급하여 경작하게 한 다음 수확량에 대하여 일정한 세(稅)를 받는 것을 말한다.

37) 「선조실록」 선조 26년(1593년) 12월 16일 기록에 의하면 "비변사 낭청이 대신의 의견으로 아뢰기를, (전략)신이 전일 아뢴 계사(啓辭)에서도 둔전책(屯田策)은 세 가지에 불과하다고 했었습니다. 군사들에게 둔전을 경작하게 하는 것이 한 가지 방법이요, 유민(流民)을 모아 둔전을 경작하게 하는 것이 또 한 가지 방법인 것입니다. 이 두 가지는 모두 관에서 농량(農糧 : 농사짓는 동안 먹을 양식)·종자(種子 : 곡식의 씨앗)·경우(耕牛 : 농사짓는 소)를 지급한 다음이라야 가능한 일인데, 그렇게 하지 않는 경우에는 백성에게 주어 병작하게 하는 일이 하나 있을 뿐입니다. 지금 군사를 모으고 백성을 모아 공한지(空閑地)에다 둔전을 경작한다고 하더라도 이미 농량이 없고 보면 성공할 수 없는 사세인 것이 분명합니다."하였는데 임진왜란기에 나타난 둔전경영의 형태를 송양섭(1999)은 경작의 주체에 따라 군사경작(軍士耕作), 유민경작(流民耕作), 급민경작(給民耕作)으로 구분하였다.

38) 16세기 이후 지주전호제의 토지소유형태에 따라 전호(소작인)는 지주에게 토지를 빌려 경작한 대가로 수확량의 1/2을 세금으로 납부하였는데 이를 병작제 또는 병작반수제라고 하였던 것이다.

것입니다." 하였다. 상이 이르기를, "이번에 수양산성(首陽山城)에 넣으려 하는 것도 그 둔전의 곡식인가?"하니, 김수가 아뢰기를, "전 수량을 다 받으면 1만 석에 가까운데 병작(竝作)하므로 5천여 석입니다." 하자, 상이 이르기를, "비록 산성(山城)을 쌓는다 하더라도 곡식이 없으면 들어갈 수 없다. 다 같은 국가의 일이니, 주는 것이 무방하다."하였다.[39]

위의 급민병작(給民竝作) 방식의 둔전경영형태는 임진왜란 중에 이순신이 1593년(선조 26년) 윤 11월 17일에 올린 장계에서도 다음과 같이 그 내용이 언급되고 있다.

여수의 돌산도뿐만 아니라 흥양의 도양장, 고흥의 절이도, 강진의 고이도(전남 완도군 고금면), 해남의 황원목장 등은 토지가 비옥하고 농사 지을 만한 땅도 넓어서 무려 1,000여 섬의 종자를 뿌릴 만한 면적이니, 갈고 씨뿌리기를 철만 맞추어 한다면 그 소득이 무궁할 것입니다. 다만 농군을 동원할 길이 없으니 백성들에게 나누어 주어 경작하게 하고, 그 절반만 거두어들이더라도 군량에 큰 도움이 될 것입니다.[40][41]

한편, 임진왜란 중의 둔전경영은 농민의 자율적인 영농에 기초한 것이 아니었고 국가의 공권력에 의한 부역제적인 성격이 강했으며, 여기에 노동력이나 종자(種子),[42] 농구(農具),[43] 농우(農牛)[44] 등의 확보도 용이하지 않았고, 그러한 상황에서 둔전이 지속적으로 경작되어 안정적인

39) 「선조실록」 선조 29년(1596년) 9월 24일.
40) 「이충무공전서」 권지 2 장계 2, 둔전을 설치하도록 청하는 장계(請設屯田狀)의 내용 中. "右道康津境古爾島海南境黃原牧場。土地膏沃。可耕之地。無慮千餘石所種。耕種得時。其利無窮。而農軍出處無由。給民並作。官收一半。則可補兵食。," 한국고전번역원.
41) 조성도, 1991, 「임진장초」, 계사년(1593년) 윤 11월 17일, 둔전을 설치하도록 청하는 계본 내용 中, 연경문화사.
42) 곡식의 씨앗을 말한다.
43) 농기구를 말한다.
44) 농사짓는 소를 말한다. 경우(耕牛)라고도 한다.

소출을 내는 것은 매우 어려웠으며, 한 예로 황해도 강령(康翎)의 순위도(巡威島)와 등산(登山)은 훈련도감이 둔전을 설치하고 사람을 모아 거주토록 하고 소출의 1/2을 수취하였으나 곧 폐지되었고, 해주, 옹진, 장연, 풍천, 은율 등의 해도목장(海島牧場) 둔전도 비슷한 형편이었다(송양섭 1999, 158). 다음은 이와 관련된 기록이다.

> 황해 감사 정사호(鄭賜湖)가 아뢰기를, "강령현(康翎縣)의 등산(登山) 등 두 섬을 친히 적간(摘奸)하였더니, 순위도(巡威島)는 바다의 외딴 섬이어서 사람이 통행하지 못하여 개간하지 않았고 등산은 지난 무술년[45]에 훈련도감(訓鍊都監)이 둔전(屯田)을 설치, 개간하여 사람을 모아 들어가 살게 하였으나 소출의 반을 거둔 뒤에 폐지하였고, 신축년[46]에는 사복시(司僕寺)가 또 맡아서 개간하였습니다. 해주(海州) · 옹진(甕津) · 장연(長淵) · 풍천(豐川) · 은율(殷栗) 등 고을은 각각 소속 목장(牧場)이 모두 바다의 외딴 섬에 있는데, 개간한 곳에 대해 한결같이 첩보(牒報)가 없습니다."하는데, 호조에 계하하였다.[47]

이와 같이 서애 류성룡이 건의하여 시작된 임진왜란 중의 둔전경영은 황해도 등 일부지역에서 시행되어 그 성과가 나타나기도 하였으나, 농민 등 백성들의 자율적인 영농에 기초한 것이 아닌 국가의 공권력에 의한 부역제적인 성격이 강하여 그 불만이 많았을 것이고, 전시상황으로 인한 노동력 등의 확보에 대한 어려움과 국가기능의 마비로 인한 정책 시행의 어려움도 많았을 것이며, 임금과 대신 등 권력층의 반대와 의지 부족 등으로 예상되는 사유로 인해 끝내 전국적인 시행에는 실패하고 말았다.

그러나 16세기 이후 조선사회에 토지의 소유권이 강화됨에 따라 지

45) 선조 31년(1598년)을 말한다.
46) 선조 34년(1601년)을 말한다.
47) 「선조실록」 선조 37년(1604년) 2월 17일.

주전호제(地主田戶制)가 확대된 것처럼, 임진왜란을 기점으로 하여 둔전의 경영방식이 군사 및 유민을 동원하여 경작하게 한 다음 그 수확량의 전체 또는 일부를 수취하는 방식에서 농민 등 백성에게 둔전을 지급하여 경작하게 한 다음 그 수확량의 반을 수취하는 병작반수제(竝作半收制) 방식으로 변화되었다는 점을 감안해 볼 때 임진왜란 중에 훈련도감 군사들의 급료지급과 군량미 조달을 위해 시작한 서애 류성룡의 둔전경영은 부역에 의한 수확량의 전량 또는 일부를 수취하던 조선 전기의 둔전경영형태를 백성에게 둔전을 지급하여 병작반수제를 통한 부족한 군량과 조세수입을 보충하려고 했던 조선 후기의 둔전경영형태로 변화시키는 결정적인 계기가 된 것으로 판단된다.

2. 대공수미법(代貢收米法) 시행

서애 류성룡은 임진왜란 중인 1594년(선조 27년) 4월에 정암 조광조, 율곡 이이 등이 주장한 바 있던 대공수미법[48]의 시행을 건의하였다. 류성룡이 건의한 대공수미법 시행은 진상과 공물방납의 폐단을 개선하여 백성을 편안하게 함은 물론이고, 임진왜란을 승리로 이끌기 위한 필수요소인 군량미를 확보하기 위한 목적이 있었다. 류성룡은 특히, 율곡 이이가 1569년(선조 2년) 「동호문답」의 논안민지술(論安民之術)[49]에서 공

48) 시행 당시에는 작미법(作米法)이라고 불렀으며, 공납(貢)을 대신하여(代) 쌀(米)을 수취(收)하는 법이란 뜻이다.

49) 「동호문답」은 1569년(선조 2년) 이이(李珥)가 34세 되던 해 홍문관 교리로 동호독서당(東湖讀書堂 : 1517년(중종 12년) 두모포(豆毛浦 : 현재의 서울특별시 성동구 옥수동)에 독서당을 지어, 이곳에서 사가독서를 하도록 했는데, 두모포의 독서당을 동호독서당(東湖讀書堂)이라 불렀으며, 1592년 임진왜란이 일어난 후 소각되었다)에서 사가독서(賜暇讀書 : 조선시대에 인재를 양성하기 위하여 젊은 문신들에게 휴가를 주어 학문에 전념하게 한 제도)하면서 지은 글이며, 왕도정치의 이상을 문답형식으로 서술하여 선조에게 올린 글이다. 「동호문답」의 논안민지술(論安民之術) 부분에서 그는 일족절린(一族切隣)의 폐단, 진상(進上)의 폐단, 공물방납(貢物防納)의 폐단, 군역(軍役)과 요역(徭役)의 폐단, 아전들의 가렴주구(苛斂誅求) 폐단 등 백성이 곤란을 받은 다섯 가지의 폐단과 그 해결책을 제시하여 백성들을 편안하게 해

물방납의 폐단을 개선하여 백성을 편안하게 하기 위한 대공수미법 시행의 주장을 계승하여 다음과 같은 상소를 올려 대공수미법을 시행하고자 하였다.

"신은 또 듣건대 난리를 평정하여 정상을 되찾게 하는 방법이 충분한 식량과 군사에 있다고는 하나, 더욱 중요한 것은 민심을 얻는 데에 있다고 하였습니다. 그런데 민심을 얻는 근본은 달리 구할 수 없고 다만 요역(徭役)과 부렴(賦斂)을 가볍게 하며 더불어 휴식을 취할 수 있게 해 주는 데 있을 따름입니다.

국가에서 받아들이는 전세(田稅)는 십일세(什一稅)[50]보다 가벼워서 백성들이 무겁게 여기지 않습니다. 다만 전세 이외의 공물 진상이나 각 절기 때마다 바치는 방물(方物) 등으로 인해 침해당하는 일이 매우 많습니다. 당초 공물을 마련할 때에 전결(田結)의 수로써 균일하게 배정하지 않고 크고 작은 고을마다 많고 적음이 월등하게 차이가 나기 때문에 1결(結)당 공물 값으로 혹 쌀 1, 2두(斗)를 내는 경우도 있고 혹은 쌀 7, 8두를 내는 경우도 있으며, 심지어 10두를 내는 경우도 있습니다. 이처럼 백성들에게 불공평하게 부과되어 있는데 게다가 도로를 왕래하는 비용까지 가산되고 있습니다. 그리고 각 관청에 봉납(捧納)할 때는 또 간사한 아전들이 조종하고 농간을 부려 백배나 비용이 더 들게 되는데, 공가(公家)로 들어가는 것은 겨우 10분의 2, 3에 불과할 뿐, 나머지는 모두 사문(私門)으로 들어가고 맙니다.

진상에 따른 폐단은 더욱 심하게 백성을 괴롭히는 점이 있습니다. 이것 역시 당초에 법을 마련할 때는 반드시 이와 같지 않았을 것입니다. 그러나 실시한 지 백 년이 지나는 동안에 속임수가 만연하여 온갖 폐단이 일어나고 있습니다. 지금 만약 곧바로 변통하지 않으면 백성들은 다시 소생할 가망이 없고 나라의 저축도 풍부히 마련할 길이 없습니다.

신은 늘 생각건대 공물을 처치함에 있어서는 마땅히 도내 공물의 원

줄 수 있는 정책을 시행하고자 하였다.

50) 당년 총 수확량의 10분의 1을 거두는 세금을 말한다.

수(元數)가 얼마인지 총 계산하고 또 도내 전결의 수를 계산하여 자세히 참작해서 가지런하게 한 다음 많은 데는 감하고 적은 데는 더 보태 크고 작은 고을을 막론하고 모두 한가지로 마련해야 되리라 여겨집니다. 이를테면 갑읍(甲邑)에서 1결당 1두를 낸다면 을읍·병읍에서도 1두를 내고, 2두를 낸다면 도내의 고을에서 모두 2두를 내도록 해야 할 것이니, 이렇게 한다면 백성의 힘도 균등해지고 내는 것도 한결같아질 것입니다.

방물 값 또한 이에 의거해서 고루 배정하되 쌀이든 콩이든 그 1도에서 1년에 소출되는 방물의 수를 전결에 따라 고르게 납입토록 해야 할 것이니, 이렇게 하면 결마다 내는 것이 그저 몇 되 몇 홉 정도에 불과하여 백성들은 방물이 있는지조차도 모르게 될 것입니다. 진상할 때에도 이런 식으로 모두 쌀이나 콩으로 값을 내게 해야 합니다."[51]

위의 내용은 율곡 이이가 「동호문답」의 논안민지술(論安民之術)에서 대공수미법을 시행하기 위해 해주(海州)의 공물법[52]을 예로 들어 주장했던 내용과 그 흐름이 일관적이므로 류성룡은 율곡 이이의 대공수미법 시행을 위한 주장을 계승하고 있는 것으로 판단된다. 또한, 후술되겠으나 류성룡이 대공수미법을 시행하려고 했던 가장 큰 목적은 공물방납의 폐단을 개선함과 동시에 공물 대신 받아들인 쌀로 임진왜란의 승리를 위한 필수요소인 군량미를 확보하기 위해서라고 할 수 있을 것이다. 그러나 이러한 중대 목적을 가진 류성룡의 건의에도 불구하고 대공수미법은 즉시 시행되지는 않았다. 그 시기에도 당쟁이 있었을 것이고 선조의 적극적인 의지부족과 권력층 및 방납업자들의 반대가 있었을 것으로 예상되나 풍전등화의 국가위기 상황에서 국가와 백성을 위한 올바른 정책

51) 「선조수정실록」 선조 27년(1594년) 4월 1일.
52) 황해도의 해주(海州)와 송화(松禾) 등지에서는 명종(明宗)시대 때부터 자체적으로 지방관청의 공물법이라고 할 수 있는 사대동(私大同) 또는 대동제역(大同除役)을 실시하였는데, 토지 1결당 1두씩의 쌀을 거두어 한양에 납부할 각종 공물을 마련함으로써 방납업자들의 횡포를 방지하고자 하였다.

이 바로 시행되지 못하였다는 것은 아쉬울 뿐이다.

하지만 대공수미법(公物作米案)은 몇 달 뒤 다시 조정에서 논의되었으며, 1594년(선조 27년) 9월 비변사에서 군량미 조달을 위하여 류성룡이 건의한 대공수미법을 받아들일 것을 선조에게 다음과 같이 건의하여 시행하게 되었다.

> "오늘의 위태로운 형세는 참으로 여러 가지입니다. 그러나 그 중에서 사람들이 분명히 알 수 있는 일인데도 팔짱을 낀 채 아무런 계책도 세울 수 없는 것은 오직 군량 한가지 문제일 뿐입니다. 서울에 비축해 놓은 것은 겨우 몇 달을 지탱할 정도며 외방의 창고도 한결같이 고갈되었습니다. 지금은 가을이라 곡식이 익을 때인데도 공사(公私)의 형편이 이와 같으니 명년 곡식이 익기 전에는 다시 무슨 물건을 가져다가 이어 구제하겠습니까. 불행히도 적의 형세가 다시 치열해져 명군(明軍)이 들어온다면 우리나라 신료들은 비록 군수물을 대지 못했다는 죄로써 죽임을 당한다 하더라도 일을 그르친 죄를 족히 면할 수 없을 것입니다. 지금 이 문제를 의논하는 사람들이 어떤 이는 은(銀)을 채굴하여 곡식을 사들이자고 하고 어떤 이는 포목을 방출하여 곡식을 사들이자고도 합니다. 대개 은은 비록 우리나라에서 생산되기는 하지만 그 산출되는 양이 많지 못하여 힘이 많이 드는 반면 소득은 적고, 포목을 가지고 곡식을 사들인다 해도 얻을 수 있는 것이 역시 소량이니 국가의 씀씀이에 무슨 보탬이 되겠습니까. 때문에 오늘날 재용을 늘리는 방법은 각도의 공물(貢物) 진상을 모두 쌀로 하게 하고 또 상번 군사(上番軍士)의 호봉족(戶奉足)과 각사노비(各司奴婢)의 신공(身貢)을 전부 쌀로 마련케 하며, 아울러 바닷가 소금 굽는 곳에서 많은 양을 구워내어 산협(山峽)의 소금이 귀한 지역에 배로 운반하여 곡식으로 바꾸어 들인다면 소득이 반드시 많을 터이니, 이것이 오늘날 재용을 늘리는 방법입니다. 이외에 또 둔전(屯田)이 있으니 마땅히 시기에 맞추어 강구하고 힘써 실행할 것을 호조로 하여금 마련해 거행하도록 하소서."[53]

대공수미법은 위와 같이 류성룡의 상소와 비변사의 건의를 통해 시행되게 되었으나 1년도 못 가서 폐지되고 말았다. 이에 류성룡은 1596년(선조 29년)에 다음의 내용처럼 다시 한 번 대공수미법 시행을 건의하였다.

"(전략) 김시헌[54]의 말이 옳습니다. 지난해와 올해의 가을·겨울 사이에는 미곡이 조금 풍성하니, 이때에 미리 조치해야만 우리나라의 군사와 백성을 먹일 수 있을 것입니다. 근래 위에서 쌀을 내어 양식을 도우셨으니, 아랫백성이 누구인들 풍문을 듣고 감격하여 도울 방도를 생각하지 않겠습니까. 소신(小臣)이 갑오년[55]의 공물(貢物)을 쌀로 내게 하려는 것은 병량[56] 때문에 말한 것입니다. 대개 공물은 방납(防納)하는 자가 많아서 공가(公家)에 들어오는 것이 매우 적거니와, 한 해의 것을 쌀로 내게 하면 4~5만 석을 얻을 수 있으니, 이렇게 하면 경상도의 많은 군사를 먹일 수 있을 것입니다."[57]

위와 같은 류성룡의 대공수미법 시행에 대한 재 건의에 대하여 비변사에서는 다음과 같이 대공수미법 시행을 찬성하고 그 시행을 선조에게 건의하였다.

"양호(兩湖)[58]에는 인력과 물력이 이미 다 없어져서 실로 우려됩니다. 공물(貢物)을 미곡으로 납부하게 하면, 한편으로는 민폐를 덜 수 있고 한편으로는 군량을 보충할 수 있으니, 실로 양쪽이 모두 편리하게

53) 「선조실록」 선조 27년(1594년) 9월 20일.
54) 1560~1613년, 1596년(선조 29년) 당시 시강관(侍講官, 조선시대에 경연(經筵)에서 임금에게 경서(經書)를 강독(講讀)하는 정4품(正四品) 벼슬로 홍문관(弘文館)의 직제학(直提學) 이하의 벼슬아치가 겸임함)이었다.
55) 1594년(선조 27년).
56) 군량(군량미)를 말한다.
57) 「선조실록」 선조 29년(1596년) 6월 18일.
58) 호남(湖南)과 호서(湖西)지방을 말한다.

되는 것입니다. 그러나 해조에서는 항상 경상비용이 모자랄 것을 근심하여 공물의 전 수량을 미곡으로 대납케 하는 것을 어려워하고 있으니, 해당 관사(官司)로 하여금 헤아려 생각하여 긴요한 용도이기 때문에 삭감할 수 없는 것을 제외하고, 나머지는 모두 공물을 미곡으로 바꾸어 바치게 하여 군량으로 하는 것이 타당합니다."[59)]

그러나 류성룡의 이러한 대공수미법 시행에 대한 재 건의와 비변사의 찬성에도 불구하고 대공수미법은 끝내 재 시행되지 못하였다. 하지만 그가 사망한 다음 연도인 1608년(광해군 즉위년)에 영의정 이원익의 건의로 경기도부터 대공수미법을 모체로 한 대동법이 시행되게 된다. 임진왜란이라는 비상 전란상황의 조정에서 이원익은 류성룡이라는 사람을 곁에서 지켜보고 함께 국사를 논하였던 관리였으므로, 국가와 백성의 안의를 위한 류성룡의 경세가(輕世家)로서의 능력을 인정하여 그의 대공수미법을 계승하는 의미에서 대동법의 시행을 건의하여 결국은 시행되게 한 것으로 판단된다.

(1) 사대동(私大同)

한편, 류성룡이 임진왜란 중에 제안하여 잠시나마 시행하다가 폐지되었으나 대동법의 모체가 되는 대공수미법은 율곡 이이가 대공수미법 시행을 주장하였던 것을 계승했다고 할 수 있다. 율곡 이이가 공물방납의 폐단을 개선하기 위해 시행하려고 했던 대공수미법은 명종 대 때부터 황해도 해주와 송화 등지에서 시행되고 있었던 지방관청의 공물법이고 할 수 있는 사대동(私大同)[60)]의 방법을 예로 들어 그 시행을 주장하였다. 사대동을 대동법의 선행형태로 보는 연구(고석규 1985, 211; 신사순 2004, 86)도 있다.

---

59) 「선조실록」 선조 29년(1596년) 12월 16일.
60) 대동제역(大同除役)이라고도 한다.

신사순(2004)에 의하면 16~17세기에 지방관청에서는 공물을 현물 대신 미포로 거두어 무(貿納)[61]·방납(防納)[62]하는 사대동을 실시하였고, 사대동은 명종(재위 1545~1567) 대 말기부터 시행되었으며,[63] 사대동에 의해 공물을 미포로 대신 수취함으로써, 지방관청에서는 공물가(貢物價)[64]를 운용하여 상공물(上貢物)을 처리하였다고 하였다. 또한, 사대동에서는 공물을 관에서 비납(備納)하는 것이 원칙이었다. 비납물은 공리(貢吏)나 차사원(差使員)을 통하여 관내, 인근 읍, 타도, 한양에서 구매되어 납부되는 것이 보통이었다. 그러나 무납이 어렵거나 허용되지 않은 물종은 전처럼 각사(各司)의 사주인(私主人)을 통하여 방납되었다고 하였다. 이와 같이 각 도의 대동법이 국법으로 제정되기 이전인 16~17세기에, 지방관청에서는 사대동을 실시하여 본색공물(本色貢物)[65]을 전결미포로 대신 거두어 무납 또는 방납하였다. 이러한 공물가의 운영은 종전에도 대납과 방납의 형태로 행해지고 있었는데, 별다른 원칙이나 납공자들의 동의없이 방납배(방납업자)들의 자의로 이의로 이루어졌던 것이 보통이었다. 그런데 사대동은 이전과는 달리 가능한한 중간 청부권을 배제하고 관권(官權)을 중심으로 공물가를 운영하려는 것이었다. 따라서 종전의 공물가의 징수와 운용을 읍사례(邑事例)로 확대, 정착시킨 형태가 사대동이라고 볼 수 있다(이지원 1990, 478; 신사순 2004, 87).

이러한 사대동은 소민을 안집시켜 군현통치와 향촌지배를 원만히 이끌어 가려는 수형과 사족들에 의해 16세기 초반에 처음 실시되었다(신사순 2004, 87). 초기에는 일부 군현에서만 시행되었고 그마저 치폐(置廢)[66]를 거듭하였으나, 그 효가 내외에 알려지면서 경기 대동[67] 이후에

61) 물품을 무역하여 납부(상납)하는 것을 말한다.
62) 상인 등이 공물(貢物)을 대신(代身) 바치고 그 대가를 받았던 것을 말한다.
63) 율곡 이이는 1569년(선조 2년)에 「동호문답」에서 대공수미법 시행을 제안하였다.
64) 공물 납부자 대신 공물을 대납한 사람이 그 대가로 받아 내던 공물의 값을 말한다.
65) 원래 정해져 있는 공물을 말한다.
66) 존치와 폐지를 말한다.
67) 경기도에서 시행된 대동법을 말하는 것이다.

는 각 도의 각 읍에서 실시되었으며, 민호공부(民戶貢賦)의 결공부(結貢賦)로의 변화,[68] 유통경제의 발달, 그리고 공납제 모순의 심화와 그에 대한 소민들의 반발 속에서 가능하게 된 것이다(신사순 2004. 87).

최초의 사대동은 율곡 이이가 1569년(선조 2년) 「동호문답」의 논안민지술(論安民之術)에서 대공수미법을 제안할 때 소개한 황해도 해주의 사대동이라고 할 수 있다. 그러나 1477년(성종 8년)에 일부 군현에서 민원에 의해 공물을 전지의 다고와 물종가의 고하를 참작하여 각 호에 미포로 부과하고 있었고(박도식 1995, 193), 또 다른 예로는 유희춘(柳希春)[69]이 1559년(명종 14년)에 작성하여 「眉巖集」에 수록한 「庭訓外篇」에서도 찾아 볼 수 있다(신사순 2004, 87).

사대동은 공납제의 모순을 개선하기 위하여 실시되었으나 처음 의도와는 달리 갖가지 문제를 파생시키고 있었다. 우선 사대동의 폐해로 사대동세(私大同稅)가 크게 증가하였다. 처음에 결당 4두였던 공물가가 40~50두로 불어난 곳이 있었고, 효종 대에 양호(兩湖)[70]의 공물가미(貢物價米)가 60여 두에 이른다고 하였다(신사순 2004, 88). 이러한 사대동세의 증가 원인은 담당역의 확대, 물가의 상승, 지방재정의 열악화, 각사하인의 토색과 방납자의 농간, 그리고 수령의 탐욕에 의한 재정자금의 남하(濫下)와 수요증가로 야기되었다(이정수 1996, 74; 신사순 2004, 88).

경기 대동 이전의 사대동에서는 경사공물(京司貢物)만이 취급되어 결당 1~3두의 공물가가 부과되는 것이 보통이었고, 그것은 별도의 전담기구나 명확한 재정원칙이 없이 운영되었다. 그러나 경기 대동 이후의 사대동에서는 각사공물(各司貢物) 외의 각종 민역을 취급하였기 때문에

---

68) 공물납부의 주체가 민호에서 토지로 변화된 것을 말한다.

69) 1513년~1577년, 중종, 명종, 선조 때의 문신으로 이조참판까지 지냈으며, 「정훈외편」은 1547년(명종 2년) 9월 양재역 벽서사건(외척으로서 정권을 잡고 있던 윤원형(尹元衡)세력이 반대파 인물들을 숙청한 사건이며, 정미사화라고도 불린다)에 연루되어 유배지에서 19년을 보내면서 저술한 책이다.

70) 호남과 호서지방을 말한다.

전보다 훨씬 많은 결당 7~10두의 공물가를 거두었고, 그것을 예산제도와 전담기구를 통하여 운영하였다(신사순 2004, 88).

3. 중강개시(中江開市)

서애 류성룡은 전술된 둔전경영과 대공수미법이라는 조세개혁정책을 통한 군량미조달 외에도 중강개시를 통하여도 군량미를 조달하고자 하였다. 이 중강개시의 시행목적은 둔전경영에서의 군량미 조달목적과도 공통점이 있으며, 또 다른 목적으로는 전쟁으로 인한 농토의 황폐화와 피난생활 등의 사유로 발생한 백성들의 굶주림[71]을 해결하기 위해 시행한 정책이다.

이 중강개시는 중강(中江)에 국제 무역시장을 열었다는 것으로, 서애 류성룡이 선조 26년(1593년)에 압록강 중강진(압록강의 난자도)에서 명나라 요동지방으로부터 미곡(군량)과 마필을 조달하기 위한 목적으로 건의하여 시작되었다. 이 중강개시에서 처음에는 군량미 조달책의 하나로 명나라의 미곡(米穀)과 조선의 면포(綿布)·은·동·무쇠 등을 무역하였다.[72] 다음은 「만기요람」 재용편 권제5 중강개시 조에서 나타난 류성룡의 중강개시 건의와 시행에 관련된 내용이다.

> "선조 계사에 국내의 기황으로 인하여 상신 류성룡이 건의하여 요동(遼東)에 이자(移咨)하여 압록 중강에 시장을 열어서 교역하게 되니, (그

71) 선조 27년(1594) 1월 사헌부는 "기근이 극심해 사람의 고기를 먹으면서도 전혀 괴이하게 여기지 않습니다"라고 보고했으며, 의병장 조경남(趙慶男)은 '난중잡록(亂中雜錄)'에서 '명나라 군사 한 명이 배부르고 술 취해서 구토를 하자 굶주린 백성 천백 명이 일시에 달려가서 머리를 박고 주워 먹었다'는 목격담도 남겼다. 그러나 조정의 벼슬아치들은 전란으로 농사를 못 지었기 때문이지 자신들의 책임이 아니라며 수수방관했다.(이덕일, 2008, 류성룡과 중강개시, 중앙일보)

72) 임진왜란 중에 군량미 확보 목적으로 실시된 중강개시 외에도 명나라와는 조선 초기부터 정기적인 무역이 이루어지고 있었으며, 주요 수출품으로는 금과 은, 말과 소 등이었고, 수입품으로는 서책과 궁각(활과 뿔), 약재 등 이었다(강용수, 1995).

때 우리나라에서는 면포 1필 값이 피곡(皮穀)[73]으로 1두도 되지 않는데, 중강에서 팔면 쌀 20여 말을 얻었다. 은 · 동(구리) · 무쇠로 교역하는 자는 10배 이상의 이익을 얻었다.(후략)) 이것이 중강개시의 시초였다."[74]

다음의 내용은 비변사에서 중강개시 이후에 교역물품을 늘려 조선에서 필요한 나귀를 사들이자고 제안하는 내용이다.

"비변사가(대신(大臣) 류성룡(柳成龍), 유사당상(有司堂上) 김명원(金命元) · 이덕형(李德馨) · 심충겸(沈忠謙)) 아뢰기를, "중국은 축산(畜産)이 번식하여 소는 농사짓는 데 이용하고 말은 전쟁에 이용하며, 싣거나 타거나 운반하는 일 등에는 모두 나귀와 노새를 이용하고 있습니다. 노새는 잘 다니고 힘이 말보다 갑절이 강하여 무거운 짐을 싣고 멀리 갈 수 있고 기갈(飢渴)도 잘 견디며 먹이기도 쉬운 것으로 가축 중에서 가장 강한 것입니다. 우리나라는 소와 말이 있을 뿐 나귀나 노새는 아주 적기 때문에 각 고을의 쇄마(刷馬)와 역참(驛站)에서 타고 싣는 일을 모두 소와 말로만 하고 있습니다. 평안도 목장 중에서 수초(水草)가 잘 되는 곳을 골라 암말 몇 백 필을 모아두고 요동(遼東)에서 또 숫나귀 약간 필을 사들여 한 곳에 섞어 둔 다음 마성(馬性)을 잘 아는 자를 골라 감목관(監牧官)으로 삼아서 책임지고 효과를 얻도록 한다면 몇 해 안가서 거기에서 생산되는 것들이 모두 노새가 될 것입니다. 더구나 지금 의주(義州)에서 중강개시(中江開市)를 하고 있으니, 무역이 편리한 이 시기를 이용하면 많은 나귀를 사들이는 데에 별 어려움이 없을 것입니다. 호조(戶曹)로 하여금 상당한 값을 책정하여 주게 하여 후일에 끝없이 쓸 수 있는 길을 만드는 것이 어떻겠습니까?"하니, 아뢴 대로 하라고 답하였다."[75]

73) 겉껍질을 벗겨 내지 않은 곡식을 말한다.
74) 한국고전용어사전, 2001, 세종대왕기념사업회.
75) 「선조실록」 선조 27년(1594년) 4월 22일.

다음의 내용은 류성룡이 조선에서 생산되는 은을 산동(山東)이나 중강에서 쌀로 교환하여 군량미를 조달할 수 있도록 제안하는 내용이다.

"우리나라 청산(靑山)과 보은(報恩) 사이에 있는 큰 산에서는 다 은(銀)이 납니다. 전번에 도감(都監) 사람이 이덕형(李德馨)이 보는 곳에서 주조하였는데, 바로 좋은 은이었습니다. 만일 캐기만 한다면 산동(山東)이나 중강(中江)에다 팔아서 군량을 장만할 수 있을 것입니다."[76]

다음의 내용은 중강개시에서 팔리고 있는 조선의 암말을 팔지 못하게 해야 된다는 것과 관련된 기록이다.

"한강(漢江) 이남은 역시 중국 장수들을 지공(支供)하느라 백성들의 힘이 곤핍할 것이니, 온갖 일이 다 걱정스럽다. 더구나 양사신(楊使臣)은 봉명한 책사(冊使)로서 부마(夫馬) 2천, 차량(車輛) 40을 징발하여 하루에 1백 20여 리를 가니 그사이 수령들이 비록 주선을 잘하더라도 형세가 그렇게 미치지 못할 것이다. 그 사람됨이 영민하지 못하여 우리나라를 구원하기 위해 와서 도리어 나라의 근본을 손상시키고 있다." 하니, 이헌국(李憲國)이 아뢰기를, "암말[雌馬]를 많이 몰고 가서 길에 가득하다고 합니다."하였다. 상이 이르기를, "나는 그런 말을 듣지 못하였다. 그 암말은 우리나라 말인가?"하니, 윤승훈(尹承勳)이 아뢰기를, "중강개시(中江開市)에서 암말을 많이 팔고 있으니 그 길을 막아야 합니다."하였다.[77]

위와 같은 중강개시와 관련된 기록으로 보아 전란중 백성을 구휼하고 군량미를 조달하기 위해 실시한 중강개시는 서애 류성룡이 농업만을 중시하고 상공업을 천시했던 조선 전기의 모순을 개혁하려는 의지도 보

76) 「선조실록」 선조 28년(1595년) 1월 22일.
77) 「선조실록」 선조 30년(1597년) 1월 16일.

였다고 할 수 있는 것이다. 중강개시는 임진왜란이 끝난 후에 여러 가지 폐단 때문에 중지하였다가, 명·청 세력이 교체된 뒤 청나라의 일방적 요구로 계속 유지되었다. 그러나 점차 사상(私商)[78]이나 밀무역의 성행으로 중강후시(中江後市)[79]와 책문후시(柵門後市)[80]가 활성화되고 조정에서 이를 공식화하면서, 중강개시는 숙종 26년(1700년)에 자연스럽게 중지되었다.[81]

4. 소금생산

서애 류성룡은 훈련도감의 설치에 따른 군사들의 급료지급과 군량미 조달을 위해 소금생산을 장려하여 쌀로 바꾸는 정책을 시행하기까지 하였다. 또한, 전란으로 인해 소금을 만들어 국가에 상납하는 염호(鹽戶)들이 대부분 도주한 문제로 인해 군자부정(軍資副正) 윤선민(尹先民)의 건의를 받아들여 생산 소금의 반만 국가에 납부하고 나머지는 염호에게 주는 정책을 시행하였다. 이로 인해 도주했던 염호들이 돌아와 소금을 생산했고, 이를 호남과 호서로 가지고 가 곡식으로 바꾸어 굶주린 지역의 백성들에게 나누어 주어 수많은 백성들을 구휼하기도 하였다. 다음은

---

78) 사(私)무역을 말한다.

79) 중강개시가 실시된 후 관(官) 무역만을 허락하였으나, 사상(私商)들이 함부로 따라가서 저희 마음대로 교역했던 내용을 말하는 것이다.

80) 조선과 청(淸) 나라와의 사이에 성행했던 밀무역 시장을 말한다. 인조 24년(1646년)부터 해마다 봄·가을에 걸쳐 의주(義州)·중강(中江)에서 관(官) 무역이 행해졌는데, 이때 사행(使行 : 사신 행차(사신이 임무를 수행하기 위하여 길을 떠나는 일)를 줄여 하는 말) 중에 섞여 압록강을 넘어 책문 밖에서 행하던 사무역(私貿易)을 말하는 것이다. 중강후시가 혁파되고 청과 우리나라 사신들의 왕래에 편승, 요동(遼東)의 차호(車戶)와 개성(開城) 상인간의 통상이 시작되면서 성행하게 되었다. 조정에서는 엄히 금하다 못하여 징세(徵稅)까지 하였으나 수출량이 막대하여 정조 11년(1787년)에 혁파하였다. 거래물건은 조선측에서 금·인삼·종이·피모류(皮毛類), 청나라 측은 비단·광목(廣木 : 무명실로 서양목처럼 너비가 넓게 짠 베를 말함)·약재, 기타 보석류가 주류를 이루었다.(한국고전용어사전, 2001, 세종대왕기념사업회)

81) 한국민족문화백과, 한국학중앙연구원.

비변사[82]가 선조에게 기민구제를 위해 황해도에서의 소금생산을 건의하는 기록이다.

> 비변사가 아뢰기를, "우의정 유홍(兪泓)의 장계를 보니 '경성(京城)과 기전(畿甸)에는 굶어죽은 시체가 널렸는데도 구황(救荒)에 대해 전혀 좋은 방책(方策)이 없어, 생민의 일이 매우 염려스럽다. 황해도(黃海道)의 초도(椒島) · 백령도(白翎島) · 기린도(麒麟島) 등에서 소금을 구워 곡식을 무역(貿易)하는 것이 국가에 피해가 없고 기민(饑民)을 구제하는 데 도움이 된다.'고 하였으니, 한결같이 장계에 따라 시행하소서." 하니, 상이 따랐다.[83]

다음은 서애 류성룡이 훈련도감의 도제조로서 소금을 생산하여 쌀과 포목을 교환하고 군량미를 보충하기 위한 방책을 제안하는 내용이다.

> 훈련도감이 아뢰기를 "(전략)도감 소속의 군병, 장인(匠人) 및 각처 농군의 조도(調度)와 양식을 이어대는 일이 점차 호번하여져서 잇따라 마련해낼 길이 없으니 매우 염려됩니다. 만일 황해도 옹진(甕津), 충청도 태안, 전라도 무장(茂長) 등 세 고을에 호조의 세납(稅納) 및 본도의 영자(營煮)[84]를 면제하고 오직 수령에게 책임지워서, 각기 방편을 설치하여 소금을 굽게 해서 1년 동안 구워낸 소금의 수량으로 쌀과 포목을 무역하기도 하고 혹은 본도로 계속 올려 보내어 군량에 보충하게도 하여 그 수송한 수량의 다소를 계산하여 상벌의 자료로 삼으면 참으로 이익이 될 것이니, 이런 뜻으로 이문하는 것이 어떻겠습니까?"하니, 상이 따랐다.[85]

---

82) 서애 류성룡은 당시 비변사의 수장이었다.
83) 「선조실록」 선조 26년(1593년) 7월 1일.
84) 감영에서 소금 굽는 일을 말한다.
85) 「선조실록」 선조 28년(1595년) 12월 18일.

위와 같이 소금생산과 관련된 두 기록을 검토해 보면 서애 류성룡은 임진왜란을 승리로 이끌기 위해 반드시 필요한 군량미 확보의 목적 외에도 전란으로 인해 굶주린 백성들을 구휼하기 위한 정책을 펼치고자 했던 것을 알 수 있게 되는 것이다. 이러한 그의 정책시행을 통해 오늘날의 관료사회와 지도계층에 시사하는 바는 특정계층에만 이익을 줄 수 있는 편협 목적에서의 정책개발 및 시행에 얽매이지 말고 국가와 국민의 이익을 아우를 수 있는 정책개발과 시행에 전력을 다 해야 한다는 것을 깨달을 수 있게 되는 것이다.

Ⅳ. 기타의 경세(經世)사상을 통한 정책시행

1. 면천법(免賤法) 시행

천민(노비 등)들도 종군(從軍)을 조건으로 면천(免賤)해주고 나아가 공을 세우면 벼슬까지 주는 신분타파책을 실시했다. 다음의 내용은 선조가 류성룡의 건의를 받아들여 무예 시험을 실시하여 면천 등을 실시하는 비망기를 내리는 것과 관련된 기록이다.

비망기를 내렸다. "사방에 용감하고 무예 있는 정예로운 군사가 어찌 한정이 있겠는가. 다만, 이들을 찾아낼 길이 없고 또한 위엄으로 몰아내기도 어려워 그저 막연하게 여기고 있을 뿐이다. 시사(時事)가 이러하니 상도(常道)만을 지킬 수는 없다. 지금 명을 내려 용력과 무예가 있는 사람은 모두 스스로 행재소(行在所)에 나와서 시재(試才)하게 하되, 수급(首級)을 베지 않았어도 혹 현직(顯職)이나 혹 금군(禁軍)에도 제수하고, 혹 허통(許通)도 해주거나 면천(免賤)도 시키며 혹 면죄(免罪)도 시키고 혹은 면역(免役)도 해주는 등 각각 그 사람의 귀천(貴賤)에 따라서 시행토록 하라. 이어 군전(軍前)에 보내어 공을 세운 다음에는 중한 상을 주게 해야 하니 이것은 곧 옛날에 군사를 모집하던 뜻이었다." (이른바 시재(試才)라는 것은 반드시 활쏘기로만 하는 것이 아니라 혹은 힘, 혹은 달리기, 혹은 맹첩(猛捷), 혹은 돌 뛰어넘기, 혹은 용맹 등으로 각기 재능에 따라 시험보이는 것이다.)[86]

2. 속오군(束伍軍)제도 시행

서애 류성룡은 중앙에는 훈련도감을, 지방에는 속오군(束伍軍)을 만들어 국방을 강화하였다. 속오군제도를 시행하여 양반들에게도 병역의 의무를 지우게 된 것이다. 다음의 내용은 비변사에서 선조에게 군사를 양성하기 위한 방책을 건의하고 있는 내용이다.

비변사가 아뢰기를, "옛 말에 이르기를 '군졸을 훈련시키는 것이 장수를 훈련시키는 것만 못하다.' 하였습니다. 장수를 제대로 적격자를 얻으면 군중의 일이 모두 그로 인하여 이루어질 수 있는 것입니다. 하물며 사변을 만나 위급하게 된 이때이겠습니까. 단지 중요한 대장만이 아니라 비록 비장의 무리라 하더라도 모두 미리 뽑아서 일을 맡겨 놓은 연후라야 때에 미쳐 인재가 없어 아무렇게나 쓰는 잘못이 없을 것입니다. 그러니 무신당하(武臣堂下)는 시임(時任)과 산직(散職)을 따지지 말고 그 중에서 용맹 건장하고 계략이 있어 부하 거느리는 일을 감당할 만한 자 10여 인을 골라서 요식(料食)을 주어가며 훈련도감에 소속시켜서 「기효신서」를 익히게 하되, 마치 평일에 병서(兵書)를 가르치는 것처럼 하여 잘하고 못하는 것을 시험보여서 유사시의 쓰임에 대비해야 할 것입니다. 병조와 훈련도감 당상으로 하여금 비변사에 모여 의논해서 가려 뽑아 시행하도록 하는 것이 어떻겠습니까?"하니, 상이 이르기를, 아뢴 대로 하라 하였다.[87]

86) 「선조실록」 선조 26년(1593년) 9월 8일.
87) 「선조실록」 선조 28년(1595년) 2월 13일.

위의 내용에서 「기효신서(紀效新書)」는 명(明)나라 장수 척계광(戚繼光)이 지은 병서(兵書)로, 임진왜란 때 명나라 장수들이 이 「기효신서」의 방법에 의하여 평양에서 왜적을 물리쳤다는 사실을 들은 선조는 이여송(李如松)의 부하로부터 이 책을 입수하여 류성룡(柳成龍)에게 강해(講解)하게 하였다. 왜란 후에 군제(軍制)를 개편하여 훈련도감(訓鍊都監)을 신설하고, 명군(明軍)과 왜군(倭軍)의 무기·무술을 모방하여 훈련할 때도 이 책에 의존해서 총병(銃兵)인 포수(砲手), 궁병(弓兵)인 사수(射手), 창검병(槍劍兵)인 살수(殺手)의 3부문으로 나누어 실시하였고, 지방에도 초관(哨官) 또는 속오군(束伍軍)을 두어 훈련시켰다.[88]

위와 같은 면천법, 속오군제도 시행의 공통점은 모두가 신분타파와 관련이 있는 정책으로 류성룡의 인권평등사상을 알 수 있게 하는 정책시행인 것이다.

Ⅴ. 결론

서애 류성룡은 경북 안동 출신이며 퇴계 이황의 대표적인 제자로 성리학적 학문의 수준 또한 높았으며, 이론적 학문에만 매달리지 않고 임진왜란 당시에 영의정 및 도체찰사를 역임하면서 국난을 극복하려고 노력하는 과정에서 보여준 대 경세가로서의 능력, 그리고 임진왜란 종료와 동시에 파직되고 그 후에 삭탈관직되어 고향인 안동 하회마을로 낙향하여 「징비록」을 저술하여 후대의 사람들에게 국난에 대비하라는 교훈을 남겨준 사람으로 알려져 있다. 본 연구에서는 서애 류성룡이 대 경세가로서의 능력을 발휘하여 임진왜란을 승리로 이끌기 위해 실시한 정책과 제도에 관하여 중점적으로 검토해 보고자 하였다. 이러한 목적에서

88) 한국고전번역원, 2001, 세종대왕기념사업회.

먼저, 임진왜란으로 인해 무너진 조선의 자주국방을 실현하기 위한 훈련도감의 설치 및 운영, 훈련도감 군사들의 급료지급과 군량미 조달을 위해 실시한 둔전경영, 굶주린 백성의 구제 및 군량미 조달을 위해 실시한 중강개시와 소금생산, 면천법, 속오군제도 시행 등의 신분타파를 위해 실시한 개혁정책을 살펴보았고, 다음으로 공물방납의 폐단을 개선하여 백성의 부담을 덜어주기 위한 조세개혁정책인 동시에 군량미확보를 위한 정책인 대공수미법을 시행하고자 하는 과정의 내용을 중점적으로 검토해 보았다. 또한, 그의 실각 후에 실시된 삼수미세라는 훈련도감 군사들의 급료지급을 위한 특별목적조세의 징수에 대한 내용도 검토해 보았다. 서애 류성룡의 경세가로서의 정책시행과 조세개혁정책 시행에 관련된 내용을 요약하면 다음과 같다.

첫째, 훈련도감을 설치 및 운영하여 조선의 자주국방을 위해 노력하였으며, 훈련도감 군사들의 급료지급 및 운영비 조달과 군량미 조달을 위한 둔전경영을 실시하였다. 또한, 이러한 둔전경영과정에서 병작반수제를 통한 국가조세수입 증대를 달성하고자 하였다.

둘째, 공물방납의 폐단을 개선하기 위한 대공수미법이라는 조세개혁정책을 시행하여 백성들의 부담을 덜어주려고 하였으며, 나아가서는 임진왜란을 승리로 이끌기 위한 필수요소인 군량미를 확보하려고 하였다.

셋째, 중강개시와 소금생산을 통해 곡식을 마련하여 굶주린 백성들을 구휼하였고, 아울러 군량미까지 조달하고자 하였다. 또한 중강개시를 통해서는 교역확대를 통한 상공업을 장려하고자 하였다.

넷째, 면천법, 속오군제도의 시행으로 신분을 따지지 않는 인권평등 및 민주적인 사회를 건설하고자 하였다.

결론적으로 서애 류성룡의 대 경세가로서의 능력발휘와 조세개혁정책의 시행을 통해 깨닫게 되는 것은 그를 단순히 유능한 관료로만 볼 것이 아니라 세상을 경략(經略)하고 국난을 극복할 수 있는 능력이 있는 대경세가(輕世家)로 재정의해야 할 것이고, 오늘날의 경제불황과 북핵위기 등의 국가위기 상황을 극복하기 위해 관료사회와 지도계층에게 서애 류성룡의 정책시행이 크나큰 모범사례로 안내되어야 할 것이며, 조세행정 분야에서도 서민들의 부담을 실질적으로 덜어줄 수 있는 소득공제 및 세액공제 등의 조세개혁을 추진해야 한다는 교훈을 얻어야 할 것이다.

참고문헌

(국역) 「조선왕조실록」, 국사편찬위원회.

(국역) 「홍재전서」 167권 日得錄 7 政事 2, 171권 日得錄 11 인물 1, 한국고전번역원.

강용수, 1995, "조선시대 대명무역구조에 관한 연구", 「산업경제연구」 제8권 제2호: 5－22.

고석규, 1985, "16·17세기 공납제 개혁의 방향", 「한국사론」 12권: 173－230.

금장태, 1995, "서애 류성룡의 철학사상", 「퇴계학과 유교문화」 23호: 19－32.

_____, 2011, 「율곡평전: 나라를 걱정한 철인」, 지식과교양.

김기평·신춘우, 2008, "목민심서(牧民心書)의 경위표(經緯表)에 관한 연구", 「산업경제연구」 제21권 제3호: 1141－1159.

김재우, 2007, "율곡의 도학사상과 경세론 연구", 성균관대학교 석사학위논문.

김종수, 1996, "조선후기 훈련도감 운영의 사회경제적 영향", 「군사」 제33호: 157－187.

김호종, 1990, "서애 류성룡의 국방사상", 「퇴계학」 제2집: 103－125.

_____, 1995, "서애 류성룡의 정치사상－정치운영과 인재등용을 중심으로－", 「퇴계학과 유교문화」 23호: 33－49.

_____, 2001, "서애 류성룡의 인권사상 및 민주사상", 「퇴계학」 제12집: 49－73.

네이버캐스트, 신택리지

박도식, 1995, "조선 전기 공물방납의 변천", 「경희사학」 제19집: 165－197.

서길수, 1976, "이이의 사회경제사상 연구", 「학술논총」 제1집: 341－403.

송양섭, 1999, "임진왜란기 국가의 둔전 설치와 경영", 「한국사학보」 제7호: 129－166.

신두환, 2015, "서애 류성룡의 상소문을 통해본 소통의 미학", 「동방한문학」 65권: 255－300.

양창삼, 1993, “다산 정약용의 경영 사상에 관한 연구”, 「산업경영연구」 제4권: 59－91.
류성룡·김시덕(역), 2014, 「교감·해설 징비록」, 아카넷, 639－641.
류성룡·이재호(역), 2007, 「징비록」, 역사의 아침.
윤국일, 2005, 「신편 경국대전」, 신서원.
이덕일, 2008, “류성룡과 중강개시”, 중앙일보.
______, 2012, 「난세의 혁신리더 류성룡」, 역사의 아침.
이동인, 1997, “율곡의 경제개혁론”, 「한국학보」 87: 85－107.
이이·강세구(역), 2007, 「만언봉사, 목숨을 건 직설의 미학」, 꿈이있는세상.
이이·전혜경(역), 2012, 「성학집요」, 지식을만드는 지식.
이이·정재훈(역), 2014, 「동호문답 조선의 군주론, 왕도정치를 말하다」, 아카넷.
이수건, 2005, 「서애 류성룡의 경세사상과 구국정책(상) 제6장 서애 류성룡의 사회경제관」, 책보출판사.
이정수, 1996, “조선전기의 물가변동: 米穀 이외의 商品을 중심으로”, 「국사관논총」 68집: 61－90.
이지원, 1990, “16·17세기 전반 공물방납의 구조와 유통경제적 성격”, 이재룡박사 환력기념 「한국사학논총」.
오종록, 1988, “조선후기 수도방위체제에 대한 일고찰－오군영의 삼수병제와 수성전－”, 「사총」 제33집: 25－44.
「이충무공전서」 권지3 장계2, 한국고전번역원.
이태진, 1985, 「조선후기의 정치와 군영제 변천」, 한국연구원.
정약용·박일봉(역), 2012, 「목민심서」, 육문사.
정약용·이익성(역), 1997, 「경세유표Ⅰ·Ⅱ·Ⅲ」, 한길사.
조성도, 1991, 「임진장초」, 연경문화사.
조정기, 1988, “서애 류성룡의 군정사상(Ⅰ)”, 「역사와경계」 14·15: 91－123.
최학삼, 2016, “조선시대 훈련도감과 기타 중앙군영 및 장용영의 재정조달에 관한 연구”, 「조세연구」 제16권 제1집: 33－66.
「한국고전용어사전」, 2001, 세종대왕기념사업회.
「한국민족문화대백과」, 한국학중앙연구원.
한국향토문화전자대전.

한종만, 1977, “한국청백리상연구－이조의 대표적 청백리를 중심으로－”, 「원대논문집」 제11집: 11－45.
허남린, 2012, “명분과 실리의 정치역학－임진왜란 시기의 강화논의를 둘러싼 류성룡의 역할과 정쟁”, 「안동학연구」 제11집: 295－327.

이순신의 둔전경영과
해로통행첩 시행에 관한 연구

이순신의 둔전경영과 해로통행첩 시행에 관한 연구

임진왜란이라는 비상 전시상황에서 이순신의 둔전경영과 해로통행첩 제도의 시행은 우선적으로 생각해 본다면 조선 수군의 자체적인 군량미 확보를 위한 궁여지책으로 시작된 것이나 확보된 군량미의 의미는 전란 시국의 빈약한 조세수입으로 인한 국가 재정이 제대로 기능할 수 없는 당시의 상황과 수군에게 국가의 안보를 의지했던 중앙정부를 고려해 보면 통제영 자체의 재정조달 수단의 의미를 넘어 국가 재정에까지 크게 기여하게 되는 것이다. 이순신의 둔전경영은 조선 수군의 칠천량 해전 패배 이전까지 군량미 확보 외에 비상군량미와 잉여생산물을 중앙정부에까지 보내어 빈약한 조세수입으로 인해 재정이 궁핍한 국가재정에 크게 기여했다는 의미가 있다. 해로통행첩이라는 특별조세의 징수는 조세의 특성상 아무리 중앙정부가 무능하고 전시상태였다고 하나 조세만큼은 중앙정부가 징수하고 싶었겠으나 임진왜란이라는 비상 전시상황과 원균의 칠천량 해전 패배 이후 이순신이 삼도수군통제사로 재 등용될 당시에는 모든 전권을 위임했을 터이니 중앙정부 대신 통제영에서 자체적으로 징수하는 바닷길의 통행세 즉, 오늘날의 지방세 성격이 강하게 내재되어 있는 특별조세제도가 될 수 있는 것이다.

Ⅰ. 서론

1592년 4월 13일에 일어난 임진왜란은 조선 전기와 후기를 나누는 시대적인 사건이다. 또한 임진왜란의 의미는 조선 개국 후 약 200년 동안이나 지속되었던 큰 전쟁이 없는 태평성대의 시대가 임진왜란을 겪고 난 이후 병자호란이 일어나고 조선의 국토가 서양 열강의 제국주의 각축장이 되고 일본에 나라까지 빼앗기는 등의 수난의 시대로 변경되는 큰 전환점이 되었다. 7년 동안이나 지속되었던 임진왜란 당시에 국가의 재정은 왕실을 보존하기에도 힘들었을 것이므로 수군 등 군사에 대한 지원은 기대하는 것 자체가 무리였을 것이다. 그렇다면 군영에서는 어떠한 방법으로 군량미 등을 확보하였을까? 수군 군영에서의 그 해답은 바로 이순신의 둔전경영과 해로통행첩 제도의 시행이다.

이순신 장군이 시행한 둔전경영 외에도 고려 및 조선 역사에서는 둔전을 설치하여 경영한 경우가 역사기록에서 자주 보인다. 군영이나 관청, 궁문의 자급자족을 위한 둔전경영이었으나 부패관리의 사리사욕 추구와 백성들의 부역문제 등 문제점도 많이 있었을 것이다. 임진왜란 전에도 조선에서는 여진족과 왜구로 인한 변방 방어를 위해 둔전경영이 시행되어져 왔으며, 임진왜란 초기와 칠천량 해전 패배 이전까지는 그 본래의 목적에 부합되어 시행되었다고 할 수 있다. 임진왜란 발발 초기부터 칠천량 해전 패배 이전까지 둔전경영에서 군량미의 확보 외에 남는 곡식은 중앙정부로 보내어져 국가 재정수입에 큰 기여를 하게 됨으로써 비상시의 조세수입이라고 볼 수도 있을 것이다. 그러나 칠천량 해전 패배 이후 둔전경영은 통제영의 잦은 이동으로 인한 장소와 추수까지의 시간적인 문제로 인해 많은 어려움이 발생하였을 것으로 예상할 수도 있으나 삼도수군통제사로 재 등용된 이순신이 고금도 등에서 둔전경영을 다시 시작하였다. 한편 류형, 이의온의 제안으로 피난민을 군사로 만들고, 군사를 먹이는데 필요한 군량미를 해로통행첩을 시행하여 확보한 것도 중앙정부의 지원이 없는 자급자족의 군대경영일 것이고 임진왜란이라는 특수한 시국에 비상자치권이 부여된 통제영이라는 조직에서 징수한 조세라고 할 수 있을 것이다. 또한 이순신의 청렴한 성품으로 말미암아 해로통행첩을 통한 군량미 확보 외에 비상 군량미, 어류, 소금 등 잉여생산물을 중앙정부에까지 다시 보내 주었을 것이라는 짐작도 쉽게 할 수 있을 것이다. 본 연구에서는 이와 같이 이순신이 임진왜란이라는 비상시국에 군량미 확보를 위한 궁여지책으로 시행한 둔전경영과 해로통행첩 제도 시행에서 군량미확보 외에 국가 재정수입에 까지 크게 기여한 내용을 조세징수 측면에서 충분히 생각해 볼 가치가 있는 것으로 사료되어 면밀히 살펴보고자 한다.

Ⅱ. 둔전경영

1. 녹둔도에서의 둔전경영

원균의 칠천량 해전 패배 이후 삼도수군통제사로 재 등용된 이순신은 군사의 모집, 전투시의 군사작전 및 훈련, 바다와 육지의 민간인 관리, 군자금 및 군량미 조달 등 거의 모든 관련 업무에서 전권을 위임받았을 것이다. 풍전등화의 시국에서 임진왜란 개전 초기와 같이 출전을 위한 중앙정부의 허락 등은 중요하지 않았을 것이다. 임진왜란이 발발하기 전 이순신은 과거 조산보 만호시절 녹둔도의 둔전관을 겸임하면서 군량미 조달을 위한 둔전을 경영했던 경험이 있다. 이순신의 녹둔도 둔전경영은 변방에까지 군자금 또는 군량미가 잘 지급되지는 않았기 때문에 군사와 백성들이 직접 둔전에서 농사를 지어 수확한 곡식을 군량미로 확보하는 자급자족의 형태였다. 그렇다면 녹둔도는 어디인가? 또 둔전 본래의 의미는 무엇인가? 다음에서는 먼저 녹둔도에 관련된 내용을 살펴보기로 한다.

두만강 하구의 녹둔도는 원래 조선 초 태조 이성계가 여진족으로부터 수복한 이래 녹도(사슴도)로 불리다가 선조 16년(1583년) 둔전이 설치되어 녹둔도로 불리었다고 한다. 녹둔도(鹿屯島)는 지금은 두만강 하구의 퇴적작용으로 인해 러시아 영토에 연육되어 있으며, 1860년 청과 러시아 간의 북경조약에 의해 조선의 의사와는 상관없이 러시아령이 되어 있다. 녹둔도의 크기는 1880년대 제작된 것으로 밝혀진 아국여지도(俄國輿地圖)에서 남북 70리, 동서 30리라 하였는데 하중도의 면적이 300여 km^2가 넘는다는 것은 두만강 하구의 폭을 감안해 볼 때 지나친 크기이며(이옥희 2004), 1890년대 작성된 일본 외무성의 외교문서「鹿屯島 關係 雜綴」에 있는 조사보고문에는 녹둔도의 크기가 기록자에 따라 남북 최장 25리, 동서 최장 20리, 周圍 8町許, 四圍 20리 등으로 다양하게 기술되어 있으며, 또「朝鮮開化史」에는 녹둔도의 면적을 폭은 동서 광(廣) 7町許, 남북 최장 9町許로 기록하고 있다(이옥희 2004).

녹둔도는 함경도 경흥 관하 수군기지인 조산보에 속하였고 조산보와는 10여 리 떨어져 있었다고 한다. 세종대왕 시절에는 수군 90여 명이 이 지역을 방어하여 여름이면 조산보의 수군이 동해로 침입하는 왜구를 방비하고 두만강 대안(對岸)에 거주하는 여진족의 내륙침입을 견제하는 군사적 요충지였다(이옥희 2004). 녹둔도는 변방 방어기지이기도 했으며 농토가 부족한 함경도 경흥 주민들의 농토이기도 했다. 조산보지역의 농민들이 봄에 배를 타고 녹둔도에 들어가서 농사를 짓고 가을에 추수한 후 본토로 돌아오는 형태로 경작이 이루어졌다(이옥희 2004). 그러다가 선조 16년(1583년) 조정에서 여기에 둔전(屯田)을 설치한 후 백성들이 농사를 지으며 살고 있다는 점을 강조하기 위해 녹둔도로 불리기 시작했다고 한다. 선조 20년(1587년) 여진족이 침입해 11명의 군사를 살해하고 농민 160여 명을 납치해 간 녹둔도 사건이 발생했다. 당시 조산보 만호로 녹둔도 둔전경영을 감독하는 둔전관을 겸직하고 있던 이순신은 이 사건으로 장형(杖刑)과 함께 1차 백의종군을 해야 했다. 조정에서는 즉시 두만강 건너 여진족 주둔지까지 대군을 파견하여 여진족에 큰 타격을 가하기도 했다. 그만큼 녹둔도 사수에 대한 조선 조정의 의지는 강했다고 할 수 있다. 이 반격 작전에서 이순신은 큰 공을 세워 재기할 수 있었다. 20세기 초까지도 녹둔도에 이순신의 녹둔도 전승 비각이 있었던 것도 그 때문이라고 한다(2002년 7월 22일 조선일보 녹둔도 관련 기사). 현재의 녹둔도는 섬이 아니라 러시아쪽 육지와 연결되어 있다(이옥희 2004). 1861년 김정호의 대동여지도에도 분명히 섬으로 나타나 있는 것으로 보아 두만강 하구의 퇴적작용으로 인해 러시아 영토와 연결된 듯하다(이옥희 2004). 이 녹둔도가 러시아령이 된 것은 1860년 청나라와 러시아의 북경조약 체결 때였는데 그 후 약 30년이 지난 1889년(고종 26년)에야 이 사실을 알게 된 조정이 청나라에도 항의하고 러시아 공사에게도 녹둔도의 반환을 요구했으나 소용없는 일이었다. 힘이 없었던 나라의 당시 상황이 아쉬울 뿐이다.

2. 둔전의 의미와 조선시대 둔전의 변화과정

둔전(屯田)의 사전적인 정의는 황무지·진전(陳田) 등을 개간·경작하여 그 수확물로 군량, 군문·아문의 재정, 궁방 수입 등에 충당하게 설정된 토지이다. 본래의 둔전은 교통이나 수송 등이 불편한 전통 사회에서, 국방상의 요충지에 주둔하는 군사들로 하여금 진황지(陳荒地)나 진전(陳田) 등을 개간·경작하여 그 수확물을 군수(軍需)에 충당하도록 하는 군사목적용 토지였다. 그러나 조선의 둔전[1]은 군사목적의 토지뿐 아니라

1) 둔전은 변경이나 군사요지에 설치해 군량에 충당한 토지이다. 농사도 짓고 전쟁도

각 아문[2] 및 궁방[3]의 재원 마련을 위해서도 둔전이 운영되었으며, 임진왜란 이후 각 군문, 아문, 궁방의 둔전이 크게 확대되었다. 녹둔도를 비롯하여 정조대왕 시절의 화성유수부(오늘날의 수원) 저수지였던 만석거 및 축만제와 관련된 둔전인 대유둔(북둔), 축만제둔(서둔), 오늘날의 지명에 둔(屯)이라는 글자가 있는 지역, 예를 들어, 전남 여수시 돌산읍의 둔전리(屯田里), 전남 여수시 화정면의 둔병도(屯兵島), 전남 진도군 군내면 세등리에 있는 둔전저수지, 전북 순창군 쌍치면 둔전리, 경남 거제시 둔덕면(상둔, 하둔), 경기도 용인시 처인구 포곡읍의 둔전리, 강원도 양양군 강현면 둔전리, 강원도 삼척시 하장면 둔전리, 충북 영동군 상촌면 둔전리, 경기도 성남시 수정구 둔전동, 경기도 수원시 권선구 서둔동 등은

수행한다는 취지하에 부근의 한광지(閑曠地)를 개간, 경작해 군량을 현지에서 조달함으로서 군량운반의 수고를 덜고 국방을 충실히 수행하기 위한 것이다. 그러나 후대에는 관청의 경비를 보충하기 위해 설치한 토지도 둔전이라 하였다. 「경국대전」에서는 전자를 국둔전(國屯田), 후자를 관둔전(官屯田)이라 하여 서로 구별하였다. 조선시대 말기에는 둔토(屯土)라고도 하였다(한국민족문화대백과). 관청둔전(관둔전)은 고려조와 조선조에 관청의 부족한 경비를 보충하기 위해 아록전이나 공수전 이외에 따로 설정한 둔전이다. 관둔전에는 주현둔전과 영진둔전이 이는데 주현둔전은 주나 현과 같은 지방행정 계통의 관청에 속한 둔전으로서 주로 관청노비들을 동원하여 경작시키며 영진둔전은 병영·수영이나 진영과 같은 군사계통의 관청에 속한 둔전으로서 주로 번서는 군사들을 동원시켜 경작하였다.(윤국일, 2005, "신편 경국대전", 신서원). 「경국대전」호전의 제전조(諸田條)에 있는 관둔전(官屯田)은 각 관청별로 다음과 같이 면세전의 결수를 한정하면서, 등록된 결수 이외의 둔전은 농민들에게 주어 경작시키고 세를 받도록 하였다.

> ◆ 관둔전으로 주진(主鎭, 절도사의 군영(병영, 수영))은 20결, 거진(巨鎭, 절제사나 첨절제사의 진영)은 10결, 제진(諸鎭, 만호·도위의 진영)은 5결, 부(府), 대도호부, 목(牧)은 각 20결, 도호부·군은 각 16결, 현·역은 각 12결을 면세한다.
> ◆ 등록된 결수 이외의 둔전과 공유지로 넘긴 토지는 모두 가난한 농민들에게 주어 경작시키고 세를 받는다(「경국대전」 호전(戶典) 제전 관둔전).

(참고문헌: 윤국일, 2005, "신편 경국대전", 신서원; 오기수, 2012, "조선시대의 조세법", 어울림, 210)

2) 아문(衙門)이란 조선왕조 때, 상급의 관아 또는 관아를 통틀어 이르던 말이다.
3) 궁방(宮房)이란 조선시대 왕실의 일부였던 궁실(宮室)과 왕실에서 분가, 독립한 궁가(宮家)의 통칭이다.

모두 과거 둔전이 설치되었던 곳이었다. 수원 화성 인근의 만석공원은 정조대왕 시절에 설치된 만석거(저수지)와 대유둔(둔전) 주변의 수변공원이며, 충남 서산시 석남동에 있었던 왕 자제(대군)의 둔전은 조선 시대 관청의 전답으로 왕자에게 소속된 토지였다. 경남 통영시 사량도의 통영 군창 둔전 또한 과거 둔전이 설치되었던 곳이다. 이와 같이 우리나라 전국적으로 둔전과 관련된, 즉 과거에 둔전이 설치되었던 지역은 수 없이 많이 존재할 것으로 예상된다.

조선 전기의 둔전은 군사나 혹은 노비 등을 직접 사역하는 형태로 경영되었다. 반면에 조선 후기에는 농업기술이 발전하고 무주지(無主地)에 대한 절수[4](折受)가 광범위하게 진행되면서 병작제(竝作制)로 운영되는 둔전, 민전(民田) 위에 수조지로 설정되는 둔전, 실제 토지가 지급되지는 않으면서 일정한 수세량만을 규정하는 무토(無土) 등 다양한 형태로 운영되었다. 조선 전기의 둔전은 주로 군수물자 확보와 국가 재정의 확충을 목적으로 설치되었다. 평안도와 함경도에 주둔하는 군사들의 군량확보를 위하여 둔전이 설치되었고, 각 지방 관아의 재정확보를 위하여 관둔전이 설치되기도 하였다. 국가 재정의 확보를 위한 국둔전도 설치되었다. 다음은 「태종실록」 1409년 1월 18일의 기록이다.

> 호조(戶曹)에서 호급둔전(戶給屯田)의 종자(種子)를 청하였다. 계문(啓聞)은 이러하였다.
>
> "이제 경외(京外)의 잡곡을 총계한 수량을 상고하면, 경중(京中)은 25만 2천 6백 94석이고, 외방(外方)은 1백 22만 9천 1백 63석입니다. 그러나 흉년의 재해(災害)와 군사의 일은 고금(古今)의 염려하는 바이니, 위의 축적한 곡식으로는 진실로 급한 일에 대비하기가 어렵습니다. 빌건대, 외방의 민호(民戶)를 대호(大戶)·중호(中戶)·소호(小戶)로 나누어 호(戶)마다 둔전 종자(屯田種子)를 주되, 대호(大戶)에는 3두(斗)에

---

4) 토지나 전결세를 나누어 준다는 의미이다.

소출(所出) 15두, 중호(中戶)에는 2두에 소출 10두, 소호(小戶)에는 1두에 소출 5두, 잔호(殘戶)에는 2, 3호를 합하여 1두를 지급하여 소출 5두로 하고, 잡곡(雜穀)을 논할 것 없이 가을이 되거든 거두게 하소서. 또 빌건대, 불긴(不緊)한 각사(各司)의 공해전(公廨田)을 혁거(革去)하소서. 또 각사(各司)의 하전(下典)021)은 이미 봉족(奉足)이 있는데 다시 삭료(朔料)를 받으니, 청컨대, 그 하나는 감(減)하도록 하소서." 임금이 그대로 따랐다.[5)]

위의 기록을 살펴보면 국가의 곡식 비축량이 줄어들자 이를 마련하기 위하여 일반 민호에게 종자곡(種子穀)을 나누어 주고 가을 수확을 거두어들이는 특이한 방식의 호급둔전(戶給屯田)[6)]이 경영되기도 하였다.

조선 후기에는 주로 군문[7)]과 아문, 궁방의 재원 마련을 위하여 둔전 절수가 광범위하게 이루어졌다. 이에 대해 1695년(숙종 21년) 「을해정식(乙亥定式)」을 마련하여 일정한 제한을 가하기도 하였다.

태조 이성계는 1392년 즉위 교서에서 경기도 음죽(오늘날의 이천시 일부지역) 지역의 둔전을 제외하고는 모두 폐지하도록 하였으나,[8)] 이후 둔전은 상황에 따라 설치와 폐지가 반복되었다.

세종대왕 재위 시절에는 평안도, 함경도에 대한 북방 개척과 사민정책(徙民政策)이 시행되면서 군수물자와 식량을 확보하는 방법으로 둔전이 활용되었다.[9)10)] 한편 각 지방 관아에서도 지방 재정의 확충을 목적

5) 「태종실록」 9년 1월 18일.
6) 호급둔전(戶給屯田)이란 여말선초(麗末鮮初)에 실시한 둔전(屯田)의 하나. 원래 둔전(屯田)은 군인에게 토지를 주어 경작하게 하는 것인데, 이때 와서 군인에게 한정하지 않고 일반 민호(民戶)에게 종자(種子)를 주어 추수 때 곡식을 거두어 군자(軍資)에 충당하였음. 태조 이성계(李成桂)는 둔전의 폐지와 함께 호급둔전(戶給屯田)도 철폐하였으나, 태종 9년에 군량미(軍糧米)의 부족으로 다시 실시하였다고 한다. (참고문헌: 국사편찬위원회, 조선왕조실록)
7) 군문(軍門)이란 훈련도감이나 금위영, 어영청, 수어청 등 군사 관계의 관아나 국방에 관한 군무를 통틀어 이르는 말이다.
8) 「태조실록」 태조 1년 7월 28일 원문 : "국둔전(國屯田)은 백성에게 폐해가 있으니 음죽(陰竹)의 둔전(屯田)을 제외하고는 일체 모두 폐지할 것이다."

으로 관둔전(官屯田) 등을 설치하기도 하였다. 세조 시절에는 이러한 관둔전의 면적에 제한을 가하는 조치가 취해지기도 하였다. 또한 세조 13년에 경남 밀양의 수산제(저수지)를 증축하면서 둔전을 확대하기도 하였다. 수산제가 증축되기 전에도 이곳에 국농소(國農所), 즉 둔전이 설치되어 있었다고 한다. 세조 9년에 호조의 건의에 따라 제방을 허물어 둔전을 설치했는데 잦은 침수로 인해 그 수확은 적었던 모양이고 김종직은 세조 13년에 수산제를 증축하게 된 까닭을 이곳이 저지대여서 침수의 방지에서 찾고 있었다고 하나 침수의 방지만을 위한 것이 아니라 이곳에 둔전을 확대하고 그 경영의 효율화를 기하기 위한 것이었다(2006 김광철)고 한다.

둔전은 황폐한 진황지나 진전에 설치되었고 군사와 노비 등을 동원하여 경작하는 방식이 일반적이었기 때문에 수확량이 그리 많지 않았다. 따라서 둔전은 재정확보 수단으로 효율적이지 못한 측면도 있었다.

둔전경영방식은 16세기에 지주전호제(地主田戶制)가 정착되면서 변화를 보이기 시작하였다. 양반들에 의한 불법적인 둔전 침탈이 자주 발생하는 한편, 둔전경영에서도 지주전호제적 방식이 도입되기 시작한 것이다.

조선 전기의 전형적인 형태의 둔전경영은 조선 후기에 들어 크게

9) 「세종실록」 세종 22년 3월 1일 영중추원사 최윤덕이 변방 연해지역의 비변책을 올리는 내용 중 "강계(江界)의 정부인대(鄭夫人垈)는 삼면이 모두 험하고 단지 일면만이 적을 대하게 되오니, 마땅히 신성(新城)을 축조하여 연강(沿江)의 근방 백성들로 하여금 동절(冬節)에 입보(入保)하게 하오면, 둔수(屯戍)에 편하여 먼 땅에서 양식을 가져오는 괴로움이 없을 것입니다."

10) 「세종실록」 세종 23년 5월 18일 의정부에서 함길도 둔전 운영책에 대해 건의하는 원문 : 의정부에서 아뢰기를, "오늘날 함길도 연변의 빈 땅[閑曠地]에다 둔전(屯田)을 설치하였사오나, 만일 관장하는 사람이 없게 되면 헛되게 백성의 힘만 허비하여 실로 무용한 것이 될 것이오니, 마땅히 공정 청렴하고, 근면 근신한 사람을 택하여 경운(耕耘)과 예확(刈穫) 등의 일을 관장하게 하되, 3년마다 한 차례씩 수확한 것을 통고(通考)하여 많은 자에게는 혹 경직(京職)을 제수하던가, 혹은 토관(土官)을 제수하는 등 그들의 원(願)에 따라 들어주고, 권려하는 빙거(憑據)가 되게 하옵소서." 하니, 그대로 따랐다.

변화하였는데, 임진왜란이 결정적인 계기가 되었다. 전란 중에 국가에서는 대규모의 군량을 조달할 방법을 고심하였는데, 둔전이 그 유력한 방책으로서 시행되었던 것이다.

임진왜란과 병자호란 이후 조선 정부는 군영(軍營)들을 연속적으로 창설하여 군사력을 강화하였고, 이에 따라 각 군문들의 재정수요도 증가하였다. 또한 왕실 구성원인 궁방(宮房)에 대한 경제적 우대책의 마련 역시 시급하였다. 그러나 전란을 겪은 이후 정부에 의한 토지파악 능력은 극히 위축된 상태였고, 조세수입을 통해 이들 재원을 충당하는 것은 곤란한 상황이었다. 이에 대한 해결책으로 조선 정부는 각 군문과 아문, 궁방 등에 대해 무주지(無主地)나 진황지들을 절수하고 이들을 둔전으로 경영하여 각자 재정을 마련하도록 하였다. 이는 조선 후기 둔전이 크게 확대되는 결정적인 계기가 되었다. 이에 따라 각 군문과 아문, 궁방에서는 경쟁적으로 토지를 절수받았으며, 다양한 형태의 둔전경영이 이루어지게 되었다.

임진왜란이라는 전란에 의해 농토가 황폐화되어지고 경작면적 또한 줄어들었다. 토지대장(양안)에서 빠진 토지, 즉 은결이 늘어나기 시작했으며, 그 결과 「반계수록」에 의하면 임진왜란 전 평결은 150만 결이 넘는 것으로 나타났지만, 전란 이후에는 급격히 감소하여 1603년(선조 36년)에는 110만 결 정도까지 줄어들어[11][12][13] 국가의 재정이 빈곤해지고 백성의 삶 또한 더욱 궁핍해졌다. 다음은 「선조실록」 1601년(선조 34년) 7월 30일의 기록이다.

> 헌부가 아뢰기를, "난리가 난 뒤로 어디를 보나 황무지뿐인데 기경(起耕)하는 대로 수세(收稅)하는 규정을 둔 것은 실로 부득이하기 때문

---

11) 「반계수록」 전제고설 하 국조전제부.
12) 오기수, 2012, 「조선시대의 조세법」, 어울림, pp.422-423.
13) 강인애(1997)의 책, pp.23-24에는 1601년(선조 34년)의 전결수는 30만여 결로서 임진왜란 전과 비교하여 1/5 수준이라고 하고 있다.

에 나온 것이라 하겠습니다. 그러나 인심이 교활하여 호족과 간활한 무리들은 넓은 전토를 가지고 있는데도 1복(卜)도 토지 대장에 기록되지 않는 반면 성실한 자세로 빈한하게 사는 사람들은 손바닥만한 땅을 일구어도 결복이 배나 되게 기록되고 있습니다. 그리하여 부역이 고르지 않고, 소민이 고달파진 정상이 이때보다 심한 적이 없게 되었으며, 마침내 세입이 날로 줄어 온갖 일을 조치하기가 어렵게 되었으니 매우 마음이 아픕니다. 신들이 무술년(1598년) 이후 각도에서 해마다 기경한 전결(田結)의 수를 조사해 보니 해마다 점점 감소되고 있었는데, 그중에는 극심하게 숫자가 적은 곳도 있었습니다. 이는 비단 수령의 죄일 뿐만 아니라 한 도의 주인이라 할 감사가 검칙하지 않음으로써 이런 폐단을 불러일으켰으니 그때에 주관하던 관원들이 직사(職事)를 제대로 수행하지 않은 것이 더욱 가증스럽습니다. 아울러 추고를 명하소서. 그리고 경차관은 풍력(風力)이 있고 강명(剛明)한 사람을 십분 가려 보내 엄히 신칙함으로써 전일처럼 만홀하지 않게 하소서."하니, 아뢴대로 하라고 답하였다.[14]

위의 내용을 살펴보면 사헌부가 임진왜란 후 전결의 감소를 파악하는 과정에서 토지대장(양안)에서 빠진 토지, 즉 은결의 문제와 그 문제를 검칙하지 않은 수령과 감사의 무책임으로 인해 백성들이 극심한 고통을 겪고 있다는 내용을 아뢰고 있다는 것을 알 수 있다.

이후 조정에서는 토지의 개간을 장려하기도 하고 인조시대(1634년(인조12년))에는 전라도, 경상도, 충청도 삼남지방에 양전[15]을 실시해 백성의 삶에 안정을 도모하고 조세의 징수를 증대시키고자 하였다. 그러나 왕자나 옹주에게 지급한 궁량전이나 관청 및 군영 소속의 국둔전 및 관둔전과 같은 면세지가 증대하여 중앙의 권신이나 지방 세력가들의 토지 소유만 확대되어 가는 경향이 있었다. 그래서 그동안 꾸준히 주장되어

14) 「선조실록」 34년 7월 30일.
15) 양전(量田)이란 고려 및 조선시대 토지의 실제경작 상황을 파악하기 위래 실시한 토지측량제도를 말한다.

왔던 공물을 미곡으로 대신 납부시키자는 대동법의 모태인 조광조, 이이 등이 제시한 바 있는 대공수미법[16]이 다시 논의되기도 하였다.

조선 후기의 둔전경영에서는 군사나 노비에 의한 직접 경작은 거의 사라지게 되었다. 대신 무주지(無主地)를 절수받아 소유권을 확립한 경우에는 병작제 경영을 통해 지대를 수취하였다. 소유주가 있는 토지를 절수하였을 경우에는 전세(田稅)에 해당하는 양을 수취하기도 하였다. 그러나 절수과정에서 민전 침탈 등의 문제가 빈번히 제기되었다. 특히 개간자가 이미 소유권을 행사하고 있는 토지에 둔전 절수 등이 이루어진 경우는 수취에 있어서도 경작자와 절수처 사이에 갈등이 빚어졌다.

이러한 절수지의 확대는 사회적 문제를 일으켰을 뿐 아니라 국가 재정에도 악영향을 끼쳤다. 이에 따라 1695년(숙종 21년) 「을해정식」을 선포하고 둔전 절수의 원칙을 정비하였다. 즉, 1688년(숙종 14년) 이후 절수된 둔전·궁방전을 모두 폐지하고 새로운 둔전과 궁방전을 절수하지 못하도록 한 것이다. 또한 민전에 설정된 수조지로서의 둔전에서는 결당 쌀 23말(斗)을, 군문이나 아문에서 소유권을 가지고 있다고 판단되는 영작둔전(永作屯田)에서는 결당 조 200말을 수취하는 것을 법제화하였다. 을해정식은 당시까지 제기된 둔전과 관련된 문제를 대부분 정리하는 것이었다. 그러나 그 이후에도 절수지 확대에 관한 폐단은 끊이지 않았다[17].

16) 오기수, 2012, 「조선시대의 조세법」, 어울림, p.353.
17) 「숙종실록」 숙종 26년(1700년) 12월 13일 사헌부에서 논핵하기를, "궁장(宮庄)의 절수(折受)는 스스로 정한(定限)이 있습니다. 일찍이 을해년에 대신(大臣)들의 진달(陳達)로 인하여 지부(地部)로부터 은화(銀貨)를 헤아려 주어 각 궁가(宮家)로 하여금 장토(庄土)를 사서 취하게 하되, 정식(定式) 외에는 절수를 허가하지 말게 한 일이 분명히 성명(成命)으로 되어 있습니다. 그런데도 저으기 듣건대, 을해년 이후로도 절수는 그전과 같고 궁가에서 점유하는 장토는 점점 시초보다 지나치게 불어나고 있으며, 해조(該曹)에서 주는 값은 이내 상례(常例)가 되었다고 합니다. 소민(小民)들이 억울함을 호소하는 사단은 이루 다 헤아릴 수가 없을 정도이고, 조가(朝家)에서 변통(變通)한 뜻은 마침내 허투(虛套)로 돌아갔습니다. 청컨대 을해년에 정식한 뒤에

3. 임진왜란 발발 이후 이순신이 시행했던 둔전경영과 국가재정에의 기여

1592년(선조 25년) 4월 13일 임진왜란이 일어났고, 조선은 절대 열세의 상황에서 전라도를 제외하고는 거의 전 국토가 왜군에게 유린당해 전투에 나서는 군사들의 군량미가 절대적으로 부족했다. 다음의 내용은 임진년(1592년) 겨울에 이순신이 부족한 군량미 문제로 인해 수군들에게 먹일 곡식을 줄여가고 있는 상황과 관련된 내용이다.

> "점심을 거르고, 아침과 저녁에 5홉씩 먹여도 사부와 격군들은 하루에 80석을 먹었다. 생선과 소금을 쉽게 구할 수 있었던 것은 그나마 수군의 천행이었다. 생선은 어종을 구분하지 않고 한솥에 넣어 된장을 풀고 끓였다. 둔전에서 나오는 무와 배추를 소금에 절였다. 수졸들이 된장이나 짠지를 담글 때 나는 늘 소금을 많이 넣으라고 일렀다. 동짓달 초하루부터 5홉을 4홉으로 줄였고 보름이 지나서부터는 3홉으로 줄였다."[18]

1593년(선조 26년) 1월 26일 이순신은 피난민에게 전라도 여수 돌산도(오늘날의 전남 여수시 돌산읍 둔전리 등지)에서 농사를 짓도록 명령해 주기를 청하는 다음과 같은 장계를 올렸다고 한다.

> "당장 눈앞에서 피난민들이 굶어 죽어 가는 참상을 차마 눈 뜨고 볼 수 없습니다. 전일 풍원부원군 류성룡(柳成龍) 대감에게 보낸 편지로 인하여 비변사에서 내려온 공문 중에, '여러 섬 중에서 피난하여 머물

여러 궁가에서 모람되게 절수한 곳은 한결같이 모두 혁파(革罷)하여 생민(生民)에게 일분(一分)의 폐단을 제거하게 하소서."하니, 임금이 따르지 아니하다가 거듭 계달함에 이르러 답하기를, "지금부터 뒤로는 을해년의 정식을 거듭 밝혀 거행토록 하라."하였다.

18) 김훈, 2004, 「칼의 노래」, (주)생각의 나무, p.199.

며 농사지을 만한 땅이 있거든 피난민을 들여보내 살 수 있도록 하되 그 가부(可否)는 참작해서 시행하라'하였기에, 신이 생각해 본 바 피난민들이 거접(居接)할 만한 곳은 돌산도(突山島)만한 데가 없습니다. 이 섬은 여수 본영과 방답 사이에 있는데 겹산으로 둘러싸여 적이 들어올 길이 사방에 막혔으며, 지세가 넓고 편평하고 땅도 기름지므로 피난민을 타일러 차츰 들어가서 살게 하여 방금 봄갈이를 시켰습니다."[19]

다음의 내용은 임진장초 계사년(1593년) 8월 10일 전염병과 군량미의 부족에 관련하여 올린 장계 기록이다.

"신이 거느린 수군만을 헤아려 보아도 사부와 격군을 아울러 원래의 수가 6,200여 명 중에 작년과 금년에 전사한 사람의 수와 2, 3월부터 오늘에 이르기까지 병사자가 600여 명이나 되는데, 무릇 이들 사망자는 모두 건강하고 활을 잘 쏘며 배도 잘 부리는 토병과 보자기(어부)들이오며, 겨우 남아있는 군졸들은 아침, 저녁으로 먹는 것이 불과 2·3 홉에 지나지 못하니, 이렇게 배고프고 피곤한 몸으로써 무슨 힘으로 활시위를 잡아당기고 노를 저을 수 있겠습니까. 큰 적을 앞에 높고 형편이 이 같으니 민망하기 짝이 없습니다. 이 사연을 도원수, 순찰사들에게 보고하고 보성, 순천, 흥양 등지의 군량 689석을 지난 6월 중에 실어다 나누어 먹이기는 했으나 그것마저 다 떨어졌습니다."(후략)[20]

1593년(계사년)과 1594년(갑오년)에 걸쳐 한산도 통제영 수군들에게 유행병(전염병)이 크게 퍼지고, 이순신 자신도 염병에 걸려 20일 동안이나 쉬지도 못하고 투병하였으며,[21] 위의 장계에서 알 수 있듯이 굶주림

19) 「임진장초」, 계사년(1593년) 1월 26일.
20) 「임진장초」, 계사년(1593년) 8월 10일.
21) 李芬, 「이충무공전서」 권지9 行錄, 한국고전번역원, 갑오년(1594년) 4월조, 4월 9일에는 이순신의 핵심참모였던 조방장(전 광양현감) 어영담도 역병에 걸려 세상을 떠났다(이순신·노승석(역), 2016, 「난중일기」, 여해, p.204).

으로 인해 수군 6,200여 명 중 약 600여 명이나 병사하였으며, 살아남은 수군들조차 하루에 불과 2~3홉 밖에 먹지 못해 병사들은 굶주려 활을 당기고 노를 저을 힘조차 없다고 했다. 당시 사람들은 한 끼니에 보통 5홉(한 줌), 많게는 7홉을 먹었다. 아침과 저녁 두 끼를 먹는 조선시대의 관습으로 보면, 하루에 10홉의 곡식을 먹어야 했는데 수군들은 그저 죽지 않을 정도인 2~3홉으로 버티고 있었던 것이다.[22)]

또한, 이순신이 가는 길이 살길이라는 소문을 들은 유민들은 난을 피하여 이순신의 군영으로 들어왔다. 막으려고 해도 막을 수 없었을 것이다. 부득이 군량미를 내어 구제하였으나 그 양이 턱없이 부족하였을 것이다. 굶어 죽어가는 백성들의 모습은 차마 눈뜨고 볼 수 없는 목불인견이었을 것이다. 이순신은 하는 수 없어 중국의 이목(중국 춘추전국시대 조나라의 무신)과 조충국(중국 전한의 무제와 선제 때의 장군)의 둔전경영의 예를 따라 조정에 장계를 올리고, 한산도 부근 해평농장, 여수의 돌산도(여수시 돌산읍 둔전리), 흥양의 도양장(전남 고흥군 도양면 도덕리), 해남의 황원곶(황원목장, 전남 해남군 문내면 선두리), 강진의 고이도(전남 완도군 고금면) 등에서 둔전을 경영하였다. 돌산도는 군관 송성을, 도양장은 훈련정 이기남을, 화이도(고이도)와 황원곶(황원목장)은 종사관 전 부사 정경달 등을 감독으로 보냈다.[23)] 둔전 개간을 시작하기 전에는 고기잡이(捕漁), 소금굽기(煮鹽), 그릇굽기(陶翁) 등 하지 않은 일이 없었으며, 그것을 모두 배로 실어 내어 판매하여 몇 달이 안 되어 곡식 수만 석을 쌓게 되었다.[24)]

---

22) 박종평, 「이순신 이야기」(22), 2014, 이순신, 선순환의 경제생태계 창조, 일요서울,
23) 「임진장초」 갑오년(1594년) 1월 10일,
24) 李芬, 「이충무공전서」 권지9 行錄, 한국고전번역원, 계사년(1593년) 8월조, 八月 朝廷以三道水使不相統攝 必有主將可也 以公兼三道水軍統制使 仍本職 元均自以先進 恥受制於公 公每優容之 公在陣 每以兵食爲憂 募民屯作 差人捕魚 至於煮鹽陶瓮 無不爲之 舟載 販貿 不踰時月 積穀巨萬 : 8월에 조정에서 삼도 수군이 서로 통섭되지 않으므로 반드시 주장이 있어야 되겠다 하고 공으로써 삼도수군통제사를 삼고 본직은 그대로 겸하게 하니 원균은 자기가 선배로서 도리어 공에게 지휘받게 된 것을 부끄럽

1593년(선조 26년) 윤 11월 17일 이순이 삼도수군통제사 자격으로 둔전을 설치할 수 있도록 청하는 다음의 장계 내용을 살펴보면 이전보다 더 상세한 둔전경영의 방법이 나타나 있다. 즉 조선 수군의 생존을 지키기 위한 내용으로 둔전을 설치할 장소, 농군을 동원할 방법, 백성들에게 곡식을 분배할 방법까지도 자세하게 건의한 것이다.

"여수의 돌산도뿐만 아니라 흥양의 도양장, 고흥의 절이도, 강진의 고이도(전남 완도군 고금면), 해남의 황원목장 등은 토지가 비옥하고 농사지을 만한 땅도 넓어서 무려 1,000여 섬의 종자를 뿌릴 만한 면적이니, 갈고 씨뿌리기를 철만 맞추어 한다면 그 소득이 무궁할 것입니다. 다만 농군을 동원할 길이 없으니 백성들에게 나누어 주어 경작하게 하고, 그 절반만 거두어들이더라도 군량에 큰 도움이 될 것입니다. 20섬의 종자를 뿌릴 만한 면적의 본영 소유 둔전에 늙은 군사들을 뽑아내어 경작시켜 그 토질을 시험해 보았더니, 수확한 것이 정조(正租, 벼)로 500섬이나 되었으며, 앞으로 종자로 쓰려고 본영 성내 순천 창고에 들여놓았습니다."[25]

이와 같은 이순신의 치밀한 둔전경영 계획은 순조롭게 진행됐지만 이전에 여타 지역에서 둔전경영의 폐해도 만만치 않았다. 예를 들어 토지는 지급하지 않고 종자만 지급한 채 몇 배에 해당하는 둔조(屯租)를 수취했고, 풍년과 흉년에 관계없이 세금을 갈취하여 농민들의 반발 현상까지 있었던 것이다. 게다가 농민 노동력의 강제 동원과 영아문(營衙門, 지방관청)과 경작자 간의 대립 관계가 형성되었다. 그러니 둔전의 수확물을 국가와 경작자가 나누어 갖는다고 해도 농민들이 마냥 좋아할 상황만은

게 여기므로 공은 항상 그를 너그럽게 대해 주었다, 공이 진중에 있으면서 항상 군량 때문에 걱정하여 백성들을 모아 들여 둔전을 짓게 하고 사람을 시켜 고기를 잡게 하며 소금을 굽고 질그릇을 만드는 일에 이르기까지 안하는 일이 없었고 그것을 모두 배로 실어 내어 판매하여 몇 달이 안 되어 곡식 수만 석을 쌓게 되었다,

25) 「임진장초」, 계사년(1593년) 윤 11월 17일,

아니었던 것이다. 다음은 「선조실록」 1593년 10월 22일 기록이다.

심충겸이 다시 들어와 아뢰기를, "이른바 '계사년 조를 작미해서는 안 된다.'는 것은 미처 봉납(捧納)하지 못할 것을 염려해서인데 이미 가을과 겨울에 민간에 거두어 모아 놓았습니다. 옛적에는 전쟁이 일어나면 반드시 둔전(屯田)을 하여 군량을 보충했었으니, 제갈양(諸葛亮)의 위빈(渭濱)[26]과 조충국(趙充國)의 금성(金城)[27]이 그러한 것입니다. 우리나라는 탕패한 나머지 군량을 조달할 길이 없으니 반드시 둔전을 만든 다음에야 조달할 수 있을 것입니다. 사방의 땅 중에 비옥(肥沃)하기가 재령(載寧)의 둔전만한 데가 없으니 병사(兵使) 조인득(趙仁得)에게 전달하여 조처하게 하는 것이 합당합니다. 또 듣건대 인천(仁川) 자연도(紫烟島)에 있는 목장에 말이 겨우 1백여 마리뿐이라고 하니 말을 한 구석으로 몰아 붙이고 둔전을 만들게 하는 것이 또한 합당하겠습니다." 하니, 상이 이르기를,

"둔전을 만들자는 뜻은 아름답지마는 우리나라는 중국과 다르다. 병사나 수사가 단지 수백 명의 잔약한 군사를 거느리고 있는데 무슨 군사를 가지고 둔전을 할 수 있겠는가."하였다. 이시언(李時彦)이 아뢰기를,

"심충겸이 아뢴 말은 모두가 그릅니다. 소신이 일찍이 수령으로 있었기 때문에 민간의 사정을 대강 알고 있는데, 세전(歲前)에는 봉납하려고 해도 사세가 할 수 없습니다. 임진년 조는 이미 봉납했지만 계사년 조까지 봉납하게 되면 백성들이 반드시 원망하여 배반하게 될 것입니

26) 제갈양(諸葛亮)의 위빈(渭濱)이란 제갈양이 사마의(司馬懿)와 위남(渭南)에서 대치하고 있을 때 군량의 부족을 염려하여 군사를 나누어 둔전을 경영, 장기적으로 주둔할 계책을 세운 것을 말한다, 「삼국지(三國志)」 제갈양전(諸葛亮傳) (참고문헌: 「조선왕조실록」, 국사편찬위원회)

27) 조충국(趙充國)의 금성(金城) : 조충국은 한 무제(漢武帝) 때의 무장(武將). 중국을 침략해 온 오랑캐를 치기 위해 금성(金城)에 들어가서 둔전(屯田)을 경영할 것을 강력히 주장하여 결국 성공한 일이 있다. 「한서(漢書)」 권69 조충국전(趙充國傳)(참고문헌: 「조선왕조실록」, 국사편찬위원회).

다. 황해도의 인심을 잃게 된 것은 둔전 때문이니 이제 다시 할 수 없습니다. 당금의 급선무는 인심을 수습하는 것이 제일입니다. 다시 도산(逃散)한다면 어떻게 군사를 조발(調發)할 수 있겠습니까. 도성(都城) 백성도 사망한 사람이 매우 많아 보기에 참혹하고 측은합니다. 도성이 이러하니 외방(外方)은 알 만합니다."하니, 상이 이르기를,

"내 생각에는 목장 등의 땅을 백성을 모집하여 농사짓게 하여 절반은 지은 자가 먹게 하고 반은 관(官)에서 취한다면 군민(軍民)을 역사시키는 폐단이 없게 될 것이다."[28]

위의 기록을 살펴보면 심충겸은 둔전경영에 대하여 찬성하고 이시언은 반대하는 논쟁을 벌이고 있으며 선조는 나름 절충안을 제시하고 있는 내용이다. 그러나 임진왜란 초기, 즉 비상시국에서의 수군의 군량미확보를 위한 자급자족 형태의 둔전경영은 위와 같은 찬반논쟁을 겪은 다음 결국 시행되었다. 다음은 「선조실록」 1593년(선조 26년) 11월 13일 기록이다.

호조가 아뢰기를, "전라도 둔전에 대한 일에 대해 대신들에게 의논한 내용은 다음과 같습니다. 반드시 농량(農糧)이 있고 농군이 있고 또 근근(勤謹)한 관원이 있어서 땅이 건조한가 비습한가를 살펴 지휘하고 조치함으로써 농사를 권면, 그 시기를 잃지 않게 한 다음에야 둔전에 대한 일이 이루어질 수 있습니다. 지금 둔전관(屯田官) 몇 사람을 차견한다 해도 분명하게 농량과 농군을 판출(辦出)해 낼 곳이 없고, 종자와 기구를 본도(本道)로 하여금 준비해 내게 하더라도 많은 일이 해이된 이런 때에 둔전이 있는 각 고을이 둔전관의 호령을 듣고 제때에 조처하여 지급할지도 또한 알 수가 없습니다. 이렇게 살펴본다면 둔전을 한다는 이름만 있을 뿐 실제적인 이익을 거둘 수 있을지는 예측하기가 어렵습

28) 「선조실록」 26년 10월 22일.

니다. 그러나 이익이 없을 것을 우려하여 드디어 폐기하고 하지 않는다면 다시는 곡식을 생산할 길이 없게 되니, 불가불 그 가운데에서 조금 편의한 것으로 시행하여 그 공효를 시험해 보아야 합니다. 각처의 농사지을 만한 빈 땅이 해도(海島)에 많이 있는데 감목관(監牧官)은 별로 주관하여 하는 일이 없고, 그의 휘하에 있는 목자(牧子)가 많은 경우는 1백여 호나 되고 적어도 수십 호를 밑돌지 않습니다. 근간(勤幹)한 사람을 감목관에 차임하여 목자들을 거느리고 힘이 닿는 대로 해변의 비옥한 곳을 개간하게 하고 종자는 해변 각 고을에 저축한 곡식을 옮겨다가 나누어 주게 해야 합니다. 그리고 목자들을 5인이나 10인 씩으로 짝을 짓게 하고 과외(科外)로 침징(侵徵)하는 일은 견감, 힘이 미치는 대로 차례로 개간하게 하고, 개간이 끝난 다음에는 목자의 다소와 개간면적이 얼마인가를 갖추 기록하여 이것으로 근만(勤慢)을 판별하여 상벌을 시행하게 해야 합니다. 그리고 곡식이 성숙한 뒤에 반은 민간에 주고 반은 관에서 가져오게 해야 합니다. 이렇게 한다면 공사(公私) 모두가 온편하게 될 것은 물론 해변의 개간할 수 있는 땅이 점차 날로 개간되어 그 공효가 없지 않을 것입니다. 이러한 내용으로 사목을 정하고, 새로 차임하는 둔전관이 모두 합당한 사람이라면 무능한 감목관은 사태(沙汰)시키고 이들로 대체시켜 책임지운 다음 그 공효를 살펴보는 것도 무방하겠습니다.

그리고 경성(京城)의 10리 안에 성을 등진 좋은 전지가 많이 있는데도 경작하는 사람이 없으니 이것 또한 조처가 있어야 하겠습니다. 훈련도감(訓鍊都監)에 응모한 군사가 이미 5백여 명인데 이들은 모두 경기에서 가까운 고을 백성들입니다. 이들의 소원을 물어보았더니 모두 훈련하는 여가에 묵은 전지를 개간하여 스스로 군량을 마련하기를 원하였습니다. 이 또한 원하는 대로 들어주어 경종(耕種)할 철에 종자를 나누어주고 1부(部)를 1운(運)으로 하여 힘을 합하여 농사짓게 하면 매우 편리하고 유익할 것입니다.

그리고 새로 차임된 둔전관은 기구 · 소 · 종자 · 인부 등을 조처하기가 매우 어려울 것입니다. 병사 · 수사, 각포(各浦)의 첨사(僉使)와 만호(萬

戶), 수령들의 경우는 도움을 받을 바가 있어서 힘쓰기가 조금 수월할 것입니다. 해사(該司)로 하여금 먼저 둔전을 할 만한 곳을 가려 근방의 병사 · 수사나 변장 · 수령 들에게 관리하게 하고 편의에 따라 개간하여 백성들과 이익을 같이한다면 어긋나서 이루기 어려운 데에 이르지는 않을 것이니, 또한 해사로 하여금 조처를 강구하게 하소서."하니, 상이 따랐다.29)

위의 내용을 살펴보면 이순신이 올린 장계와 관련하여 임금과 신하들이 토의를 통해 전라도의 둔전을 허용하는 방법을 모색하고 있는 것을 알 수 있다. 추가적으로 1593년(선조 26년) 12월 30일의 기록을 살펴보면 다음과 같은 내용이 있다.

비변사가 아뢰기를, "지금의 형세는 곳곳에 양곡이 고갈되었는데 병란은 풀리지 않고 있으니 백방으로 생각하여 보아도 구제할 계책이 없습니다. 지난번 전라 수사(全羅水使) 이순신(李舜臣)이 해도(海島)에 둔전 설치하기를 청했는데 이는 매우 원대한 생각입니다. 가령 소득이 많지 않다고 하더라도 내지(內地)에서 운송해 가는 폐단을 감소시킬 수 있습니다.

경상도 진주(晉州)의 흥선도(興善島) 목장(牧場)은 토지가 비옥하여 기장이 잘 된다고 하는데 지금 수군과 제장(諸將)들이 한산도(閑山島)에 있으면서 그 앞을 막고 있으니 금년에 조처하여 목자와 유민들로 하여금 김해(金海) · 거제(巨濟) 등처에서 귀순해 와서 갈 데가 없는 사람들과 함께 그곳에 가서 살게 하고, 남해(南海) · 곤양(昆陽) · 진주 등지의 금년 관적(官糴) 가운데 있는 종자를 내어 주어 힘써 경작하게 한다면, 이를 수확하여 군량에 충족시킬 수 있을 뿐만이 아니라 거처를 잃은 백성들도 살아갈 수 있는 터전이 생기는 것입니다.

이제 원균(元均)의 군관(軍官)인 감찰(監察) 박치공(朴致恭)이 내려가

29) 「선조실록」 선조 26년 11월 13일.

> 니 이런 내용으로 원균과 관찰사 한효순(韓孝純)에게 하유하여 제때에 맞추어 시행하게 하소서. 또 장내(場內)의 마필(馬匹)의 수효도 조사하여 계문하게 하고 그 가운데 건장한 말은 숫자를 헤아려 끌어다가 전사(戰士)들에게 쓰게 하고 그 나머지 암컷과 망아지는 남겨두어 번식시키는 종마(種馬)로 쓰게 하는 것이 좋겠습니다. 이 의견도 상세히 헤아려 시행하게 하소서."하니, 상이 따랐다.

위의 내용을 살펴보면 이순신의 장계와 관련한 둔전의 허용을 전라도에 속한 지역 외에도 경상도 진주 관하 흥선도(오늘날의 남해군 창선도) 목장까지도 언급되고 있어 둔전경영이 폭넓게 시행된 것으로 보인다. 이와 같은 과정을 겪은 이순신의 둔전경영으로 인해 군량미 외에 확보된 곡식을 중앙정부에 까지 보내주는 등 국가의 재정수입에도 기여한 것이다. 또한 한산도의 통제영[30]은 원균의 칠천량 해전 패배 이전, 약 3년 6개월 동안이나 자치적인 독자행보를 펼치며 경제기반을 확립함으로써 임진왜란을 승리로 이끄는 결정적인 역할을 하게 되는 것이다. 이순신은 한산도 해변 고을들을 수군 전속으로 배치하고, 해변의 버려진 땅에 해평농장(통영시 미륵도 해변의 들판) 등 광범위한 둔전(屯田)을 설치하였다. 그리고 바다와 육지의 산물을 대대적으로 개발해 막대한 전투비용을 충당하기도 했다. 삼도수군통제사의 군정체제 휘하에는 거대한 농장과 어장, 공작소 및 선소가 대거 생겨났으며 이는 한산도 통제영을 뒷받침하는 튼튼한 물적 기반이 된 것이다. 이순신이 한산도를 중심으로 서·남해 여러 섬들과 해변에 이룩한 군(軍)·산(産)·정(政) 복합체제야 말로 하나의 나라(國)에 비견할 만하였다.[31]

임진왜란 초기에 군량미와 옷 등이 부족하여 고생하던 이순신과 통제영은 명나라 심유경과 왜군 제1선봉장 소서행장이 강화논의를 계속함

30) 1593년(계사년) 7월 15일에 본영을 여수에서 한산도 옮겼고, 동년 8월 15일에 이순신을 삼도수군통제사로 임명하는 교서가 작성되었고, 8월 25일에 한산도로 전달됨.
31) 장한식, 2009, 「이순신 수국프로젝트」, 행복한나무, pp.113－114.

에 따라 1593년부터 1596년까지 전쟁이 소강상태인 시기에 총통, 화약, 전죽, 궁시(활), 창, 군복 등을 만들게 하고 둔전 개간과 전선 건조에 역점을 두었다. 전술한 바와 같이 고기잡이, 소금굽기, 그릇굽기를 해서 이를 민간에 내다 팔아 식량과 바꾸어 먹으며 위기를 모면하기도 하였다. 또한 한산도에 둔전을 대량으로 개간, 밭에서는 보리, 밀, 수수 등 밭작물을 재배하고, 논에서는 벼농사를 지어 군량미로 충당하였다. 한산도 통제영의 최전성기라고 할 수 있는 원균에게 삼도수군통제사직을 인계할 때(1597년 2월 26일) 넘겨준 군량미가 9,914석[32]이나 되었고, 통제영 시절 이전인 임진년(1592년)에는 군량미 외에 임금에게 보낼 곡식 500석을 따로 보관해 두기도 하였다.[33][34]

다음은 이순신이 1596년(선조 29년) 2월 23일, 24일, 26일 한산도 통제영 둔전에서 수확된 벼의 수량을 확인하는 난중일기의 기록이다.

> 23일, 아침 일찍 식사한 후에 나가 공무를 보고 둔전의 벼를 다시 되질하였다. 새 곳간에 쌓은 것이 167섬이고, 다시 담아 줄어든 것이 48섬이다.[35]
>
> 24일, 식후에 나가 공무를 보고 둔전의 벼를 다시 되는 것을 감독했다.(중략) 둔전의 벼를 다시 된 수량 170섬을 곳간에 들이니, 줄어든 것이 30섬이다.[36]
>
> 26일, (전략) 둔전에서 받아들인 벼 230섬을 다시 담아 198섬으로 바로잡으니 32섬이 줄었다고 한다.[37]

다음의 <표 1>은 본 연구를 수행하는 과정에서 확인된 임진왜란

---

32) 李芬, 「이충무공전서」 권지9 行錄, 한국고전번역원, 정유년(1597년) 2월조.
33) 김종대, 2012, 「이순신, 신은 이미 준비를 마치었나이다」, 시루, p.374.
34) 李芬, 「이충무공전서」 권지9 行錄, 한국고전번역원, 임진년(1592년) 9월조.
35) 이순신·노승석(역), 2016, 「난중일기」, 여해, 1596년 2월 23일 기록, p.346.
36) 이순신·노승석(역), 2016, 「난중일기」, 여해, 1596년 2월 24일 기록, p.346.
37) 이순신·노승석(역), 2016, 「난중일기」, 여해, 1596년 2월 26일 기록, p.346.

당시 이순신이 설치하여 경영한 둔전의 명칭과 오늘날의 위치에 관하여 정리한 것이다.[38)]

〈표 1〉 임진왜란 당시 이순신이 설치하여 경영한 둔전

둔전명	오늘날의 위치
돌산도	전남 여수시 돌산읍 둔전리
흥선도	경남 남해군 창선도
한산도 해평농장	경남 통영시 미륵도 들판
흥양 도양장	전남 고흥군 도양면 도덕리
황원곶(황원목장)	전남 해남군 문내면 선두리
고이도(고금도의 옛지명) 또는 화이도[39)]	전남 완도군 고금면
절이도	전남 고흥군 금산면 거금도

한편, 한산도 통제영 시절과 관련하여 오늘날의 한산도에는 그 당시 사용하던 지명이 <표 2>에서와 같이 남아 있어 당시의 통제영상황을 짐작할 수 있다.

한산도 통제영이 전성기를 구가한 1593년 8월부터 1597년 2월까지의 3년 6개월 동안 조선은 사실상 3개의 영역으로 쪼개져 있었다고 할 수 있다. 하나는 조정의 명령이 통하는 왕토지대(王土地帶)요, 또 하나는 일본군에 점거된 피령지였다. 그리고 세 번째는 이순신의 지휘를 받는 서·남 해변의 수군 군정지대, 즉 한산수국(한산도 통제영)의 영역이었다. 한산도 통제영의 지휘를 받는 지경은 넓지 않았으나 전쟁수행 역량은

38) 그 외 한산도와 고금도 통제영 주변뿐만 아니라 전라도 및 경상도 여러 지역에 본 연구에서 확인하지 못한 이순신이 임진왜란 당시 설치하여 경영한 둔전이 많이 있었을 것으로 판단된다.

39) 「임진장초」, 계사년(1593년) 윤 11월 17일 내용에는 강진 경내 고이도(康津境古爾島)로, 「임진장초」, 갑오년(1594년) 1월 10일 내용에는 강진 화이도(康津花尒島)로 기록되어 있는데 동일한 곳으로 판단된다.

〈표 2〉 오늘날의 한산도 지명유래

지명	지명의 해석
대섬(죽도)	시루대(이대)의 자생지로 여기에서 생산된 대로 임진왜란 당시 화살을 만들었던 곳
해갑도	이순신 장군이 갑옷을 벗었던 곳
문어개	왜적이 길을 묻던 곳
개미목	지형이 개미의 허리처럼 생겼고, 왜적 패잔병이 개미떼처럼 올라갔던 곳
매외치	왜군의 시체를 매장하였던 곳
두억개(대촌)	왜적의 머리를 수 없이 베었던 곳
진터골	육상 전투 교육훈련을 하던 곳
비추리	병선을 건조, 수리하던 곳
염개	소금을 만들던 염전이 있던 곳
숯덩이골	숯을 만들던 곳
독안바위	질그릇을 만들던 곳
창동	군수품(군량) 창고가 있던 곳
진두	진영이 있던 곳
야소	대장간에서 무기를 만들던 곳
옷바위	군복을 마련하던 곳
용초	병장기를 만들기 위하여 사철을 채굴하던 곳
멜개(하포)	군수물자를 하역하던 곳
못개	식수를 마련하던 곳
망산(망골)	왜적의 동정을 살피던 곳
돛단여	임진왜란 당시 이 암초에 돛을 많이 올려 대선단으로 위장했던 곳

자료: 한려해상국립공원동부사무소 한산도 지명유래

나머지 정부군 전체와 견줄 정도였으므로, 현실적인 무게는 조선의 3분의 1을 점하고 있었다고 할 수 있는 것이다.[40)]

다음의 내용은 이순신이 삼도수군통제사가 되기 전 즉, 전라좌수사 시절인 1592년(선조 25년) 9월 18일 조정에 올린 장계의 기록이다.

> "행재소에서 쓸 종이를 넉넉하게 올려 보내라고 하였으나, 계본(장계)을 받들고 가는 사람이 고생스럽게 길로 무거운 짐을 가지고 갈 수 없으므로 우선 장지(狀紙) 열 권을 올려보냄을 써 올렸다."[41)]

다음의 내용은 1592년(선조 25년) 9월 25일 조정에 올린 장계의 기록이다.

> "순천에 사는 전 훈련봉사(前訓鍊奉事) 정사준(鄭思竣)은 사변이 일어난 뒤에 상제의 몸으로 기복(起復)된 사람인데, 충성심을 분발하였으므로 경상도(慶尙道)와 접경한 요충지인 광양현(光陽縣) 전탄(錢灘)의 복병장(伏兵將)으로 정하여 보낸 뒤, 무릇 매복하여 적을 막는 일에 있어서 기특한 계책을 마련하여 적들로 하여금 감히 경계선에 근접하지 못하게 하였는데, 정사준(鄭思峻)은 순천부의 외로운 선비이며, 전 훈련봉사였던 이의남(李義男) 등과 약속하고 각각 의연곡(義捐穀)[42)]을 모아서 모두 한 배에 싣고 행재소로 향했다.
>
> 비변사의 공문에 "전죽(箭竹)[43)]을 넉넉하게 올려 보내라"고 하였으나, 부산 승첩계본을 받들고 가는 사람이 육로로 올라가야 하는 먼 길에 가져 가기 어려운 형편이어서 올려보내지 못했는데, 비로소 이번에 정사준(鄭思峻) 등이 올라갈 때에 장편전죽(長片箭竹)과 종이 등의 물품을 함께 봉하여 같은 배에 함께 싣고 물건의 목록은 따로 적어 올렸다.

---

40) 장한식, 2009, 「이순신 수국프로젝트」, 행복한나무, p.217.

41) 「임진장초」, 임진년(1592년) 9월 18일.

42) 방위성금처럼 백성들에게서 거둔 곡식을 말한다.

43) 전죽(箭竹) : 화살대.

순천 부사 권준(權俊)과 낙안 군수 신호(申浩), 광양 현감 어영담(魚泳潭), 흥양 현감 배흥립(裵興立) 등도 수군 위부장으로서 본영 앞 바다에 진을 치고 사변에 대비하면서 각각 공문으로 보고한 내용에 "연해변 각 고을의 관원들이 사변이 있을 것을 염려하여 군량을 원 수량 이외에 별도로 쌓아 두었는데, 국운이 불행하여 임금께서 서쪽으로 몽진하신지 벌써 여섯 달이 되어 많은 장수와 군사들의 양식을 계속 지급하기 어려울 것이다. 그래서 신하된 자의 정의에 통곡함을 이기지 못하여 위에 별도로 쌓아 둔 군량 등 물품을 각각 배에 싣고 자원해 들어온 사람에게 맡겨 주어 올려 보낼려 했으나, 수령들로서는 전달할 길이 없으니, 이 실정을 낱낱이 열거하여 함께 장계하도록 공문을 보낸다."고 하였다. 그런데 권준(權俊)은 원 수량 이외에 군량 100섬과 다른 잡물을 함께 정사준(鄭思峻) 등이 의연곡을 싣고 가는 배에 같이 실어 우선 올려 보냈다. 신호(申浩) · 어영담(魚泳潭) · 배흥립(裵興立) 등이 올려 보내는 군량과 군기 등 물건은 각각 그들의 배에 싣고 각 고을에서 자원해 들어온 사람들에게 맡기어 올려 보내므로 물목을 만들어 주어 올려 보냄을 차례로 아뢰었다."[44)]

다음의 내용은 1592년(선조 25년) 12월 25일 조정에 올린 장계의 기록이다.

"승정원에서 열어보십시오. 지난 9월 순천에 사는 사람으로서 봉사로 기복한 정사준은 같은 고을의 의로운 선비이며 교생인 정 빈 등과 약속하고 각각 의연곡을 모아서 한 배에 싣고 행재소로 올라 간다 하므로 본영과 수군 관할의 각 고을인 순천 · 광양 · 낙안 · 흥양등의 고을 수령들이 따로 봉하여 진상하는 물품 등을 각각 물목을 기록하여 올려보낸다고 하기 때문에 실정을 아뢰는 장계를 위의 정사준에게 맡기어 올려 보내었습니다. 그러나 서해의 물길이 풍세가 불순할 뿐 아니라 정사준이 중로에서 추운기운에 몸을 상하여 병세가 위독하여 올라 가지를

44) 「이충무공전서」 권지2, 임진년(1592년) 9월 25일, 한국고전번역원.

못하고 되돌아 왔으므로 우선 그 동생이며 신의 군관인 정사횡에게 그 의연곡을 가지고 올라가게 하였습니다.

신이 따로 봉하여 진상하는 장편전 등 잡물과 탄신일 · 동지 및 설날에 소요되는 방물의 진상도 함께 위의 정사횡과 본영의 진무 김양간에게 일시에 맡기어 의연곡을 실은 배에 같이 실어 올려 보내었습니다. 순천 부사 권준이 따로 봉하여 진상하는 것도 또한 물목을 만들어 한 배에 같이 실어 보냈습니다. 광양 · 흥양 · 낙안 등의 고을은 전일의 장계에서 아뢴 바와 같이 각각 제 고을에서 사람을 뽑아서 관선에 실어 보내었습니다. 이에 대하여 사실대로 말씀을 올려주기 바랍니다."45)

다음의 내용은 1593년(선조 26년) 8월 10일 조정에 올린 장계의 기록이다.

"삼가 올려 보내는 일로 아뢰니다. 신이 여러번 큰 싸움을 겪으면서 왜인의 조총을 얻은 것이 매우 많았으므로 항상 눈앞에 두고 그 묘리를 실험한 즉, 총신이 길기 때문에 그 총구멍이 깊숙하고, 깊숙하기 때문에 나가는 힘이 맹렬하여 맞기만 하면 반드시 부서지는데, 우리나라의 「승자」나 「쌍혈」 등의 총통은 총신이 짧고 총구멍이 얕아서 그 맹렬한 힘이 왜의 총통만 같지 못하며 그 소리도 웅장하지 못하므로 조총을 언제나 만들어 보려고 하였습니다. 그런데 신의 군관 훈련 주부 정사준이 묘법을 생각해 내어 대장장이 낙안 수군 이필종 · 순천 사삿집종 · 안성이 피란하여 본영에 와서 사는 김해 절종 · 동지 · 거제 절종 언복 등을 데리고 정철을 두들겨 만들었는데, 총신도 잘 되었고 총알이 나가는 힘이 조총과 꼭 같습니다. 총구멍에 불을 붙이는 기구가 조금 다른 것 같으나 몇일 안으로 다 마쳐질 것입니다. 또 일하기도 그리 어렵지 않아서 수군 소속의 각 관포에서 우선 같은 모양으로 만들게 하였으며, 한 자루는 전 순찰사 권율에게 보내어 각 고을에서도 같은 모양으로 만들도록 하였거니와 지금 당장에 적을 막아내는 병기는 이보다 좋은 것이

45) 「임진장초」, 임진년(1592년) 12월 25일.

없습니다. 그러므로 정철로 만든 조총 5자루를 봉하여 올려 보내오니 조정에서도 각 도와 각 고을에 명령하여 모두 만들도록 하되, 만드는데 감독하면서 제조한 군관 정사준과 위의 대장장이 이필종 등에게 각별히 상을 내리셔서 감격하여 열심히 일하게 하고 모두들 서로 다투어 만들어 내게 함이 좋을 것으로 사려됩니다. 삼가 갖추어 아뢰옵니다."[46]

다음의 내용은 1593년(선조 26년) 윤 11월 14일 조정에 올린 장계의 기록이다.

"승정원에서 열어 보십시오. 지난 10월 3일 작성된 우부승지(이광정)의 서장 내용에, 『서울에 남아 있는 왜적의 총통은 수량이 적을 뿐 아니라 명나라 장수들이 구하기도 하니, 그대가 얻은 조총 중에서 정호한 것을 골라 올려 보내도록 하라.』하는 분부와 지난 11월 7일 작성된 좌부승지(이유중)의 서장 내용에, 『박진의 말을 들으니 경상도의 사람들은 비록 조총을 얻어도 쏘는 방법을 알지 못한다고 하는데, 서울에서는 지금 가르치며 훈련시키고 있으니, 그대는 그 조총들을 올려 보내도록 하라.』하는 분부이신 서장이었으므로 왜적의 조총 중에서 정호한 것 30자루를 골라 감봉하여 올려 보냅니다. 이 사연에 대하여 잘 말씀을 올려 주기 바랍니다."[47]

위의 장계들을 살펴보면 조정에서는 한산도 통제영 시절 이전에도 전라좌수사인 이순신에게 종이, 전죽 등을 의주행재소로 올려 보내라는 요구를 하고 있다는 것을 알 수 있으며, 장편전죽과 종이 등의 물품을 올려 보냄은 물론, 왕의 탄신일, 동지, 설날에 사용할 물품까지도 올려 보내었으며, 순천부사 권준이 본영에 쌓아둔 원 수량 외의 군량미 100섬과 다른 잡물을 우선적으로 정사준 등이 배에 싣고 가는 의연곡(義捐穀)

46) 「임진장초」, 계사년(1593년) 8월 10일.
47) 「임진장초」, 계사년(1593년) 윤 11월 14일.

과 함께 의주행재소로 올려 보내고, 낙안군수 신호, 광양현감 어영담, 흥양현감 배흥립 등도 군량미와 군기 등의 물건을 의주행재소로 올려 보내고 있음을 알 수 있다. 또한 왜군에게서 획득한 조총과 자체 제작한 정철조총까지 조정으로 보내어 다른 지역에서도 조총을 많이 제작하게 하도록 하고 있다.

다음은 난중일기, 갑오년(1594년) 6월 26일의 내용이다.[48]

"(전략) 일찍 김양간(金良幹)을 시켜 단오날의 진상물을 봉해 올렸다."

다음은 난중일기, 병신년(1596년) 2월 13일의 내용이다.[49]

"(전략) 제주목사에게 답장을 보내는데 청어, 대구, 화살대(전죽), 곶감, 삼색부채를 봉해서 보냈다."

이와 같은 내용으로 말미암아 한산도 통제영 시절 이전과 한산도 통제영 시절에도 이순신의 군량미 확보를 위한 둔전경영과 기타의 수단들은 전란으로 인한 궁핍한 국가재정과 의주로 피난 가 있는 임금과 조정의 운영에도 기여하였고, 제주목사(이경록)에게까지도 물자를 지원하는 등 주변지역까지도 지원하고 있다는 것을 알 수 있다. 또한, 명나라의 육군과 수군의 참전으로 인해 명나라 군대에까지 군량미를 지원[50]하게

---

48) 이순신·노승석(역), 2016, 「난중일기」, 여해, p.220.
49) 이순신·노승석(역), 2016, 「난중일기」, 여해, pp.342−343.
50) 명나라 수군 진린 제독은 1598년(선조 31년) 7월 16일 전함 500척, 군사 19,000여 명, 군량미 2만석 정도를 가지고 고금도에 도착하여 덕동포구 인근 묘당도에 진을 쳤는데 명확한 수치 기록은 찾지 못했으나 임진왜란이 끝날 때까지 이순신 수군에게 군량미 등을 지원받았을 것으로 판단된다. 또한, 2015년 6월 21일 KBS 1TV 대하드라마 징비록 38회 내용에서 심유경이 한산도 통제영을 방문하여 이순신에게 군량미의 7할을 이여송 장군(명나라 육군 제독) 군영으로 보내라고 하자 이순신이 "군량미 때문에 왜적을 치지 못했다는 명분을 주고 싶지 않다"라는 이유로 군량미를 보내기로 결정했다는 내용이 나오는데 진린 제독이 오기 전에도 한산도 통제영 시절 명나

되어 국가에서 해야 할 일을 이순신의 통제영이 대신하여 국가의 재정에 기여하게 된 것이다. <표 3>은 이상의 내용을 바탕으로 이순신이 전라좌수사 시절과 한산도 통제영 및 고금도 통제영 통제사 시절에 국가재정에 기여한 내용을 정리한 것이다.

〈표 3〉 이순신의 국가재정에 대한 기여

<table>
<tr><th>전라좌수영 좌수사 시절</th><th>한산도 및 고금도 통제영 통제사 시절</th></tr>
<tr><td>장지(狀紙) 10권(1592년 9월 18일)</td><td>정철조총(자체제작) 5자루(1593년 8월 10일)
– 다른 군영 및 지역에서도 정철조총을 제작하게 함</td></tr>
<tr><td rowspan="5">종이, 장편전죽, 군량미 100섬[51], 탄신일·동지·설날에 사용할 방물(1592년 9월 25일에 보내었으나 풍랑과 정사준의 병으로 실패하고 12월 25일에 다시 보냄)</td><td>조총(왜군으로부터의 노획물) 30자루(1593년 윤 11월 14일)–다른 군영에 지원하게 함</td></tr>
<tr><td>단오날의 진상물 (1594년 6월 26일)</td></tr>
<tr><td>제주목사에게 청어, 대구, 화살대(전죽), 곶감, 삼색부채를 지원(1596년 2월 13일)</td></tr>
<tr><td>명나라 육군 이여송 제독 군영으로 군량미의 7할을 보냄.</td></tr>
<tr><td>명나라 수군 진린 제독과 군사들에게 군량미를 지원(고금도 통제영 시절)</td></tr>
</table>

라 육군에게까지 군량미를 지원했다는 것을 알 수 있다.

51) 이와 관련하여 김훈의 책 「칼의 노래」 pp.229–230에 있는 내용은 다음과 같다. "해남 산간 닥나무 숲에 군관을 보내 종이를 만들게 했다. 군관들이 백성을 동원해서 종이를 만들었다. 장지((狀紙) 20권이 마련되었다. 노획한 총포 중에서 쓸 만한 물건 2백 자루를 골랐다. 군선을 한 척 내서 물건을 실었다. 군량미 1백 가마와 대나무 화살 1만 발도 함께 실었다. 군량과 화살은 비변사에서 요청한 것이었다. 배는 서해 연안을 따라 올라가서 한강으로 들어갔다. 종이는 승정원으로 갔고, 조총, 화살, 군량은 비변사로 갔다. 군선은 열흘 만에 수영으로 돌아왔다. 서울로 가는 군선편에 장계를 써서 임금에 보냈다." 이러한 내용은 역사소설이다보니 그 명확한 출처를 밝히지 않고 있으며 물품의 수량도 관련 장계의 내용과 정확히 일치하지 않는다.

그러나 원균의 칠천량해전 패배 이후 이순신이 삼도수군통제사로 재 등용되었으나 둔전은 황폐화 되었을 것이고, 명량해전 이후 잦은 통제영 이전으로 인해 둔전의 설치장소와 곡식 추수의 시간적인 문제까지 겹쳐 둔전경영은 어려워졌음에도 불구하고 임진왜란이 종료되기 까지 둔전경영은 시도되었을 것이며, 피난중이었던 농민과 어민은 이순신에 대한 믿음으로 불평을 하기는 커녕 오히려 자신들의 생명을 보호받는 대가로 환영하면서 둔전에서 농사를 지어 군량미 확보에 도움을 주었을 것이다.

Ⅲ. 해로통행첩 시행

1. 삼도수군통제사로 재 등용된 이순신의 둔전경영과 해로통행첩 시행으로 인한 국가재정에의 기여

1597년(선조 30년) 9월 16일 13척으로 133척을 격파한 명량해전 이후 이순신의 수군은 1598년(선조 31년) 2월 17일 완도 고금도로 통제영 진영을 옮겼다. 당시 군사는 약 8천 명에 이르렀다.[52] 전시 상황이었고, 섬에 진을 친 상태에서 군량을 마련하는 것이 얼마나 어려울지는 너무나도 쉽게 예상이 되는 일이다. 군사들을 굶길 수도 없고, 어렵기가 마찬가지인 백성들에게 식량을 강탈할 수도 없는 노릇이었던 것이다. 그

52) 「선조실록」, 선조 31년(1598년) 10월 12일 원문 중 : 이때 동로(東路)의 중국 군사는 2만 4천 명이고 우리 군사는 5천 5백 14명이며, 중로(中路)의 중국 군사는 2만 6천 8백 명이고 우리 군사는 2천 2백 15명이며, 서로(西路)의 중국 군사는 2만 1천 9백 명이고 우리 군사는 5천 9백 28명이며, 수로(水路)의 중국 군사는 1만 9천 4백 명이고 **우리 군사는 7천 3백 28명이었으니**, 모두 합하면 10만여 명이었다. 군량과 무기도 이에 비등했는데, 삼로(三路)의 군대가 흔적도 없이 무너지니, 인심이 흉흉하여 보따리를 싸 가지고 있었다.

때 이순신과 그의 참모들, 백성들은 의견교환을 통해 해결책을 만들어 냈다. 해로통행첩이라는 제도(이 제도를 직접 제안한 사람은 이의온이라는 선비라고 하며 후술에서 좀더 언급하고자 한다)였다. 바닷길을 다니는 배들에게 통행증을 발급해 주고, 그 대신 곡식을 징수하여 군량미를 확보하려고 한 것이다. 배의 크기에 따라 큰 배는 곡식 3석, 중간 배는 2석, 작은 배는 1석의 곡식을 내고 통행첩을 얻고, 통행과 어업행위를 보장받았다. 다음은「징비록」에 기록되어 있는 해로통행첩 관련 기록이다.

> 이때 이순신에게는 이미 군사 8,000여 명이 있어서 고금도에 나아가 주둔하였는데, 식량이 궁핍할 것을 근심하여 해로통행첩을 만들고 명령하기를 "3도(경상, 전라, 충청)의 연해를 통행하는 공사(公私) 선박으로 통행첩이 없는 것은 간첩선으로 인정하고 통행할 수 없게 한다"고 하였다. 그리하여 난을 피하여 배를 탄 사람들은 다 와서 통행첩을 받았다. 이순신의 배의 크고 작은 차이에 따라서 쌀을 바치고 통행첩을 받게 하였는데, 큰 배는 3섬, 중간 배는 2섬, 작은 배는 1섬으로 정하였다. 이때 피란하는 사람들은 재물과 곡식을 다 싣고 바다로 들어오는 까닭으로 쌀 바치는 것을 어렵게 여기지 않았으며 통행을 금하는 일이 없는 것을 기뻐하였다. 그래서 10여 일 동안에 군량 1만여 섬을 얻었다.[53)]

위의 기록을 살펴보면, 당시에 많은 피난민들은 자신의 배에 재물과 곡식을 싣고 생명을 지켜줄 이순신의 수군을 따라 이동하고 있었으므로 바닷길의 통행세, 즉 해로통행첩이라는 특별조세의 징수에 대해 부담스러워하거나 거부를 한 것이 아니라 오히려 반가워했을 것이다. 그 결과 10일 동안 이순신의 수군은 무려 1만여 석의 군량을 확보할 수 있었다. 중앙정부의 빈약한 조세수입으로 인한 지원이 거의 없는 상황에서 자체적으로 해로통행첩이라는 특별조세를 징수하여 군량미를 확보한 것

53) 김태훈, 2004,「이순신의 두 얼굴」, 창해, p.562.

은 통제영 자체의 재정조달을 넘어 국가의 안보를 수군에게 의지하고 있다시피한 당시의 중앙정부 재정에도 큰 기여를 한 것이라고 할 수 있다.

또한 이순신과 수군들은 자신들을 따라온 피난민들을 완도 고금도와 인근 섬에 정착시켰다. 섬이 안정될수록 피난민들은 안전을 위해 더욱 몰려들었다. 이순신은 그들 중에서 민정(民丁)을 모집하고, 구리와 쇠를 수송하여 대포를 주조하며, 나무를 베어 배(전선)를 제조하였다.[54]

1597년(선조 30년) 2월 26일, 이순신은 삼도수군통제사에서 파직되어 한양으로 압송될 때 원균에게 통제영의 비품들을 계산하여 인계한 것이 군량미는 9,914석인데 밖에 있는 곡식은 계산에 넣지 않은 것이며, 화약은 4,000근, 총통은 각 배에 나누어 실은 것 말고 따로 300자루(문)였고,[55] 대소 전함 약 200척이었다.[56] <표 4>는 이순신이 삼도수군통제사에서 파직될 당시 원균에게 인계한 비품의 내용을 정리한 것이다.

〈표 4〉 이순신이 삼도수군통제사에서 파직될 당시 원균에게 인계한 비품

비품 물목	수량	비고
군량미	9,914석	한산도 통제영 내에 있던 군량미이고 그 외 지역에 있던 것은 제외된 수량임
화약	4,000근	
총통	300자루(문)	각 전함에 실려 있는 것은 제외된 수량임
전함	대소 전함 200척	판옥선 및 거북선 등
그 외		군사, 기타 무기, 통제영에 관련된 선소, 공작소 등

그 해 7월의 칠천량 해전의 결과, 이순신이 전라좌수사 시절부터 6년 동안 구축한 수군은 전투중 도망친 배설이 숨겨둔 전함(판옥선) 12척

54) 류성룡 · 이재호(옮김), 2007, 「징비록」, 역사의 아침, p.312.
55) 李芬, 「이충무공전서」 권지9 行錄, 정유년(1597년) 2월조, 한국고전번역원.
56) 박종평, 2014, 「이순신 이야기」 (20), 해로통행첩, 8천의 군사를 먹이다, 일요서울.

을 제외하고 전멸했고, 통제영에 보관중이던 화약이나 군량미는 왜군보다 먼저 한산도에 도착한 배설이 모두 불태워 버려 하나도 남은 것이 없었다. 그 이후 왜군의 호남진출을 저지하는 거점이었던 한산도는 물론, 남해안 전역이 왜군에게 점령당했다. 그 상황에서 이순신이 이룬 명량해전의 기적은 수많은 백성들이 이순신의 군영 주변으로 몰려들게 만들었다. 이순신과 함께라면 살 수 있다는 믿음이 있었기 때문이다. 그러나 현실에서 이순신과 그의 수군은 왜군과 대적할 형편이 되지 못했다. 그래서 남해를 떠나 서해로 이동해야 했다. 몇 차례 주둔지를 옮겨가며 군사를 모으고 전선을 제조할 수 있는 준비를 했다.

이순신과 수군은 1597년(선조 30년) 9월 16일 명량해전의 승리 후에도 정착할 곳이 없어 당사도, 어외도, 칠산도, 법성포, 홍농, 위도, 고차도, 고군산도, 등 무려 42일 동안이나 서해를 떠돌다가 1597년(선조 30년) 10월 29일 목포 보화도(고하도)로 통제영을 옮겼다.[57] 정착은 했지만 수군 운영에 필요한 군사와 군량이 없었다. 온갖 문제로 답답한 상황에서 해남 현감 류형이 피난민을 군사로 활용하자는 건의를 했다. 적을 피해서 여러 섬으로 피난해 있는 백성들 중에는 군복무를 할 만한 장정들이 많다는 사실에 기초해 그들을 활용하려고 했다. 먼저 피난민들을 정착시키고 안전하게 보호한 후에 그들의 일부를 군사로 활용하면 되는 것이었다. 이를 위해 류형은 목포 고하도와 인근 섬에 피난민을 정착시키자고 이순신에게 건의했고, 이순신은 이 건의를 받아들여 시행했다. 그 결과 수천 명의 군사를 확보할 수 있었다. 그러나 군량미는 여전히 부족한 상황이었다. 그 때 이의온이라는 젊은 선비가 해로통행첩을 제안했다. 해로통행첩을 실시하면서 이순신은 막대한 군량을 확보할 수 있었다. 이순신은 류형과 이의온의 제안을 수용하여 시행한 결과, 많은 수의 수군을 확보했고, 군량미도 확보한 것이다. 또 피난민을 정착시켜 안정된 삶을 살 수 있게 해 준 것이다.

57) 김태훈, 2004, 「이순신의 두 얼굴」, 창해, pp.533－564.

수군과 군량미 모두를 얻은 이순신은 목포 고하도를 제2의 한산도처럼 만들었고, 서해안으로 북상하려는 왜군을 저지했다. 1598년(선조 31년) 2월 17일 이순신은 서해에서 내려와 남해의 완도 고금도로 통제영을 옮겨 보다 적극적으로 남해안 제해권 장악을 시도했다. 다음은 「선조실록」 1598년(선조 31년) 3월 18일의 고금도 관련 기록이다.

> 통제사(統制使) 이순신(李舜臣)의 서장에, "소서행장(小西行長)은 예교(曳橋)에 주둔하고 있으며 2월 13일에는 평수가(平秀可)가 그의 군사를 거느리고 와서 같은 곳에 주둔하고 있습니까. 우리 주사(舟師)는 멀리 나주(羅州) 경내의 보화도(寶花島)에 있으므로 낙안(樂安)과 흥양(興陽) 등의 바다에 출입하는 왜적이 마음 놓고 마구 돌아다녀 매우 통분스럽습니다. 그리고 바람이 잔잔하니 이는 바로 흉적들이 소란을 일으킬 때이므로 2월 16일에 여러 장수를 거느리고 보화도에서 바다로 나아가 17일에 강진(康津) 경내의 고금도(古今島)로 진을 옮겼습니다. 고금도 역시 호남(湖南) 좌우도의 내외양(內外洋)을 제어할 수 있는 요충지로 산봉우리가 중첩되어 있고 후망(候望)이 잇대어져 있어 형세가 한산도(閑山島)보다 배나 좋습니다. 남쪽에는 지도(智島)가 있고 동쪽에는 조약도(助藥島)가 있으며, 농장(農場)도 역시 많고 한잡인(閑雜人)도 거의 1천 5백여 호나 되기에 그들로 하여금 농사를 짓게 하였습니다. 흥양과 광양(光陽)은 계사년부터 둔전(屯田)을 하였던 곳으로 군민(軍民)을 초집(招集)하여 경작할 생각을 하고 있습니다."하였는데, 비변사에 계하하였다.[58]

위의 내용을 살펴보면 고금도로 통제영을 옮긴 이순신이 적 수군의 동태 및 아군의 준비상황을 아뢰는 내용에서 고금도와 주변 지역을 설명하고 그 곳에서 둔전을 경영하겠다는 생각을 전달하고 있는 상황인 것이다. 고금도에 이순신이 정착한 이래 떠돌아 다니던 피난민이 약

58) 「선조실록」, 선조 31년 3월 18일.

1,500호나 거주할 정도로 농사지을 수 있는 사람이 많아졌고, 같은 해 명나라 수군이 완도 고금도 진영에 도착했을 때, 고금도에는 조선 수군을 포함해 약 27,000여 명이 주둔했다.[59] 그러나 이순신의 통제영에는 군량미 문제를 겪지 않을 정도로 곡식 등이 충분했고, 명나라 수군을 잘 대접하여 명나라 수군들과 도독 진린이 감동할 정도였다고 한다.[60] 만일 이순신이나 참모들이 피난민을 거추장스러운 집단으로 생각했다면, 이순신의 수군은 군사의 부족은 물론 군량미의 부족으로 인해 자멸했을 것이다. 이순신과 참모들 그리고 백성들과의 의견교환 과정의 결과 군사, 농민, 어민 등의 피난민 누구라도 동의할 수 있는 해로통행첩 제도를 실시하여 군사와 군량미확보를 할 수 있었던 것이다. 이순신이 실시한 둔전경영이나 해로통행첩 제도는 명량해전 승리 이후 목포 고하도에서 먼저 시작되었고, 완도 고금도로 옮겨 와서 더욱 확대시켰다. 고하도가 서해안에 한정된 소규모 사업장이라면, 고금도는 남해안까지 포괄하는 대규모 사업장이었다. 또한 그 과정에서 왜군들의 서진을 저지했고, 해상 주도권을 다시 확대해 나간 것이다.[61]

해로통행첩 제도 시행은 이순신의 통제영 수군 입장에서는 백성과 왜군 세작을 구별하는 수단이 될 수 있었고, 농민, 어민 등 피난민들의 입장에서는 수군으로부터 생명을 보호받을 수 있는 방법이 된 것이었다. 피난민들의 입장에서는 피난을 다니면서 배에 싣고 다니는 곡식 중의 일부를 통제영에 주면 되는 것이었고, 수군이 지키는 안전한 곳에서

---

59) 「선조실록」, 선조 31년(1598년) 10월 12일 원문 중 : 이때 동로(東路)의 중국 군사는 2만 4천 명이고 우리 군사는 5천 5백 14명이며, 중로(中路)의 중국 군사는 2만 6천 8백 명이고 우리 군사는 2천 2백 15명이며, 서로(西路)의 중국 군사는 2만 1천 9백 명이고 우리 군사는 5천 9백 28명이며, **수로(水路)의 중국 군사는 1만 9천 4백 명이고 우리 군사는 7천 3백 28명이었으니**, 모두 합하면 10만여 명이었다. 군량과 무기도 이에 비등했는데, 삼로(三路)의 군대가 흔적도 없이 무너지니, 인심이 흉흉하여 보따리를 싸 가지고 있었다.

60) 李芬, 「이충무공전서」 권지9 行錄, 무술년(1598년) 7월조.

61) 박종평, 2014, 「이순신 이야기」 (20), 해로통행첩, 8천의 군사를 먹이다, 일요서울.

농사도 지을 수 있어 누구나 환영하였을 것이다. 또한 이순신에 대한 확고한 믿음으로 인해 직접 이순신 휘하의 수군이 된 사람들도 많았을 것이다.

조정에서는 임진왜란 발발 초기 이순신의 둔전 시행 관련 장계를 받고 난 후 조정회의에서 아무리 전시상황이기는 했으나 둔전경영에 대한 찬반양론이 거세어 시행에 시간이 걸리기도 했으나 그에 반해 삼도수군통제사 재 등용 이후의 해로통행첩 제도 시행은 찬반양론을 떠나 이순신 장군이 중앙정부에 요청한 즉시 시행될 수 있었을 것이다.

임진왜란 발발 이후 군량미의 자급자족을 위해 시행된 둔전경영은 한산도의 삼도수군통제영이 원균의 칠천량 패배 이후 쑥대밭이 되었고 주변의 둔전도 황폐화 되었으며 군량미 또한 모두 불타버리거나 왜군에게 빼앗겨 버렸다. 그 이후 명령불복죄 등 모함으로 인해 투옥되어 고문당했던 이순신은 백의종군을 거쳐 다시 삼도수군통제사가 되는 과정을 거쳤던 것이다. 삼도수군통제사에 재 등용되었을 때 경상우수사 배설이 칠천량을 빠져 나와 숨겨두었던 판옥선 13척 외에는 그 무엇도 없었을 것이다. 완전히 무에서 다시 수군경영이 시작되었던 것이다. 군량미 등의 자급자족을 위해 수군의 주둔지 주변 섬에 둔전이 다시 설치되기는 하였으나 추수되기까지 시간문제의 어려움을 겪던 중 해로통행첩이라는 제도가 제안되어 시행되었던 것이다.

이와 같은 해로통행첩의 생각은 이의온이라는 선비의 의견에서 나왔다고 한다. 절체절명의 비상시국에 지휘고하와 신분을 구분하지 않고 사람들이 모여 해결책을 토론하고 제시하는 과정에서 나온 의견이었을 것이다.

1597년 20세의 나이로 이순신의 막하에 있던 이의온(1577~1636년)[62]이 군량미 관리를 하면서 해로통행첩을 제안하였는데 해로통행첩

62) 중종 대의 대학자인 회재(晦齋) 이언적(李彦迪)의 다섯 째 손자이며 승정원좌승지(承政院左承智)를 지냈던 이응인(李應仁)의 아들이다.

은 일종의 선박운항증과 같은 것이었다. 그 전에 여러 차례 피난민들로부터 군량을 지원받기도 했으나 그것은 임시방편적이고도 불쌍한 피난민들에게 생명을 지켜주는 대가로 곡식을 구걸하는 것에 지나지 않았을 것이고, 보다 장기적인 대책을 세워야 할 필요성이 절실했던 것이다. 그리하여 배와 배 주인의 신원을 조사하여 전술한 바와 같이 세작과 해적행위의 우려가 없는 자에게는 선박의 대소에 따라서 큰 배는 곡식 3석, 중간 배는 2석, 작은 배는 1석의 곡식을 내고 통행첩을 얻고, 통행과 어업행위를 보장받았다. 당시 많은 피난민들이 자신의 배에 재물과 곡식을 싣고 생명을 지켜줄 이순신의 수군을 따라 이동하고 있었다. 그들은 해로통행첩과 같은 규제에 대해 부담스러워하거나 거부를 한 것이 아니라 오히려 반가워했다. 그 결과 10일 동안 이순신의 수군은 무려 1만여 석의 군량미를 확보할 수 있었다.

위와 같은 내용을 살펴볼 때 해로통행첩 제도의 시행으로 인해 군량미 확보문제는 해결되었으나 7천에서 8천 명 사이의 조선 수군과 19,000여 명의 명나라 수군까지 합세한 시점에서 소비되는 군량미 등의 양은 실론 엄청났을 것이므로 군수물자의 부족은 시간문제였을 것이다. 해로통행첩이란 한 번 발급받으면 다른 모든 곳에서도 통행이 가능했고, 또 같은 배에게 계속해서 발행할 수도 없었기 때문에 어느 시기가 되면 그 수입은 격감할 수밖에 없었을 것이다. 해로통행첩 외에도 이순신 장군이 시행한 제도는 한산도의 통제영에서 시행했던 어로작업을 통한 물고기의 판매, 바닷물을 이용한 염전경영 등도 있었다. 이러한 제도의 시행을 통해 판옥선 등 전선을 더 건조하고 군사도 더 충원해 가며 중앙정부의 지원이 없는 자급자족으로 수군을 경영할 수 있었던 것이다. 또한 자급자족에 필요한 군량미 외에 남는 곡식 등은 역시 임진왜란 초기부터 칠천량해전 패배 전처럼 중앙정부로 보내거나, 명나라 수군에게 지원하는 등 국가가 해야 할 일을 대신하여 빈약한 국가의 재정에 크게 기여하였음은 쉽게 짐작이 되는 부분이다.

임진왜란 당시의 이순신이 장군의 통제영에서 시행한 특별조세인 해로통행첩제도와 관련하여 조선 후기 통영에 있던 수군 통제영의 자치적인 수입이었던 어염세(魚鹽稅)와 낙인세(烙印稅)라는 것이 있었다. 어염세는 어로작업으로 인한 물고기의 판매와 염전에서 소금을 생산하는 과정에서 징수했을 것이고, 낙인세는 통제영 앞바다를 지나가는 선박을 검열하고 낙인을 찍어 주고 통행세를 받았기 때문에 낙인세라고 했던 것이다. 낙인세 같은 경우에는 통행세 성격의 세금이었으니 임진왜란 때 이순신 장군의 통제영에서 시행한 해로통행첩의 성격과도 일치하는 면이 있다고 할 수 있다. 전시상황이 아닌 당시의 낙인세는 그 목적과 배의 크기에 따라 차등적으로 징수하였다. 상선의 경우 한 척에 걷는 세포(細布)가 큰 것은 15필(疋)이고 작은 것도 8, 9필을 내려가지 않으며, 어선의 경우 한 척에 1필씩이었으니[63] 임진왜란이라는 전시상황의 해로통행첩 제도에서 큰 배는 곡식 3석, 중간 배는 2석, 작은 배는 1석의 곡식을 내고 통행첩을 발행하고, 배의 통행과 어업을 허용한 것과 비교된다.

〈표 5〉 해로통행첩과 낙인세의 비교

	해로통행첩	낙인세
징수액	큰 배: 곡식 3석	큰 상선 : 세포(細布) 15필
	중간 배: 곡식 2석	작은 상선 : 세포(細布) 8, 9필
	작은 배: 곡식 1석	어선 : 세포(細布) 1필
성격	세작과 해적행위의 우려가 없는 배에게 통행과 어업을 보장하고 곡식을 징수하여 군량미 확보	상선과 어선에게 통행할 수 있는 낙인을 찍어주고 세포(細布)를 징수하여 재정 확보
공통점	수군 통제영에서 자체적으로 징수한 해로 통행세(특별조세)	
차이점	전시상황에 시행	비 전시상황에 시행

63) 「승정원일기」 5책(탈초본 86책), 1643년(인조 21년) 10월 10일.

이와 같은 어염세와 낙인세는 1750년(영조 26년) 균역법의 시행으로 인해 어염세가 균역청으로 귀속되었고 낙인세는 폐지되었다.[64] <표 5>는 해로통행첩과 낙인세를 비교하여 정리한 것이다.

한편, 조선시대에는 기본 전세(田稅) 외에 잡세의 하나로 선세(船稅)라는 조세가 있었다. 선세는 해선과 강선 등의 배에 부과된 조세이다. 선세에 대한 구체적인 규정은 없으나, 「반계수록」에 따르면 선척(船隻)에는 매년 문건을 발급하고 <표 6>의 세율을 적용하여 조세를 징수하도록 하였다. 해선에는 선척의 대소에 따라에 1년에 세(稅)로 1필 내지 6필을 받고, 어장지세 및 기타 잡세는 일체 폐지할 것을 규정하고 있으며, 만약에 관청에 맡겨서 시킨 일이 있을 때에는 그만큼 세를 감하여 주고,

〈표 6〉 선세의 세율

<table>
<tr><th>구분</th><th>배의 크기</th><th>세율</th><th>비고</th></tr>
<tr><td rowspan="6">해선</td><td>대선</td><td>면포 6필</td><td></td></tr>
<tr><td>대차선</td><td>면포 5필</td><td></td></tr>
<tr><td>중선</td><td>면포 4필</td><td></td></tr>
<tr><td>중차선</td><td>면포 3필</td><td></td></tr>
<tr><td>소선</td><td>면포 2필</td><td></td></tr>
<tr><td>소차선</td><td>면포 1필</td><td></td></tr>
<tr><td rowspan="3">강선</td><td>대선</td><td>면포 3필</td><td rowspan="3">한강에 있는 배를 예로 한다면 해주까지 내왕하는 것을 대선으로 하고, 강 위에서만 왕래하는 것을 중선 이하로 할 것이다.</td></tr>
<tr><td>중선</td><td>면포 2필</td></tr>
<tr><td>소선</td><td>면포 1필</td></tr>
</table>

참고: 「반계수록」, 권지1 전제 상ㄴ. 잡설(雜說); 오기수, 2012, “조선시대의 조세법”, 어울림, p.315.

64) 송기중, 2013, “균역법 실시와 수군 급대의 운영”, 「역사학보」 제218집, pp.186－187.

세액을 초과할 때에는 대가를 지불하도록 하였다.[65)]

위와 같은 낙인세나 선세의 내용을 검토해 보면 이 두 가지 바다(또는 강) 관련 조세와는 달리 해로통행첩은 평시가 아닌 전시상황에 징수된 특별조세였다는 점이 그 차이점이라는 것을 알 수 있다.

이상과 같이 살펴본 이순신의 둔전경영과 해로통행첩의 시행은 평상시의 군영이나 관청, 궁방 소유의 둔전경영과는 상황적으로 비교되는, 즉 임진왜란이라는 비상 전시상황에 군량미 확보라는 궁여지책의 목적으로 시행되었으며, 둔전의 경영으로 인한 군량미 확보 외에 비상 군량미와 종이, 장편전죽 등 잉여생산물을 중앙정부로 보내어 전란으로 인해 모든 것이 궁핍했던 국가의 재정수입에도 크게 기여하였고, 통제영이라는 비상자치권이 부여된 조직 자체에서 징수한 해로통행첩은 오늘날의 지방세 성격이 강한 특별조세였으며 국가의 재정이 제대로 기능하지 못하는 전시 상황에서 통제영 자체의 재정조달수단의 의미를 넘어 국가재정에까지 기여하게 된 것이다.

Ⅳ. 결론

임진왜란 당시의 이순신 장군의 둔전경영 외에도 고려 및 조선에서는 둔전을 설치하여 경영한 경우가 역사기록에서 자주 보인다. 군영이나 관청, 궁방의 필요경비의 자급자족을 위해 둔전이 설치되어 경영되었다고 할 수 있으나 부패관리와 백성들의 사역문제 등 문제점도 있었던 것이 사실일 것이다. 임진왜란 전에도 조선에서는 여진족과 왜구로 인한 변방 방어를 위해 둔전경영이 시행되어져 왔으며, 임진왜란 초기와 칠천량해전 패배 이전까지는 그 본래의 목적에 부합되어 시행되었다. 임진왜

65) 「반계수록」, 권지1 전제 상ㄴ. 잡설(雜說); 오기수, 2012, "조선시대의 조세법", 어울림, p.315.

란 발발 초기부터 칠천량해전 패배 이전까지 둔전경영을 통한 군사들을 먹이기 위한 군량미의 확보 외에 종이, 장편전죽 등의 잉여생산물과 비상 군량미, 왜군에게서 획득한 조총, 왕의 탄신일, 동지, 설날, 단오날에 사용할 물품까지도 조정으로 보내어 통제영 자체의 재정조달을 넘어 전시상황으로 인한 조세수입이 빈약한 국가의 재정에도 큰 기여를 하였으며, 한산도 통제영 시절의 명나라 육군 및 고금도 통제영 시절의 명나라 수군에게까지 군량미를 지원하여 국가가 해야 할 일을 대신하기까지 한 것이다. 또한, 조선 수군의 칠천량해전 패배 이후 삼도수군통제사로 재등용된 이순신이 둔전경영의 장소와 시간적인 문제의 어려움으로 인해 피난민을 군사로 만들고, 군사를 먹이는데 필요한 군량미를 해로통행첩의 시행으로 확보했다는 것은 중앙정부의 지원이 거의 없는 자급자족의 군대경영일 것이고 조세의 측면에서 생각해 본다면 국가에서 징수하는 세금 성격은 아니나 군량미의 자급자족을 목적으로 한 통제영 자체 재정조달 수단인 지방세 성격의 특별조세였던 것이다. 조세 즉, 세금이라는 것의 특성상 아무리 중앙정부가 무능하고 전시상태였다고 하나 세금만큼은 중앙정부가 거둬들이고 싶었겠으나 상황이 상황이니만큼 이순신 장군이 삼도수군통제사로 재 등용될 당시에는 모든 것을 위임했을 것이 분명하다. 중앙정부 대신에 바닷길의 통행세 즉, 해로통행첩이라는 제도의 시행으로 확보된 군량미의 의미는 전란 시국의 빈약한 조세수입으로 인한 국가 재정이 제대로 기능할 수 없는 당시의 상황과 수군에게 국가의 안보를 의지했던 중앙정부를 고려해 보면 둔전의 경영과 마찬가지로 통제영 자체의 재정조달을 넘어 국가 재정에까지 크게 기여한 자치적인 특별조세로서의 성격이 강하게 내재되어 있는 것이다.

참고문헌

(국역) 「조선왕조실록」, 국사편찬위원회.
강인애, 1997, 「한국 근대조세사상 연구」, 조세통람사.
김광철, 2006, "여말선초 밀양 지역사회와 수산제", 「석당논총」 36집: 117–158.
김종대, 2012, 「이순신, 신은 이미 준비를 마치었나이다」, 시루.
김준혁, 2015, "정조시대 장용영외영의 병농일치 군제개혁 구상과 둔전경영", 「한국사연구」 168: 93–122.
김태훈, 2004, 「이순신의 두 얼굴」, 창해.
김훈, 2004, 「칼의 노래」, (주)생각의 나무.
「문화원형대백과」, 한국콘텐츠진흥원.
박종평, 2015, 「이순신이야기」, 꿈결.
______, 「이순신이야기」(20), 2014, 해로통행첩, 8천의 군사를 먹이다, 일요서울.
______, 「이순신이야기」(22), 2014, 이순신, 선순환의 경제생태계 창조, 일요서울.
송기중, 2013, "균역법 실시와 수군 급대의 운영", 「역사학보」 제218집: 173–208.
송양섭, 1999, "임진왜란기 국가의 둔전의 설치와 경영", 「한국사학보」 제7호: 129–166.
______, 2000, "17세기 군영문 둔전의 확대와 경영형태의 변화", 「역사와현실」 36: 279–323.
「승정원일기」, 국사편찬위원회.
오기수, 2012, 「조선시대의 조세법」, 어울림.
류성룡 · 김시덕(역해), 2013, 「교감 해설 · 징비록 한국의 고전에서 동아시아의 고전으로」, 아카넷.
류성룡 · 이재호(옮김), 2007, 「징비록」, 역사의 아침.

유형원, 1994, 「반계수록」, 명문당.

윤국일, 2005, 「신편 경국대전」, 신서원.

이경식, 1978, “조선초기 둔전의 설치와 경영”, 「한국사연구」 21 · 22: 67 – 118.

______, 1979, “16세기 둔전경영의 변동”, 「한국사연구」 24: 31 – 60.

이분, 「이충무공전서」 권지9, 行錄, 한국고전번역원.

이순신 · 노승역(역), 2014, 「난중일기」, 여해.

이옥희, 2004, “두만강 하구 녹둔도의 위치 비정에 관한 연구”, 「대한지리학회지」 제39권 제3호: 344 – 359.

장대성 · 전순란 · 박인혜, 2011, “이순신 장군과 징기스칸의 부대 공급 경영에 관한 비교 연구”, 「한몽경상연구」 제22권 제2호: 91 – 106.

장한식, 2009, 「이순신 수국프로젝트」, 행복한나무.

조선일보, 2002년 7월 22일, 녹둔도 관련 기사.

조성도, 1991, 「임진장초」, 연경문화사.

최윤오, 1999, “세종조 공법의 원리와 그 성격”, 「한국사연구」 106, 3 – 30.

홍성구, 2016, “임진왜란과 명의 재정”, 「역사교육논집」 58, 133 – 172.

「한국민족문화대백과」, 한국학중앙연구원

이순신의 수군재건과
특별조세 징수에 관한 연구

이순신의 수군재건과 특별조세 징수에 관한 연구

본 연구는 정유재란기 이순신이 수행했던 수군재건을 위한 군사모집과 백성의 안전과 군량미 확보를 위해 통제영에서 징수한 해로통행첩이라는 특별조세에 대하여 중점적으로 검토해 보았다. 또한, 이순신을 도와 수군을 재건하고 통제영을 운영하는 데 큰 역할을 한 류형, 이의온, 최희량, 정사준 형제 등의 인물에 대하여도 검토해 보았다. 이순신은 왜적의 침략으로부터 조선을 구한 구국의 성웅으로 영원히 추앙받을 인물이다. 본 연구는 이러한 내용 외에 이순신이 수군이라는 군대조직의 최고지휘관을 뛰어 넘어 국가와 백성을 위한 경세가로서의 능력을 발휘한 부분을 중점적으로 검토한 것에 그 의의가 있다.

Ⅰ. 서론

1592년 4월 13일 임진왜란이 일어났다. 임진왜란에 대하여 그 주요 사건을 대략적으로 언급해 보자면 전쟁 초기 조선 육군의 연전연패, 임금의 몽진, 광해군의 분조, 이순신 장군과 조선 수군의 반전의 승리, 명나라와 왜군의 강화협상, 이순신 장군의 파직과 백의종군, 정유재란의 발발과 칠천량해전의 패배, 이순신 장군의 삼도수군통제사 재등용, 명량해전, 고하도 및 고금도에서의 수군 재건을 위한 군사모집과 군량미확보, 그리고 마지막 노량해전에서의 전사 등을 들 수 있을 것이다. 본 연구는 이러한 임진왜란 당시의 주요 사건 중에 정유재란기 이순신이 수행했던 수군 재건을 위한 군사모집과 백성의 안전과 군량미 확보를 위해 통제영에서 징수한 해로통행첩이라는 특별조세에 대하여 중점적으로 검토해 보고자 한다. 또한, 그 과정에서 이순신을 도와 수군을 재건하고 통제영을 운영하는 데 큰 역할을 한 류형, 이의온, 최희량, 정사준 형제 등의 인물에 대하여도 검토해 보고자 한다.

Ⅱ. 수군의 재모집

정유재란이 일어나고 원균이 이끄는 조선 수군이 칠천량해전에서 패배하자 선조와 조정은 이순신을 삼도수군통제사로 재등용하게 된다. 그러나 재등용된 이순신에게 인계된 것은 칠천량해전에서 거의 전멸하다시피 한 수군이었다. 이러한 상황에서도 이순신은 칠천량해전에서 살아남은 군사 및 참모들과 재회하고, 배설이 숨겨 두었던 12척의 전선과 추가로 건조했거나 아니면 수리를 마친 1척의 전선, 피난생활을 하던 백성과 어선들을 가지고 칠천량해전 2달 후에 명량해전에 임하게 된다. 모든 면에서 부족했던 이순신의 수군이 다시 전투를 수행한다는 것은 거의 불가능한 일이었으나 우리가 알고 있듯 명량해전에서 이순신의 수군은 기적적인 승리를 거두게 된다.

이순신과 수군은 1597년(선조 30년) 9월 16일 명량해전의 승리 후에도 정착할 곳이 없어 당사도, 어외도, 칠산도, 법성포, 홍농, 위도, 고차도, 고군산도 등 무려 42일 동안이나 서해의 섬이나 포구를 떠돌다가 1597년(선조 30년) 10월 29일 목포 보화도(고하도)로 통제영을 옮겼다.[1] 정착은 했으나 수군 재건에 필수적인 군사와 군량이 없었다. 먼저 수군

1) 김태훈, 2004, 「이순신의 두 얼굴」, 창해, pp.533-564.

군사의 모집은 어떻게 하였을까? 이러한 의문점을 해결해 준 인물은 당시 해남 현감 류형이었다.

류형(柳珩)은 피난민을 군사로 활용하자는 건의를 했다. 적을 피해서 여러 섬으로 피난해 있는 백성들 중에는 군복무를 할 만한 장정들이 많다는 사실에 기초해 그들을 활용하자고 한 것이었다. 먼저 피난민들을 정착시키고 안전하게 보호한 후에 그들의 일부를 군사로 활용하면 된다고 한 것이다. 이를 위해 류형은 목포 고하도와 인근 섬에 피난민을 정착시키자고 이순신에게 건의했고, 이순신은 이 건의를 받아들여 시행했다. 그 결과 수천 명의 군사를 확보할 수 있었다.

류형은 1597년(선조 30년) 정유재란 때 원균(元均)이 칠천량해전에서 패전하였다는 소식을 듣고 통곡하면서, 통제사 이순신(李舜臣)의 막료가 되었다. 그는 수군재건을 위한 군사모집의 방법을 이순신에게 건의하여 수천 명의 군사를 모집할 수 있게 하였을 뿐만이 아니라 용병(用兵)에 능하고, 통제영(統制營)의 기계설비 등 군사시설의 확립에도 주력하였다.

류형은 1598년 조명연합수군이 참전한 예교성 전투에서는 명나라 제독 진린(陳璘)과 이순신의 곤경을 구하기도 하였다. 또한 노량 해전중에 적탄에 6발을 맞아 부상을 입고도, 전사한 이순신을 대신하여 전투를 지휘한 사실이 왕에게 알려져 부산진첨절제사(釜山鎭僉節制使)에 발탁되었다. 류형은 이순신의 신망이 두터운 인물로 1600(선조 33년)년에 경상우수사로 임명되었으며, 1602년(선조 35년) 제 4대 이시언에 이어 제5대 삼도수군통제사가 되었다. 다시 충청도병마절도사를 거쳐, 1609년(광해군 1년) 함경도병마절도사로 회령부사를 겸하였다. 이어서 경상도병마절도사·평안도병마절도사를 역임하고, 황해도병마절도사로 재임 중에 사망하였다.[2)]

2) 한국역대인물 종합정보시스템(people.aks.ac.kr).

Ⅲ. 군량미 마련을 위한 해로통행첩 시행

류형의 건의로 군사의 수는 늘어났으나 늘어난 군사를 먹일 군량미는 여전히 부족한 상황이었다. 그 때 이순신의 막하에 있던 이의온이라는 인물이 해로통행첩을 제안했다.

류성룡의 「징비록」에는 다음의 내용과 같이 고금도에 정착한 후 해로통행첩을 시행하여 군량미를 마련했다고 되어 있다. 다음은 「징비록」에 기록되어 있는 해로통행첩 시행 관련내용이다.

> "이때 이순신에게는 이미 군사 8,000여 명이 있어서 고금도에 나아가 주둔하였는데, 식량이 궁핍할 것을 근심하여 해로통행첩을 만들고 명령하기를 "3도(경상, 전라, 충청)의 연해를 통행하는 공사(公私) 선박으로 통행첩이 없는 것은 간첩선으로 인정하고 통행할 수 없게 한다"고 하였다. 그리하여 난을 피하여 배를 탄 사람들은 다 와서 통행첩을 받았다. 이순신의 배의 크고 작은 차이에 따라서 쌀을 바치고 통행첩을 받게 하였는데, 큰 배는 3섬, 중간 배는 2섬, 작은 배는 1섬으로 정하였다. 이때 피란하는 사람들은 재물과 곡식을 다 싣고 바다로 들어오는 까닭으로 쌀 바치는 것을 어렵게 여기지 않았으며 통행을 금하는 일이 없는 것을 기뻐하였다. 그래서 10여 일 동안에 군량 1만여 섬을 얻었다."[3]

해로통행첩 제도의 시행은 이순신의 통제영 수군 입장에서는 백성과 왜군 세작을 구별하는 수단이 될 수 있었고, 농민, 어민 등 피난민들의 입장에서는 수군으로부터 생명을 보호받을 수 있는 방법이 된 것이었다. 피난민들의 입장에서는 피난을 다니면서 배에 싣고 다니는 곡식

---

3) 김태훈, 2004, 「이순신의 두 얼굴」, 창해, p.562; 류성룡 · 이재호(옮김), 2007, 「징비록」, 역사의 아침, p.312; 류성룡 · 김시덕(역해), 2013, 「징비록」, 아카넷, p.538.

중의 일부를 통제영에 주면 되는 것이었고, 수군이 지키는 안전한 곳에서 농사도 지을 수 있어 누구나 환영하였을 것이다. 이러한 해로통행첩의 시행에 대하여 이민웅(2014)은 "류성룡의 「징비록」은 고금도 이진 이후부터 발행한 것으로 되어 있고, 이분의 「행록」과 「선묘중흥지(宣廟中興志)」 등의 자료는 고하도 진영 때부터라고 기록하고 있다. 어느 것이 옳은지 정확하지는 않지만, 정황으로 볼 때 고하도에서 시작했다 하더라도 해상활동이 어려운 겨울이었으므로 큰 효과를 보기는 어려웠을 것이다. 따라서 고금도로 옮긴 이후에 해로통행첩 발행이 본격화되었을 가능성이 높다고 추정된다."[4]라는 내용을 이은상(1989)이 지은 「완역 이충무공전서」하 120~121쪽의 내용을 인용하고 있다. 다음은 해로통행첩 관련 「선묘중흥지(宣廟中興志)」[5]의 내용이다.

> "이순신이 보화도(고하도)에 주둔하게 되었을 때 군사가 1,000여 명에 이르렀다. 군량 부족을 걱정할 수밖에 없었다. 이순신은 바닷길을 다닐 수 있는 통행첩(통행허가증)을 만든 다음 '이 통행첩이 없는 배는 간첩으로 간주하여 처벌한다'고 선포했다. 피란선들이 모두 와서 통행첩을 받았다. 이순신은 배의 크기에 따라 적당한 쌀을 받은 다음 통행첩을 주었다. 그 결과 불과 열흘 사이에 쌀 1만여 섬이 생겼다."

위와 같은 해로통행첩의 시행은 이의온[6]이라는 인물의 의견제시에서 나왔다. 앞서 전술된 군사모집을 위해 류형의 건의를 받아들인 것처럼 절체절명의 비상시국에 지휘고하와 신분을 구분하지 않고 사람들이 모여 해결책을 토론하고 제시하는 과정에서 나온 의견이었을 것이다.

임진왜란이 일어났을 때 이의온은 16세에 지나지 않았다. 1598년

---

4) 이민웅, 2014, 「임진왜란 해전사」, 청어람미디어, p.244.

5) 임진왜란을 중심으로 1587년부터 1607년까지의 일을 기록한 작자미상의 역사서이다.

6) 본관은 여주(驪州), 자는 율연(栗然), 호는 오의정(五宜亭)이다. 회재(晦齋) 이언적(李彦迪)의 다섯 째 손자이며 승정원좌승지(承政院左承智) 이응인(李應仁)의 아들로, 1577년(선조 10)에 태어났다.

이후에는 이순신 휘하에 들어 활동했다. 이의온이 통제사의 참모로 일하게 된 것은 1597년 10월 11일 이순신이 경주부윤 박의장 등 주요 지방 수령들에게 문무를 겸비한 인재를 추천해 달라고 요청한 데 따른 결과였다.

다음은 「이충무공전서」 동의록의 이의온과 관련된 내용이다.

> "정유년에 이통제사의 막하로 나아갔다. 이충무공은 평소에 운주당에 거처하고 있었으며, 매일 밤이 깊어 북소리가 그치면 공은 장막 안으로 그를 불러들였다. 가서는 군무에 대하여서만 말하고 의온은 비록 아는 것이 있어도 말을 하지 않다가 드디어 둔전에 관한 계책을 건의하였다. 이충무공이 기뻐하면서 탁식하기를 "어찌 그대가 알고 보는 것이 이같이도 심원한가, 진실로 내 마음에 꼭 맞는다."하고 시행하도록 하였다. 그때에 군대는 해마다 줄어들고 군량도 부족하였으므로 의온이 가산을 기울여 군량을 보조하였으며, 고금도에서는 해로의 통행증을 만들어 바다를 지나는 피란선들은 쌀을 납부하고 통행증을 받아가도록 영달하여 장부가 여러 권으로 쌓여 그 계획이 적중하였다."[7]

위의 기록을 살펴보면 이의온은 해로통행첩의 시행만을 제안한 것이 아니라 한산도 통제영 시절처럼 고금도에서도 둔전을 시행할 것을 건의하였다는 것과 자신도 군량을 마련하여 고금도 통제의 군량미에 보탬이 되었다는 것을 알 수 있다. 또한 위의 기록에서도 이의온이 제안한 해로통행첩은 「징비록」에서와 마찬가지로 고금도에서 시행한 것으로 적고 있어 「행록」과 「선묘중흥지」의 기록과 대비된다.

7) 제장명, 2011, 「이순신 백의종군－하늘의 뜻을 알다」, 행복한나무, p.213.

Ⅳ. 고하도에서의 수군재건

한편, 이순신은 목포 보화도(고하도)에서 1597년(선조 30년) 10월 29일부터 108일을 머물렀는데 서해안의 여러 섬과 포구를 떠돌다가 고하도로 와서 비로소 정착하게 된 것이다. 그렇다면 이순신이 수군을 고하도에 정착시킨 이유는 무엇일까? 이러한 의문점은 다음의 고하도 이충무공 유허비의 기록에서 풀린다.

> "옛날 선조 정유년(1597)에 통제사 이충무공이 병란을 맞이하여 병사들과 함께 하였다. 전재잉 계속되는 가운데 군량미가 가장 큰 문제였다. 이에 군량미를 비축할 수 있고 전선을 정비할 만한 곳을 찾던 중 얻은 곳이 나주 고하도이다. 이순신은 곳곳의 전진(戰陣)에 남은 곡식을 이 곳(고하도)에 쌓도록 한 다음 군사를 모집하여 둔(屯)[8]에 들게 하고 별장(別將)으로 하여금 관리하도록 하였다. 대체로 이 섬(고하도)은 남쪽에서 서쪽으로 이어지는 바다의 길목에 위치하여 오른편으로는 영남에 연하고, 왼편으로는 서울로 연결된다. 가깝게는 군사들에게 식량을 공급할 수 있어 승리를 기약함이요. 멀리는 행재소(行在所)에 곡식을 제공하는데 궁색하지 않음이라.[9]

위의 내용에서 알 수 있는 것은 고하도가 남쪽에서 서쪽으로 이어지는 바다의 길목에 위치해 있어 해로교통이 편할 뿐만 아니라 군사들과 선조가 있는 행재소에 식량과 곡식을 제공할 수 있는 요건을 갖추고 있었다는 것이다. 또한, 고하도는 서남해 도서지역의 해산물과 나주 등 내륙지역의 농산물을 교환하기에 적합한 곳이었다. 이런 까닭에 이순신

8) 둔전(屯田)을 말한다.
9) 김경옥, 2009, "16~17세기 古今島 인군 海路 水軍鎭의 설치", 「도서문화」 제33집, pp. 183－184.

은 고하도에 진영(鎭營)을 설치하여 군수물자를 비축하고 있었던 것이다.[10]

V. 고금도통제영에서의 수군재건

그러나 고하도에 머문 108일은 대부분의 시간이 겨울이었기 때문에 추수도 할 수 없었고, 선박들의 해상활동도 뜸했을 것으로 예상된다. 선박들의 해상활동이 뜸했다는 것은 앞서 언급된 해로통행첩의 발행도 저조하여 군량미를 확보하는 데에도 한계가 있었을 것이다. 이러한 상황으로 인해 이순신은 1598년(선조 31년) 2월 17일 추위가 물러나는 봄이 되자 남해의 완도 고금도로 통제영을 옮겨 보다 적극적으로 남해안 제해권 장악을 시도했다. 다음은 「선조실록」 1598년(선조 31년) 3월 18일의 고금도 관련 기록이다.

통제사(統制使) 이순신(李舜臣)의 서장에,

"소서행장(小西行長)은 예교(曳橋)에 주둔하고 있으며 2월 13일에는 평수가(平秀可)가 그의 군사를 거느리고 와서 같은 곳에 주둔하고 있습니다. 우리 주사(舟師)는 멀리 나주(羅州) 경내의 보화도(寶花島)에 있으므로 낙안(樂安)과 흥양(興陽) 등의 바다에 출입하는 왜적이 마음 놓고 마구 돌아다녀 매우 통분스럽습니다. 그리고 바람이 잔잔하니 이는 바로 흉적들이 소란을 일으킬 때이므로 2월 16일에 여러 장수를 거느리고 보화도에서 바다로 나아가 17일에 강진(康津) 경내의 고금도(古今島)로 진을 옮겼습니다. 고금도 역시 호남(湖南) 좌우도의 내외양(內外洋)을 제어할 수 있는 요충지로 산봉우리가 중첩되어 있고 후망(候望)이 잇대어져 있어 형세가 한산도(閑山島)보다 배나 좋습니다. 남쪽에는

10) 김경옥, 2009, 앞의 논문, p.184.

지도(智島)가 있고 동쪽에는 조약도(助藥島)가 있으며, 농장(農場)도 역시 많고 한잡인(閑雜人)도 거의 1천 5백여 호나 되기에 그들로 하여금 농사를 짓게 하였습니다. 흥양과 광양(光陽)은 계사년부터 둔전(屯田)을 하였던 곳으로 군민(軍民)을 초집(招集)하여 경작할 생각을 하고 있습니다."하였는데, 비변사에 계하하였다.[11)]

위의 내용을 살펴보면 고금도로 통제영을 옮긴 이순신이 적 수군의 동태 및 아군의 준비상황을 아뢰는 내용에서 고금도와 주변 지역을 설명하고 그 곳에서 둔전을 경영하고 있다는 내용을 전달하고 있는 상황이다. 이러한 내용은 전술된 고금도 통제영에서의 이의온의 둔전시행의 건의와도 관련이 있을 것으로 판단된다. 즉, 이순신이 고금도 통제영 주변에 둔전을 시행하게 된 것에는 이의온의 둔전 시행 건의도 어느 정도 반영되었을 것으로 예상된다는 것이다.

한편, 김경옥(2009)은 "위의 기사에서 주목되는 것은 '왜적이 낙안과 흥양, 벌교 일대로 난입하였다'는 점이고, 반면 '우리 수군은 목포 앞 바다 보화도(고하도)에 주둔하고 있었다'는 점이다. 즉 1598년에 왜적이 흥양과 낙안 일대에 출몰하는데, 우리 수군은 내해에 입지한 목포 인근 연안에 주둔하고 있었던 것이다. 그리하여 이순신이 수군을 이끌고 목포 고하도에서 강진 고금도로 전진한 것이다."라고 하였는데 이러한 내용은 고금도가 수군이 정착하기 위한 자연적인 입지조건도 좋으나 낙안, 흥양 등 왜군이 출몰하는 지역에서 멀리 떨어진 고하도보다는 고금도가 왜군을 막기에 더 유리한 위치에 있었다는 것을 설명하는 것이다.

이순신이 고금도에 통제영을 옮겨 정착한 이후 떠돌아다니던 피난민이 약 1,500호나 거주할 정도로 농사지을 수 있는 사람이 많아졌고, 같은 해(1598년) 7월부터 진린(陳璘)이 이끄는 명나라 수군이 완도 고금도 진영에 도착했을 때, 고금도에는 조선 수군을 포함해 약 27,000여 명

11) 「선조실록」, 선조 31년(1598년) 3월 18일.

이 주둔했다.[12)]

<표 1>은 고금도에 명나라와 조선의 수군이 약 27,000여 명이나 주둔했다는 내용을 뒷받침하는 1598년(선조 31년) 동로, 중로, 서로, 수로, 즉 사로병진작전(四路竝進作戰)[13)] 시 조명연합군의 병력현황을 보여주고 있다.

〈표 1〉 사로병진작전 시 조명연합군의 병력현황

구분	명군	조선군(1598년 현재)	병력합계
동로군	24,000명	5,514명	29,514명
중로군	26,800명	2,215명	29,015명
서로군	21,900명	5,928명	27,828명
수로군	19,400명	7,328명	26,728명
합계	92,100명	20,985명	113,085명

출처: 「선조실록」, 선조 31년(1598년) 10월 12일, 제장명, 앞의 책 p.218.

그러나 이순신의 통제영에는 둔전경영과 해로통행첩 등의 시행으로 인해 군량미 문제를 겪지 않을 정도로 곡식 등이 충분했다. 또한, 명나라 수군을 잘 대접하여 명나라 수군들과 도독 진린이 감동할 정도였다고 한다[14)]. 만일 이순신이나 참모들이 피난민을 거추장스러운 집단으로 생각했다면, 이순신의 수군은 군사의 부족은 물론 군량미의 부족으로 인

12) 「선조실록」, 선조 31년(1598년) 10월 12일 원문 중 : 이때 동로(東路)의 중국 군사는 2만 4천 명이고 우리 군사는 5천 5백 14명이며, 중로(中路)의 중국 군사는 2만 6천 8백 명이고 우리 군사는 2천 2백 15명이며, 서로(西路)의 중국 군사는 2만 1천 9백 명이고 우리 군사는 5천 9백 28명이며, 수로(水路)의 중국 군사는 1만 9천 4백 명이고 우리 군사는 7천 3백 28명이었으니, 모두 합하면 10만여 명이었다. 군량과 무기도 이에 비등했는데, 삼로(三路)의 군대가 흔적도 없이 무너지니, 인심이 흉흉하여 보따리를 싸 가지고 있었다.

13) 1598년(선조 31년) 무술년에 왜군이 주둔해 있던 울산, 사천, 순천지역의 왜성을 조명연합군이 네 갈래 길로 나누어 공격하였던 전략을 말한다.

14) 李芬, 「이충무공전서」 권지9 行錄, 무술년(1598년) 7월조.

해 자멸했을 것이다. 그러나 그와는 반대로 이순신은 류형, 이의온 등의 참모 및 군사, 그리고 백성들과 의견교환을 하는 유연함을 발휘하였다. 그 결과 군사, 농민, 어민 등의 피난민 누구라도 동의할 수 있는 자신들의 안전을 담보로 한 군사모집과 해로통행첩 제도를 실시하여 군사와 군량미확보를 할 수 있었던 것이다. 또한, 이순신이 실시한 군사모집이나 해로통행첩 제도는 명량해전 승리 이후 목포 고하도에서 먼저 시작되었고, 완도 고금도로 옮겨 와서 더욱 확대시켰다. 또한 그 과정에서 왜군들의 서진을 저지했고, 해상 주도권을 다시 확대해 나간 것이다.

Ⅵ. 해로통행첩 · 낙인세(烙印稅) · 어염세(魚鹽稅)

임진왜란 당시의 이순신이 장군의 통제영에서 시행한 해로통행첩은 바닷길을 이용하는 선박에게 통제영이 자체적으로 징수한 특별조세의 성격이 있다고 할 수 있다. 이와 관련하여 장한식(2009)은 “해로통행첩의 발행은 국가의 징세권과 사법권을 수군이 일부 침해하였다는 의미가 담겨 있다. 오랫동안 지속할 수 없는 방편이었지만 후일 고금도로 진영을 옮긴 뒤에도 해로통행첩을 계속 발행한다. 통행첩은 이순신이 보화도를 중심으로 삼아 해변일대에 군정체제를 재가동했음을 상징한다고 하겠다.”라고 하였는데 이 내용은 해로통행첩이 바닷길을 운항하는 선박에게 통제영에서 자체 징수한 특별조세 성격이었다는 것과 통행첩이 없는 배는 간첩선으로 인정하고 통행할 수 없게 한다는 사법권을 통제영이 자체 시행하였다는 것을 설명하는 것이다.

이와 같이 통제영에서 자체 징수한 특별조세인 해로통행첩 제도와 관련하여 조선 후기 통영에 있던 수군 통제영의 자치적인 수입이었던 어염세(魚鹽稅)와 낙인세(烙印稅)라는 세금이 있어 비교해 보고자 한다.

어염세는 어로작업으로 인한 물고기의 판매와 염전에서 소금을 생산하는 과정에서 어로작업과 소금생산을 하는 설비(設備)와 권리(權利)에 대하여 부과한 조세였을 것이다. 물론 여기서 말하는 어염세는 조선시대의 잡세 중에 어세와 염세와는 구별하여야 할 것이다. 본 연구에서 언급하는 어염세는 통제영에서 자체 징수한 어염세에 관한 내용이다.

송기중(2013)은 "균역법 실시 직전에도 통제영은 많은 수입을 어염세에 의지하고 있었던 같다. 균역법이 실시되자 조선 정부는 각 도에 균세사를 파견하여 어염의 실태를 조사하였다. 이 과정에서 통제영 어염세는 절가(折價)하면 풍년에는 약 40,000냥, 흉년에는 약 7,000~8,000냥 정도로 파악되었다. 통제사 이경무(李敬懋)도 '수입이 40,000~50,000냥이 넘었다'고 증언하고 있다. 이 두 언급을 통해 통제영의 어염세 수입이 약 7,000~50,000냥 정도 수준에서 결정되고 있음을 추정할 수 있다."[15]라고 하였다.

또한, 송기중(2015)은 "인조 3년(1625년) 어염의 생산량은 10일만에 어염 1천석 정도를 마련할 수 있을 정도까지 그 생산량이 늘어났다"고 하였으며, "어염은 생산량 자체보다도 판매를 통해 많은 이윤을 남길 수 있는 품목이었다"라고 하면서, "당시 통제영은 세금으로 걷은 어염을 소금이 부족한 낙동강 상류 지역에 팔고 3~4배에 이상의 차익을 남겨 재원에 보충하였다."[16]라고 하였다.

"낙인세는 통제영 앞바다를 지나가는 선박을 검열하고 세금을 걷는 일종의 통행세였다. 세금을 징수하는 과정에서 낙인을 찍었기 때문에 낙인세라 지칭하였다."[17] 낙인세 같은 경우에는 통행세 성격의 세금이었으니 임진왜란 때 이순신 장군의 통제영에서 시행한 해로통행첩의 성격과도 일치하는 면이 있다고 할 수 있다. 전시상황이 아닌 당시의 낙인세

15) 송기중, 2013, "균역법 실시와 수군 급대의 운영", 「역사학보」 제218집, pp.186－187; 「승정원일기」 1067책, 영조 27년 4월 19일.
16) 송기중, 2015, "조선후기 수군급대의 운영과 변화", 충남대학교 박사학위논문, p.20.
17) 송기중, 2015, 앞의 논문, p.160.

는 그 목적과 배의 크기에 따라 차등적으로 징수하였다. 상업행위인 무판(貿販)을 하기 위해 이동하는 배는 큰 배 15필, 작은 배 8~9필 정도를 수세하였으며, 어업(漁業)을 목적으로 이동하는 배는 1필을 수세했다고 한다. 상업을 목적으로 이동하는 선박이 어업을 목적으로 이동하는 선박보다 큰 이익을 남길 것으로 예상하여 이렇게 수세했던 것으로 보인다.[18] 임진왜란이라는 전시상황의 해로통행첩 제도에서 큰 배는 곡식 3석, 중간 배는 2석, 작은 배는 1석의 곡식을 내고 통행첩을 발행하고, 배의 통행과 어업을 허용한 것과 비교된다. 이와 같은 어염세와 낙인세는 1750년(영조 26년) 균역법의 시행으로 인해 어염세가 균역청으로 귀속되고 낙인세는 폐지되게 된다.

한편, 균역법의 실시로 수군에 대한 감필(減疋),[19] 감혁(減革),[20] 낙인세의 폐지 및 어염세의 균역청 이속으로 인해 통제영의 재정은 악화되었다. 특히, 통제영 재정에 직접적으로 타격을 준 것은 감필과 어염세의 균역청 이속이었다. 이 중 감필보다는 어염세 이속이 통제영에 준 타격은 훨씬 광범위하고 컸던 것으로 판단된다.[21] 이와 같은 상황으로 인해 악화된 통제영 재정을 회복하기 위한 건의와 조치가 있었는데 정조 1년(1777년) 도승지 홍국영이 균역청과 통제영 사이의 이해관계를 타결하기 위해 어장을 균역청 소속과 통제영 소속으로 나누어 관리하도록 하였다. 이로 인해 경상우도 연해 어전이 균역청 소속이 되고 통제영 소속 등 두 가지로 나누어졌다. 어세 징수를 위해 영수증을 발급하였는데 균역청에서 발급한 것을 장표, 통제영에서 발급한 것을 지첩이라고 불렀다. 이 장표와 지첩은 일종의 어채(魚採)의 면허였다. 그 해의 어세를 납부해야 다음 해의 장표나 지첩을 발급받아 어채를 지속할 수 있었다. 당

18) 송기중, 2015, 앞의 논문, p.160.
19) 수군역가를 2필에서 1필로 통일한 것을 말한다.
20) 진을 혁파하고 군액을 삭감하여 여기서 절약한 비용을 급대에 전용하는 것을 말한다.(송기중, 2015, 앞의 논문, p.155.)
21) 송기중, 2015, 앞의 논문, p.173.

시에는 균역법 소속 어전에 부과하는 세금을 원세(元稅), 통제영 소속 어전에 부과하는 세금을 여세(餘稅)라고 하면서 구분하였다.[22] <표 2>는 해로통행첩과 낙인세를 비교하여 정리한 것이다.

〈표 2〉 통제영에서 시행 및 징수한 해로통행첩, 낙인세, 어염세의 비교

구분	해로통행첩	낙인세	어염세
징수액	큰 배: 곡식 3석	큰 상선: 세포(細布) 15필	약 7,000~50,000 냥(년)
	중간 배: 곡식 2석	작은 상선: 세포(細布) 8, 9필	
	작은 배: 곡식 1석	어선: 세포(細布) 1필	
성격	세작과 해적행위의 우려가 없는 배에게 통행과 어업을 보장하고 곡식을 징수하여 군량미 확보	상선과 어선에게 통행할 수 있는 낙인을 찍어주고 세포(細布)를 징수하여 재정 확보	어로작업 및 소금생산을 하는 선박, 설비(設備) 등 어염권에 부과하여 재정확보
해로통행첩과 낙인세의 공통점	통제영에서 자체적으로 징수한 해로통행세		
해로통행첩, 낙인세, 어염세의 공통점	통제영에서 자체적으로 징수한 특별조세		
차이점	임진왜란 당시에 시행	임진왜란 이후에 시행	

22) 송기중, 2015, 앞의 논문, pp.183－184; 「일성록」, 정조 17년 5월 27일.

Ⅶ. 전선 및 병기제작

고하도를 거쳐 고금도로 통제영을 옮긴 이후 군사모집과 군량미의 확보는 어느 정도 해결되었다고 할 수 있다. 그렇다면 해상 전투에서 가장 중요한 전선(판옥선)의 건조 및 각종 병기의 제조는 어떻게 진행되었을까? 다음은 이러한 의문점과 관련한 「징비록」에서의 기록이다.

"또한 이순신과 수군들은 자신들을 따라온 피난민들을 완도 고금도와 인근 섬에 정착시켰다. 섬이 안정될수록 피난민들은 안전을 위해 더욱 몰려들었다. 이순신은 그들 중에서 민정(民丁)을 모집하고, 구리와 쇠를 수송하여 대포를 주조하며, 나무를 베어 배(전선)를 제조하였다."[23)]

위의 「징비록」에서의 기록과 관련하여 전선 건조와 병기 제작에서 가장 큰 역할을 한 인물은 흥양현감 최희량이었다. 최희량(1560년~1651년)은 1594년 갑오년(1594년)에 무과에 급제한 후 충청수사 이계정의 휘하에서 군관으로 활약한 후 선전관을 거쳐 정유년(1597년)에 흥양현감에 제수되어 이순신 휘하에서 활동하였다.[24)] 다음은 이와 같이 전선 등을 제조하는데 큰 역할을 한 흥양현감 최희량에 대한 기록이다.

"한산에서 새로이 전함이 부서져 모두 수몰되었는데, 희량은 무술년 봄에 굶주리고 지친 백성들을 이끌고 몸소 재목을 끌어서 전선을 조성하였으며, 활과 화살, 창과 방패가 정비된 것이 다른 고을이 아직 겨를이 없었던 것에 비해 단연 뛰어나서 당시 통제사 이순신이 특별히 포계를 올린 것입니다."[25)]

23) 류성룡 · 이재호(옮김), 2007, 「징비록」, 역사의 아침, p.312.
24) 제장명, 2011, 앞의 책, p.215.
25) 제장명, 2011, 앞의 책, p.215.

<표 3>은 고하도 및 고금도에서 최희량 등의 역할로 추가로 제조된 전선의 수를 보여주고 있다.

〈표 3〉 고하도·고금도에서의 전력증강 현황(판옥선)

구분	명량해전 직후 (1597.9.17~10.28)	고하도 주둔기 (10.29~1598.2.16)	고금도 주둔기 (2.17~7.15)
병력확보	1,000여 명	2,000여 명	7,300여 명
전선건조 (판옥선)	13척 (기존 전선 유지)	53척 (40척 추가 건조)	60~70척 (10여 척 추가 건조)

출처: 제장명, 앞의 책, p.220.

<표 4>는 이순신의 수군재건과 관련하여 본 연구에서 지금까지 언급된 인물들의 주요 내용을 요약한 것이다.

〈표 4〉 류형, 이의온, 최희량의 활약

구분	류형 (1566~1615)	이의온 (1577~1636)	최희량 (1560~1651)
주요 활약시기	정유재란기	정유재란기	정유재란기
주요 활약	수군 모집방법 제안 노량해전참전, 제5대 삼도수군통제사	고금도에서의 둔전실시 제안, 해로통행첩 시행 제안	전선 및 병기제작

Ⅷ. 정사준·정사횡·정사정 형제의 공헌

다음의 내용은 이순신이 1592년(선조 25년) 12월 25일 조정에 올린 장계의 기록이다.

"승정원에서 열어보십시오. 지난 9월 순천에 사는 사람으로서 봉사로 기복한 정사준은 같은 고을의 의로운 선비이며 교생인 정빈 등과 약속하고 각각 의연곡을 모아서 한 배에 싣고 행재소로 올라간다 하므로 본영과 수군 관할의 각 고을인 순천·광양·낙안·흥양등의 고을 수령들이 따로 봉하여 진상하는 물품 등을 각각 물목을 기록하여 올려 보낸다고 하기 때문에 실정을 아뢰는 장계를 위의 정사준에게 맡기어 올려 보내었습니다.

그러나 서해의 물길이 풍세가 불순할 뿐 아니라 정사준이 중로에서 추운 기운에 몸을 상하여 병세가 위독하여 올라가지를 못하고 되돌아 왔으므로 우선 그 동생이며 신의 군관인 정사횡에게 그 의연곡을 가지고 올라가게 하였습니다.

신이 따로 봉하여 진상하는 장편전 등 잡물과 탄신일·동지 및 설날에 소요되는 방물의 진상도 함께 위의 정사횡과 본영의 진무 김양간에게 일시에 맡기어 의연곡을 실은 배에 같이 실어 올려 보내었습니다.

순천 부사 권준이 따로 봉하여 진상하는 것도 또한 물목을 만들어 한 배에 같이 실어 보냈습니다.

광양·흥양·낙안 등의 고을은 전일의 장계에서 아뢴 바와 같이 각각 제 고을에서 사람을 뽑아서 관선에 실어 보내었습니다. 이에 대하여 사실대로 말씀을 올려주기 바랍니다."[26]

다음의 내용은 1593년(선조 26년) 7월 15일에 본영을 여수에서 한산도로 옮긴 후 8월 10일 조정에 올린 장계의 기록이다.

"삼가 올려 보내는 일로 아룁니다. 신이 여러번 큰 싸움을 겪으면서 왜인의 조총을 얻은 것이 매우 많았으므로 항상 눈앞에 두고 그 묘리를 실험한 즉, 총신이 길기 때문에 그 총구멍이 깊숙하고, 깊숙하기 때문에 나가는 힘이 맹렬하여 맞기만 하면 반드시 부서지는데, 우리나라의 「승자」나 「쌍혈」 등의 총통은 총신이 짧고 총구멍이 얕아서 그 맹렬한

---

26) 「임진장초」, 임진년(1592년) 12월 25일.

힘이 왜의 총통만 같지 못하며 그 소리도 웅장하지 못하므로 조총을 언제나 만들어 보려고 하였습니다. 그런데 신의 군관 훈련 주부 정사준이 묘법을 생각해 내어 대장장이 낙안 수군 이필종·순천 사삿집종·안성이 피란하여 본영에 와서 사는 김해 절종·동지·거제 절종 언복 등을 데리고 정철을 두들겨 만들었는데, 총신도 잘 되었고 총알이 나가는 힘이 조총과 꼭 같습니다. 총구멍에 불을 붙이는 기구가 조금 다른 것 같으나 몇일 안으로 다 마쳐질 것입니다. 또 일하기도 그리 어렵지 않아서 수군 소속의 각 관포에서 우선 같은 모양으로 만들게 하였으며, 한 자루는 전 순찰사 권율에게 보내어 각 고을에서도 같은 모양으로 만들도록 하였거니와 지금 당장에 적을 막아내는 병기는 이보다 좋은 것이 없습니다. 그러므로 정철로 만든 조총 5자루를 봉하여 올려 보내오니 조정에서도 각 도와 각 고을에 명령하여 모두 만들도록 하되, 만드는데 감독하면서 제조한 군관 정사준과 위의 대장장이 이필종 등에게 각별히 상을 내리셔서 감격하여 열심히 일하게 하고 모두들 서로 다투어 만들어 내게 함이 좋을 것으로 사려됩니다. 삼가 갖추어 아뢰옵니다."[27]

위의 장계 내용은 여수에서 한산도로 본영을 옮긴 이순신이 전투에서 노획한 조총을 참고하여 정철조총을 제작하여 중앙조정에 보내어 다른 지역에서도 제작할 수 있도록 하고, 정사준과 이필종에게 상을 청하고 있는 것이다.

정사횡(鄭思竑)은 이순신이 1592년(선조 25년) 12월 25일 조정에 올린 장계에서도 알 수 있듯이 이순신의 군관시절 형 정사준의 병으로 대신 의연곡을 배에 싣고 행재소로 올라가기도 하였다. 정유재란 시기에는 이순신이 통제사로 복귀되자 이순신의 밑에서 의병을 일으키고 군량을 모아서 노량해전에까지 크게 활약하였다. 그 동생이 정사정(鄭思竫) 역시 집안 하인 수백 명을 거느리고 이순신의 막하에 들어가 활약하였다.[28]

---

27) 「임진장초」, 계사년(1593년) 8월 10일.
28) 제장명, 2011, 앞의 책, p.211.

〈표 5〉 류형, 이의온, 최희량의 활약

구분	정사준	정사횡	정사정
주요 활약시기	전라좌수영 시절(1592년~1594년)	고금도 통제영시절 (1597년~정유재란기)	
주요 활약	의연곡 모집, 정철조총 제작	의연곡 운반(전라좌수영 시절), 의병 모집, 군량미 모집	이순신의 막하에서 활약

Ⅸ. 결론

이순신이 정유재란기 삼도수군통제사로 재등용된 후 경세가로서의 능력을 발휘하여 실시한 둔전경영 및 해로통행첩 제도의 시행은 전쟁의 승리를 위하여는 필수불가결한 요소인 군량미를 확보하여야 한다는 숙명의 과제로부터 시작된 것이다. 이순신은 조선의 수군의 군량미확보 외에도 명나라 수군에게까지 군량미를 지원하여 국가가 해야 할 일을 대신하기까지 하였다. 이러한 내용은 이순신의 경세가로서의 경영능력을 다시 한 번 증명하는 것이다. 또한, 군량미를 해로통행첩의 시행으로 확보했다는 것은 바닷길을 통행하는 선박에게 중앙조정이나 지방관청이 아닌 통제영에서 자체적으로 특별조세를 과세 및 징수하였다는 중요한 의미가 있는 것이다.

참고문헌

(국역) 「선묘중흥지」, 한국고전번역원.

(국역) 「일성록」, 한국고전번역원.

(국역) 「임진장초」, 한국고전번역원.

(국역) 「조선왕조실록」, 국사편찬위원회.

김경옥, 2009, “16～17세기 古今島 인군 海路 水軍鎭의 설치”, 「도서문화」, 제33집, pp.171－201.

김태훈, 2004, 「이순신의 두 얼굴」, 창해.

송기중, 2013, “균역법 실시와 수군 급대의 운영”, 「역사학보」, 제218집, pp.173－208.

______, 2015, “조선후기 수군급대의 운영과 변화”, 충남대학교 박사학위논문.

류성룡, 2013, 김시덕(역해), 「징비록」, 아카넷.

류성룡, 2007, 이재호(옮김), 「징비록」, 역사의 아침.

이민웅, 2014, 「임진왜란 해전사」, 청어람미디어.

이분, 「이충무공전서」 권지9 行錄, 한국고전번역원.

이의온, 「오의정집」, 한국고전번역원.

제장명, 2011, 「이순신 백의종군－하늘의 뜻을 알다」, 행복한나무.

최희량, 「일옹집」, 한국고전번역원.

people.aks.ac.kr/index.aks, 2018.1.2.

왕의 즉위와 대동법 시행에 관한 연구

왕의 즉위와 대동법 시행에 관한 연구

광해군 즉위 후의 경기대동법(선혜법), 인조 즉위 후의 강원도대동법, 효종 즉위 후의 충청도 및 전라도 대동법의 시행은 새로이 즉위한 왕에게 기대를 걸어 백성들의 고단한 삶을 개선시키려 했던 위대한 경세가(輕世家)의 대단한 노력이 있었기에 가능했던 것이다. 그러나 이 세 왕의 즉위 후 시행된 대동법은 그 시행과 관련하여 큰 위기에 당면하게 된다. 시행과 관련된 위기의 차이점은 광해군 때와 인조 때의 대동법은 시행결정 후 시행은 즉시 이루어졌으나 얼마 안가서 폐지위기에 놓였다는 것이고, 효종 때의 충청도 및 전라도 대동법은 시행 전에 극심한 반대에 부딪쳤으나 그 반대를 극복하고 시행된 이후에는 폐지위기를 맞지 않고 계속 시행되었다는 것이다.

본 연구에서는 이러한 세 왕의 즉위와 그 새로운 왕에게 기대를 걸어 백성의 편안한 삶을 위한 대동법의 시행을 성공시킨 경세가(輕世家)들의 노력에 대하여 검토해 보았다. 광해군 때의 한백겸과 이원익 및 황신, 인조 때의 조익과 이원익, 효종 때의 김육 등은 공물방납의 폐단을 개선하여 백성들의 고달픈 삶을 개선시켜 주고자 하는 공통적인 생각을 가진 인물들이었다. 이들은 성리학의 이론적인 해석에만 치중하는 것이 아닌 그 해석을 바탕으로 백성을 위한 올바른 정치를 현실에서 실천하는 경세가(輕世家)적인 능력을 발휘하였다. 그 결과물이 바로 대동법 시행을 위한 정책입안과 시행인 것이다.

Ⅰ. 서론

중종 때의 정암 조광조, 선조 때의 율곡 이이, 선조 때 임진왜란 시기의 서애 류성룡은 각각 공물방납의 폐단으로 인한 공안의 개정, 공물을 특산물이 아닌 쌀로 납부하자는 대공수미법 시행의 제안, 전시 상황에서의 군량미 마련을 주목적으로 한 대공수미법의 시행과 관련 있는 인물이라고 할 수 있는데 이 세 사람의 공통점은 바로 백성들의 고달픈 삶을 개선하기 위한 대동법 시행의 초석을 놓은 인물이었다는 것이다.

이러한 대 선각자들의 노력으로 인해 공물방납의 폐단에 빠져있는 백성들의 고단한 삶을 살아가던 백성들을 구제하기 위해 대동법은 결국 시행되기에 이른다.

광해군 즉위 후의 경기대동법(선혜법), 인조 즉위 후의 강원도대동법, 효종 즉위 후의 충청도 및 전라도 대동법의 시행은 새로이 즉위한 왕에게 기대를 걸어 백성들의 고단한 삶을 개선시키려 했던 위대한 경세가의 대단한 노력이 있었기에 가능했던 것이다. 그러나 이 세 왕의 즉위 후 시행된 대동법은 그 시행과 관련하여 큰 위기에 당면하게 된다. 시행과 관련된 위기의 차이점은 광해군 때와 인조 때의 대동법은 시행 결정 후 시행은 즉시 이루어졌으나 얼마 안가서 폐지위기에 놓였다는 것이고, 효종 때의 충청도 및 전라도 대동법은 시행 전에 극심한 반대에 부딪쳤으나 그 반대를 극복하고 시행된 이후에는 폐지위기를 맞지 않고 계속 시행되었다는 것이다.

본 연구에서는 이러한 세 왕의 즉위와 그 새로운 왕에게 기대를 걸어 민생의 안정을 위한 대동법의 시행을 성공시킨 경세가(輕世家)들의 노력에 대하여 검토해 보고자 한다.

본 연구에서는 Ⅰ.에서 서론을 기술하고, Ⅱ.에서는 광해군의 즉위와 대동법 시행, Ⅲ.에서는 인조의 즉위와 대동법 시행, Ⅳ.에서는 효종의 즉위와 대동법 시행, Ⅴ.에서는 효종 이후의 대동법 시행과정, Ⅵ.에서는 결론을 기술한다.

Ⅱ. 광해군의 즉위와 대동법의 시행

광해군은 선조에 이어 1608년에 조선 15대 왕으로 즉위하였다. 1623년 인조반정으로 폐위되기까지 약 15년 동안 왕의 자리에 있었던 그 였다. 광해군하면 먼저 떠오르는 것은 명과 후금사이에서 조선의 부국강병을 추구했다는 긍정적인 측면도 있었으나 계모인 인목대비를 폐비시켰으며 동생인 영창대군을 죽게 내버려 둔 비정의 왕이라는 내용일 것이다. 이러한 광해군이 즉위 초에 한 일은 궁궐공사와 산릉(山陵)[1]이었다. 궁궐공사와 산릉에는 필연적으로 백성들의 국역동원과 수많은 재화가 필요했을 것이다. 이러한 점은 임진왜란의 상처가 아직 채 가시지도 않은 상황에서 백성들의 고된 삶을 더 가중시켰을 것이라는 예상을 쉽게 할 수 있다. 그렇다면 광해군에게는 백성들의 고된 삶을 개선시켜 주려는 의지가 있었어야 할 것이다. 이러한 의지가 자의였든지 타의였든지 간에 반영되어 광해군이 왕이 된 1608년(광해군 즉위년) 공물방납이 극심했던 경기도부터 대동법이 시범적으로 시행되기에 이른다.

우리가 흔히 알고 있는 대동법의 시행은 1608년 광해군이 즉위한 후 오리 이원익의 건의로 경기도부터 시범적으로 시행되었다는 것이다. 그러나 이원익의 건의 이전에 구암 한백겸의 상소를 통한 대동법 시행 건의가 있었고, 영의정 이원익이 대동법의 시행을 관장하는 선혜청 도제조임에도 불구하고 병으로 체직하는 상황에서는 호조판서 황신이 선혜

1) 국장(國葬)을 하기 전에 아직 이름을 정하지 않은 새 능을 말한다.

청 부제조로서 대동법 시행에 관한 실무책임을 맡게 되었다. 추포 황신은 국가재정의 낭비를 걱정하고 백성의 편안한 삶을 위해 대동법 시행 초기의 폐지위기를 극복하고 그 시행을 적극 추진했다는 공헌이 있다. 본 장에서는 이러한 내용에 대하여 검토해 보고자 한다.

구암 한백겸(1552－1615)은 임진왜란 중이었던 1594년에 서애 류성룡이 건의하여 시행하였던 대공수미법이 계속 시행되지 못하고 폐지된 원인을 네 가지 제시하였다. "첫째, 1결마다 쌀 2말의 부담은 가벼우나 산군(山郡)의 운반비가 무거웠으며, 둘째, 관청이 값을 깎아 시전상인이 원망하였고, 셋째, 서울을 수복한 지 오래지 않아서 물화 구매가 어려웠고, 넷째, 이익을 봉쇄당한 방납의 무리가 불평하였다."[2]는 것이다. 이와 같은 폐지원인은 후일에 실시된 대동법에서 그 미비점을 보완한 것이었다.[3]

이와 관련하여 한백겸은 1608년(광해군 즉위년) 호조참의 시절 서애 류성룡의 대공수미법을 보완한 대동법의 시행을 건의하였다. 반계수록(磻溪隧錄) 전제후록(田制後錄) 상(上) 경비(經費)에 이와 관련된 내용이 나타나 있고,[4] 박병련 등(2007)은 그 내용을 다음과 같이 요약하고 있다.

> "광해군이 즉위하던 해에, 호조참의 한백겸은 류성룡의 수미법을 보완한 시책을 건의하였다. 그는 포구에서 멀리 떨어진 곳에는 직물로 대신 받을 수 있고, 시가보다 넉넉하게 지급하면 공물조달자가 싫어하지 않을 뿐만 아니라 가격이 오르더라도 손해를 보지 않을 것이며, 서울에서 조달하기 힘든 물종은 신축적으로 현물로 상납하면 된다는 방안을 제시하였다. 이 제안은 이후 대동법에 반영되었다."[5]

2) 박병련·곽진·이헌창·이영춘, 2007, 「잠곡 김육연구」, 태학사, p.207.
3) 박병련 등, 앞의 책, p.207.
4) 「국역주해 반계수록」 전제(一), 1962, 충남대학교, pp.301－303.
5) 박병련 등, 앞의 책, p.207.

위의 내용에서 시가보다 넉넉하게 지급한다는 것에 대하여 “한백겸은 모든 물품에 대해 시장가격의 2-5배로 넉넉하게 값을 치러주어 공물조달자가 가격이 오르더라도 손실을 보지 않으면서 무역하는 이익을 누리게 하자는 개선책을 건의한 바 있다”[6]로 박병련 등(2007)은 추가적인 설명을 하고 있다.

다음의 내용은 「연려실기술」 별집 제11권 정교전고(政敎典故) 공물(貢物)과 대동미(大同米) 부분에서 한백겸이 상소를 올려 대동법의 시행을 제안하고 있는 내용으로 위에서 요약적으로 언급된 한백겸의 대동법 시행을 위한 건의를 상세히 보여주고 있다.

광해 초년[7]에 호조참의 한백겸(韓百謙)이 상소하기를,

“우리나라의 공물의 폐단은 실로 국가의 존망에 관계되는 것입니다. 상신(相臣) 류성룡이 깊이 그 폐단을 알아 공물을 폐지하고 쌀로 바치게 하며, 거기서 쓰는 잡물을 모두 시장의 시세로 서로 바꾸어 쓰게 하니, 그 취지는 좋지 않음이 아니나 그 방법이 좋지 않은 데가 있어 원망하는 자는 많고, 기뻐하는 자는 적어서 마침내 곧 도로 폐지하기에 이르렀사오니, 신은 매우 마음 아파합니다. 그 법이 8도를 통하여 밭 1결마다 쌀 2말을 내어 서울에 수납하게 하고, 대소의 토공을 일체 정파한 것이었으니, 대개 연해의 고을은 그 곳으로부터 배에 실어 상납하면 2말의 쌀이 어찌 경하지 않겠습니까. 그러하오나 만약 산군(山郡)으로서 물이 먼 지방이면 운반하여 포구(浦口)까지 날라 오는 비용이 본 숫자의 3배나 되오니, 이에 산군의 백성이 원망하게 되고, 그 쓰는 물품을 당해 관청에서 친히 스스로 매매하자 장사치와 같이 되어 그 값을 깎는 것으로만 능사로 삼아서 이에 시전의 백성이 원망하게 됩니다. 그때 환도한 지 오래지 않아서 물화가 모여들지 않았사온데, 만약 불시의 수요가 있어 시전에서 얻지 못할 것이면 부득이 외방에 따로 배정하게 되

6) 박병련 등, 앞의 책, p.230.
7) 1608년(광해군 즉위년)을 말한다.

니, 백성은 겹쳐 징수당하는 원망이 있고, 서리는 법을 신봉하는 뜻이 없었습니다. 아마도 그때의 당사자의 뜻이 오로지 많이 잉여(贏餘)를 취하려는 데다 두고, 백성의 부역을 고르게 하는 일에는 그다지 유의하지 않은 것 같사오니, 이것이 좌우로 견제되어 마침내는 행하지 못하게 되었던 것입니다. 이제 만약 그 뜻은 취하고, 그 일은 뒤집어서 대략 포구에 나오는 거리의 원근으로 차등을 두어 작미(作米)하도록 하되, 반드시 2말로 구애하지 말고 바다로부터의 거리가 이틀 길 이상이면 그 쌀에 준하여 베로 마련하게 하여, 경중과 고헐(苦歇)을 피차 한결같이 한다면 누가 기뻐하지 않겠습니까. 모든 물건을 모두 넉넉하게 값을 주어 베 값에 비하여 혹 배(倍)도 되게 하고, 혹 5배도 되게 하며, 풍년에도 더하지 않고, 흉년에도 덜하지 않아 방납하는 무리에게 일정한 법이 있음을 알게 하며, 그 사이에서 주선하여 있고 없는 것을 교역하여 스스로 그 이익을 얻게 하면 누가 기뻐하지 않겠습니까. 그 가운데 혹 제향(祭享)[8]에 쓰이는 것과 상방(尙方: 상의원(尙衣院))에 수요되는 것으로써 서울로부터 바꾸어 상납하기 어려운 것이 있을 때 적당히 작미와 혹은 작포(作布)의 수를 감제하여 본색으로 상납하게 하면, 그 신축과 재량이 다만 한 유사의 능사에 있을 것이니 무슨 불편한 일이 있으며, 또한 무슨 행하지 못할 것이 있겠습니까."하였다.[9]

이원익은 한백겸의 위와 같은 대동법 시행의 건의를 재청하여 경기도부터 시범적으로 대동법을 시행되게 하였다. 다음의 내용은 영의정 이원익이 선혜청 설치와 경기도의 대동법 시행에 관하여 논하고 있는 1608년(광해군 즉위년) 5월 7일의 기록이다.

선혜청(宣惠廳)을 설치하였다.

전에 영의정 이원익(李元翼)이 의논하기를,

"각 고을에서 진상하는 공물(貢物)이 각사(各司)의 방납인(防納人)들

8) 나라에서 지내는 제사를 말한다.

9) 「연려실기술」 별집 제11권, 정교전고(政敎典故), 공물(貢物)과 대동미(大同米) 中.

에 의해 중간에서 막혀 물건 하나의 가격이 몇 배 또는 몇십 배, 몇백 배가 되어 그 폐단이 이미 고질화되었는데, 기전(畿甸)[10]의 경우는 더욱 심합니다. 그러니 지금 마땅히 별도로 하나의 청(廳)을 설치하여 매년 봄가을에 백성들에게서 쌀을 거두되, 1결(結)당 매번 8말씩 거두어 본청(本廳)에 보내면 본청에서는 당시의 물가를 보아 가격을 넉넉하게 헤아려 정해 거두어들인 쌀로 방납인에게 주어 필요한 때에 사들이도록 함으로써 간사한 꾀를 써 물가가 오르게 하는 길을 끊으셔야 합니다. 그리고 두 차례에 거두는 16말 가운데 매번 1말씩을 감하여 해당 고을에 주어 수령의 공사 비용으로 삼게 하고, 또한 일로(一路) 곁의 고을은 사객(使客)[11]이 많으니 덧붙인 수를 감하고 주어 1년에 두 번 쌀을 거두는 외에는 백성들에게서 한 되라도 더 거두는 것을 허락하지 마소서. 오직 산릉(山陵)과 조사(詔使)의 일에는 이러한 제한에 구애되지 말고 한결같이 시행하도록 하소서."하니, 따랐다.

"그런데 전교 가운데에 '선혜(宣惠)'라는 말이 있었기 때문에 이 청의 명칭을 삼은 것이다. 의정(議政)을 도제조(都提調)로 삼고, 호조판서가 부제조를 겸하도록 하였으며, 낭청 2원(員)을 두었다.

이 뒤로 수령이 못된 자일 경우 정해진 법 밖에 더 거두어도 금할 수 없었고, 혹은 연호(烟戶)[12]를 침탈해서 법으로 정한 뜻을 다 행할 수 없었다. 그러나 기전의 전결에 대한 역(役)은 이에 힘입어 조금 나아졌다."[13]

위의 내용은 선혜청을 설치하고 공물방납의 폐해가 심한 경기도부터 대동법을 시행해야 된다는 이원익의 건의를 광해군이 받아들이고 있는 상황이며 1년에 두 번, 즉 봄과 가을에 토지 1결당 8말씩 쌀을 거두어 선혜청으로 보내고, 16말 가운데 봄과 가을에 각 1말씩을 해당 고을

10) 경기도를 말한다.
11) 중국(명나라) 사신을 말한다.
12) 연호(烟戶)란 굴뚝에서 연기 나는 집이라는 뜻으로 세금을 부담하는 가호(家戶)를 말한다.
13) 「광해군일기(정초본)」, 광해군 즉위년 5월 7일.

의 경비로 사용하도록 하는 내용의 대동법 시행방안을 설명하고 있는 것이다.

한편, 박병련 등(2007년)은 대동법이 경기도에서부터 시범적으로 시행된 이유를 다음과 같이 설명하고 있다.

> "경기도에 대동법이 먼저 시행될 수 있었던 요인으로 종래 요역의 부담이 무거웠던 점을 들고 있으나, 경기도는 쌀의 운반이 쉽고 서울과 개성의 존재로 시장이 가장 발달한 지역이라는 사정도 고려해야 할 것이다."[14)]

위의 내용을 검토해 보면 이해가 되는 두 가지가 있다. 첫째, 경기도는 한양을 둘러싸고 있어 거리도 가깝고 도로 또한 비교적 잘 정비되어 있었을 것이며, 둘째, 서울과 개성의 존재로 시장이 발달하여 공물 대신 거둔 쌀을 시장에서 당시의 물가를 고려하여 필요한 재화와 교환하기 쉬울 것이라는 점이다. 박병련 등(2007)은 이러한 점 때문에 대동법을 전국적으로 실시하기에 앞서 경기도부터 시행할 수 있었다는 것을 설명한 것이다.

다음은 광해군이 즉위한 후 1608년 5월 7일에 대동법 시행의 주무 관청인 선혜청이 설치되었는데 그 이후 대동법이 실제로 시행된 시기를 알 수 있게 해주는 1608년(광해군 즉위년) 9월 4일의 기록이다.

> 장령 박건이 아뢰기를,(중략)
> "한 번 난리를 겪게 되자 사람이 궁하면 넘치게 되어서, 이름난 선비들이 간혹 이끗과 욕심의 구렁텅이에 빠지는 경우가 많습니다. 예컨대 각영(各營)의 방납(防納), 각역(各驛)의 납마(納馬), 경영(京營)의 쇄마(刷馬)와 기타 사소한 이익에 머리가 터지도록 다투고들 있습니다. 심

14) 박병련·곽진·이헌창·이영춘, 2007, 「잠곡 김육연구」, 태학사, p.208.

지어 공물의 방납은 국법이 지극히 엄한데도 사대부들이 몸은 시정(市井)의 일을 직접 하면서도, 혀로는 사대부의 의논을 막힘없이 하면서 옷깃을 여미고 앉아 조금도 부끄러운 기색이 없습니다. 민생의 괴롭고 피곤함이 실로 여기에서 연유하니 정말 가슴이 아픕니다.

어떤 이는 팔도의 전결을 공물의 값으로 따져 헤아려서 균일하게 쌀로 바꾸어 매기자고 하고, 어떤 이는 각도 각 고을로 하여금 본색(本色) 상납하는 것을 제외한 이외의 것은 방납하지 못하게 하고 혹은 쌀, 혹은 베로 참작하여 값을 정하고 조문을 작성하여 상납하게 하여 공물로 바칠 물품을 사서 쓰는 데 공급함으로써, 한편으로 방납의 폐단을 혁파하고 한편으로 민생의 위급함을 구원하자고 합니다. 선혜청으로 하여금 장점을 따라 익히 강론하여 속히 거행하도록 하소서".(중략) 하니, 답하기를, "모두 아뢴 대로 하라.(중략)" 하였다.[15]

위의 내용에서 알 수 있는 것은 광해군이 즉위한 후 5월 7일에 선혜청을 설치하고 9월 4일에 장령 박건이 광해군에게 공물방납의 폐단을 혁파하여 민생을 구원하기 위해 선혜청으로 하여금 속히 대동법을 거행하도록 아뢰니 광해군이 아뢴 대로 하라고 전교하는 상황으로 말미암아 9월부터 대동법이 시행되게 되었다는 것을 파악할 수 있는 것이다. 이와 같은 내용 외에 「조선왕조실록」에는 우리가 통설로 알고 있는 광해군 즉위년(1608년) 5월에 선혜청이 설치되고 9월부터 대동법이 시행되었다는 사실에 대한 더 이상의 기록은 보이지 않고 있다.

한편, 앞서 살펴본 광해군 즉위년(1608년) 5월 7일의 기록에서 이원익의 대동법 시행 건의내용 중에서 '오직 산릉(山陵)과 조사(詔使)의 일에는 이러한 제한에 구애되지 말고 한결같이 시행하도록 하소서'라는 언급에 대하여 최주희(2017)는 "산릉과 조사의 역을 대동세 안에 포함시키지 않은 것은 경기선혜법의 목적이 현물공납제 전반을 개선하는데 있었다고 보기 어렵게 만드는 지점이다. 광해군은 즉위년(1608년) 3월 2일 선혜

15) 「광해군일기(정초본)」, 광해군 즉위년 9월 4일.

법을 실시함으로써[16] 공물방납의 폐단을 해소해주는 대신, 산릉과 조사역에 만전을 기하고자 한 것으로 이해된다. 그렇기 때문에 초기 선혜청은 민간의 사대동(私大同)을 계승한 의미로서의 대동청(大同廳)이 아닌 왕조정부에서 민간에 시혜를 베푸는 차원의 '선혜청(宣惠廳)'이라는 이름으로 설립되었다. 선혜법을 통해 방납의 폐단이 개선되고 중앙으로 상납되는 정규세원이 조금 증가하였지만, 중앙의 입장에서는 국역 동원의 명분을 꾀한 측면도 간과할 수 없다"[17]라고 해석하고 있다.

위와 같은 최주희(2017)의 해석에 의한다면 광해군이 즉위한 후 대동법을 시행한 목적이 공물방납의 폐단을 개선하기 위한 것보다 산릉(山陵)과 조사(詔使)[18]를 위해 백성들의 국역동원이 필요했고, 그에 대한 보상으로 대동법이라는 은혜를 베푼다는 것이 되는 것이며 산릉과 조사는 대동법에 구애되지 말고 우선적으로 시행되어져야 한다는 의미인 것이다. 이와 같은 산릉과 조사에 관련하여서는 본 장의 뒤에서 좀더 후술될 것이다.

그러나 우여곡절 끝에 시행된 대동법은 광해군을 비롯한 왕실과 방납업자 등의 세력 간에 관행적인 특수관계로 인해 시행된 지 채 반년도 되지 않아 폐지위기에 처하게 된다. 다음은 이와 관련한 1609년(광해군 1년) 2월 5일의 기록이다.

---

16) 최주희는 '광해군은 즉위년(1608년) 3월 2일 선혜법을 실시함으로써'라고 하고 있는데 이러한 언급은 광해군이 즉위년(1608년) 3월 2일에 내린 비망기의 내용 중에, "(전략) 예컨대 해묵은 포흠(逋欠), 급하지 않은 공부(貢賦), 군졸들의 도고(逃故), 세도를 부리는 호강(豪强)들의 침릉(侵凌)은 물론 이밖에 백성들을 병들게 하는 모든 폐단은 일체 견감하고 개혁시켜 혹시라도 폐단이 되는 일이 없게 하라. <u>공상(供上)하는 방물(方物)과 내수(內需)의 일에 대해서는 내가 마땅히 헤아려서 감하겠다.</u> (후략)"에서 밑줄 친 부분을 두고 선혜법을 실시한다는 의미로 해석하는 것으로 보인다. 이러한 내용은 광해군 즉위년(1608년) 5월 7일에 선혜청이 설치되고 9월부터 선혜법(대동법)이 시행되었으니 3월 2일에 선혜법이 실시되었다고는 볼 수 없는 것이다.

17) 최주희, 2017, "광해군대 京畿宣惠法의 시행과 선혜청의 운영", 「한국사연구」 제176집, pp.183－184.

18) 명나라 사신을 대접하는 것을 말한다.

"일전에 인견했을 때 승지 유공량(柳公亮)이 선혜청(宣惠廳) 작미(作米)의 일이 불편한 점이 많아 영구히 시행할 수 없다는 것을 대략 말하였다. 당초 나의 생각에도 이는 진실로 시행하기 어려울 것으로 여겼으나, 본청이 백성을 위해 폐단을 제거하고자 하기에 우선 그 말을 따라 행할 수 있는지의 여부를 시험해 보도록 했던 것이다. 그런데 지금 공량의 말을 들으니 심히 두려운 생각이 든다. 예로부터 나라를 소유한 자가 모두 토양의 실정에 맞게 공물(貢物)을 바치게 한 데에는 그 뜻이 있다. 그런데 이번에 방납(防納)에서 교활하게 물건 값을 올려 받는 폐단을 개혁하고자 하여 이 작미의 일이 있었으니, 그 근원은 맑게 하지 않고 하류(下流)만을 맑게 하고자 한 데 가깝지 않은가.

나의 견해는 이와 다르다. 만약 폐단을 개혁하여 백성을 편하게 해주고자 한다면 마땅히 먼저 기강을 세우고, 방납하고서 지나치게 징수하는 것을 금하는 법을 거듭 자세히 밝혀 혹을 범하는 자가 있으면 법으로 다스려 조금도 용서하지 않고 조종(祖宗)의 헌장(憲章)을 준행해 어기거나 잊지 않는 것이 좋은 계책인 듯하다. 송(宋)나라의 신법(新法)[19] 이 그 뜻이 어찌 백성을 괴롭히는 데 있었겠는가마는 마침내 구제하기 어려운 화를 불렀으니, 옛 헌장을 변경하는 것은 삼가지 않아서는 안 된다. 가령 이 일이 폐단은 없고 유익함만 있다 하더라도 춘궁(春窮)에 쌀을 내게 하는 것은 그 시기가 아닐 듯하니, 조사(詔使)가 돌아가고 가을이 와서 곡식이 많아질 때를 기다려 다시 의논해도 늦지 않다. 이 뜻을 대신에게 말하여 다시 의논해 아뢰도록 하라."[20]

위의 내용은 이미 시행되고 있는 대동법에 대하여 광해군이 채 반년도 지나지 않아 승지 유공량의 말을 인용하면서 선혜청에서 봄철에 쌀을 거두는 것에 반대하고 가을까지 기다려 다시 의논하자고 하는 상황이다. 여기에서 광해군은 방납의 폐단이 있으면 그 해당자를 엄중 처

19) 송(宋)나라 때 왕안석(王安石)이 제정한 청묘법(靑苗法)·보갑법(保甲法) 등의 법을 말한다.

20) 「광해군일기(정초본)」, 광해군 1년 2월 5일.

벌하여 기강을 바로잡는 법부터 시행하는 것이 우선이라고 하고 있는데 이러한 내용은 광해군 자신을 비롯한 왕실에 필요한 공물을 쌀로 받게 되면 그 동안 관행적으로 이루어져 왔던 방납업자 등을 포함한 세력과의 특수관계[21][22]에 문제가 발생할 수 있기 때문에 대동법을 폐지하려 하고 있는 상황으로 보인다.[23] 다음의 내용은 공물을 특산물 대신 쌀로 받게 되는 대동법의 시행으로 인해 발생한 불편한 점을 토로하는 것과 관련된 1610년(광해군 2년) 3월 22일의 기록이다.

---

21) 오항녕(2017)은 이러한 특수관계에 대하여 내수사(內需司)를 언급하고 있다. 그는 "어장과 염전을 왕실 또는 왕실과 결탁한 세력이 잠식하기 시작했고, 그 중심에는 내수사(內需司)가 있었다. 내수사는 궁중에서 쓰는 미곡·포목·잡화·노비 등을 맡아보는 관청이었는데, 왕실의 사유재산을 관리하다 보니 특권이 개입하기 쉬웠다. (중략) 내수사의 특권은 광해군이 대동법을 반대한 이유를 설명할 수 있는 유력한 근거다. 대동세(大同稅)를 걷기 위해서는 왕실의 경제적 기반인 내수사 노비의 복호(復戶, 세금면제혜택) 개혁, 궁가 불법 절수지(折受地)나 허위 사패지(賜牌地) 환수 등이 필요했다. 광해군은 으레 "서서희 결정하겠다"고 하면서 주저하고 시행을 유보했다. 사관은 "내수사의 토지 겸병이 이때부터 비롯되었다"(「광해군일기(중초본)」 즉위년 10월 14일)고 했는데, 근거 없는 말이 아니다."라고 하였는데, 여기서 왕실과 결탁한 세력이란 본문에서 언급한 것처럼 방납업자 등이 그 주요 세력일 것이다.

22) 김재호(2004)는 이러한 특수관계에 대하여 "방납이 행지면 '任土作貢'의 원리에 따라서 각 지방별로 부과된 공물을 각 지방의 공리(貢吏)가 지정된 중앙관청에 상납하는 본래의 공납제는, 상납하는 공물의 수량과 품목을 적은 문서(陳省)를 획득한 방납인이 지정된 공물을 납부하고 지방에 내려가 공물가를 징수하는 방식으로 바뀌게 된다. 이 방납과정에서 엄청난 이익이 발생하였는데, 민인의 부담 중에서 50－60%가 방납인에게, 30－40%가 사주인(私主人)에게 귀속된다고 하는 실정이었다(「광해군일기(정초본)」 광해군 2년 12월 25일). 이러한 이익으로 인하여 방납행위가 국법으로 금지하는 것이었음에도 관리들이 방납에 깊게 연루되는 것을 막을 수가 없었다. 공물상납의 책임이 있는 지방관과 직접 상납의 임무를 맡은 공리(貢吏), 이들을 영접하는 경주인(京主人), 상납을 받는 관청의 관리와 이노(吏奴), 그리고 이들의 불법행위를 비호하는 고위관료 및 왕실 등이 연결되어 이루어지는 공물대납(방납)은 근절되지 않았을 뿐만 아니라, 오히려 시간이 흐름에 따라 번성해 갔으며 그로 인한 폐단도 심화되었다(박도식 1995, 179－183)"는 내용을 인용하였다.

23) 최주희(2014)는 "광해군이 즉위 내내 선혜법 시행에 유보적인 자세를 보였던 것은, 선혜청에서 왕실공상을 줄이고, 수세 실결을 확보하는 과정에서 내수사 노비의 토지에 복호(復戶)하는 일과 궁가(宮家)의 절수지(折收地)를 민결(民結)로 돌리는 문제가 거론되었기 때문이다."라는 내용으로 광해군이 대동법을 사실상 폐지하려고 하는 이유에 대하여 설명하고 있다.

(전략) 내의원(內醫院)이 아뢰기를,

"각읍에서 진상하는 약재(藥材)를 대신 쌀로 받는다고 핑계하여 하나도 진상하는 것이 없으니, 전례대로 그 시기에 생산되는 약재를 채취하여 달마다 진상하게 하소서."하니, 전교하기를,

"임금께 진상하는 약재는 해사의 공물(貢物)에 비할 것이 아닌데, 선혜청이 모두 대신 쌀로 받게 하였으니, 사체(事體)의 경중을 안다고 할 수 있겠는가. 다시 의논하여 변통하게 하라."하였다.

위와 같은 기록에 대하여 사관이 추가적으로 기록한 내용은 다음과 같다.

"사신은 논한다. 선혜청의 일은 백성에게는 매우 편하고 각 관청의 하인과 시장에서 방납(防納)하는 무리에게는 매우 불편하다. 그러므로 각궁에 속해 있는 하인에게 청탁하고 서로 뜬소문을 내어 기필코 파한 뒤에 말려고 하고, 뜻도 이에 대하여 만족스럽게 여기지 않는 바가 있어 매번 미안하다는 전교를 내리니, 좌의정 이항복이 끝내 행하지 못할 것을 헤아리고 의논하여 파하려고 하니, 혹자가 말하기를 "이는 우리 임금이 능히 하지 못한다고 하는 것에 가깝지 않은가." 하니, 항복이 답하기를 "적(賊)이라 부르면 다만 응할 뿐이다."하였으니, 그의 해학(諧謔)이 이와 같았다. 이덕형은 말하기를 "그 사이에는 변통하지 않을 수 없는 것이 있으나 공물(貢物)에 관한 일에 대해서는 상하가 협력해 지켜서 방납(防納)하고 조등(刁蹬)[24]하는 폐단을 개혁하여 거의 죽게 된 백성으로 하여금 한 푼의 은혜라도 입게 하소서."하니, 이에 의논이 중지되었다."[25]

위의 두 기록에서 알 수 있는 것은 진상되는 약재가 대동법의 시행

---

24) 조등(刁蹬)이란 간사한 꾀를 써서 시장 물건의 시세를 오르게 하는 것이다. 독수리가 토끼를 좇아서 그의 힘이 지치기를 기다려 잡는다는 뜻에서 온 말이다.

25) 「광해군일기(정초본)」, 광해군 2년 3월 22일.

으로 인해 쌀로 징수되고 차후에 다시 공물가(貢物價)를 통해 사주인에 의해서 구해지는 불편함을 내의원에서 아뢰자 광해군이 다시 변통하라고 전교하였으며, 이항복과 이덕형이 광해군을 설득하여 그 전교를 중지시켰다는 것이다.

다음의 내용은 선혜청이 광해군의 대동법 폐지를 반대하는 것과 관련한 1609년(광해군 1년) 3월 5일의 기록이다.

선혜청이 아뢰기를,

(전략) "우선 기전(畿甸)에 시험할 내용으로 사목(事目)을 만들어 계청(啓請)해서 윤허를 받았습니다. 모든 민간의 각종 공역(貢役)을 모두 1년을 기한으로 정하여 1년의 공역의 대가를 선혜청이 그 거둔 쌀로 계산해 준 것이 자못 많고 또한 아직 주지 않은 곳도 있는데, 지금 만약 단지 반년만 시험해 보고 곧장 정파(停罷)할 경우 민간의 응역(應役)에 한계가 분명하지 않아 각사(各司)의 모리배가 혼동해서 징책(徵責)[26]할 것이니 이루 말할 수 없는 피해가 있을 것입니다. 그러니 반드시 1년 동안 계속 시행해서 마감한 뒤에야 바야흐로 민간의 이병(利病)의 대략을 알 수 있을 것입니다. 신의 본의가 이와 같았으나 전에 동료가 출사하지 않아 한 자리에 모이지 못하여 회의할 수 없었기 때문에 일단 우선 봄에만 시행하기를 청했던 것입니다. 삼가 대간의 계사를 보건대 신의 소견과 다름이 없습니다.'하고,(중략) 우의정 심희수는 의논드리기를 '쌀로 거두는 한 가지 일이 실로 민폐를 개혁해서 불에 타고 물에 빠진 듯 한 백성을 구제하려는 본의에서 나온 것이지만, 먼저 기전에 시행해 본 결과 이미 마디마디 방해되어 불편한 걱정이 있습니다. 방납(防納)하는 간사한 소인의 무리들이 고의로 교란시키는 말은 들을 것도 없거니와, 그 밖에 식견 있는 이들의 공명한 의논도 모두 끝내 시행할 수 없을 것으로 염려하였으니, 지금 당장 정파해도 불가할 것이 없습니다. 다만 생각건대 모든 민역(民役)에는 색목(色目)이 많고 완급(緩急)이 같

26) 세금이나 물품 등을 내라고 독촉하는 것을 말한다.

지 않은데, 어찌 반년만 시험해 보고서 그 이해를 환하게 알 수 있겠습니까. 이미 창설하였으니 일단 대간의 계사에 따라 가을까지 한시적으로 시험하는 것이 무방하겠습니다.'하고, 청평부원군(淸平府院君) 한응인(韓應寅)은 의논드리기를 '이 일을 이미 시작했으니 반드시 1년을 통행한 뒤에야 민간의 이해를 알 수 있으니, 대간의 계사에 따라 시행하는 것이 무방합니다.'하였습니다."하니, 전교하기를, "의논대로 하되, 가을까지 한시적으로 시험 삼아 시행하라."하였다.[27)]

위의 내용은 선혜청이 대동법 시행에 대하여 이원익, 윤승훈, 심희수, 한응인 등에게 의견을 들어본바 채 1년도 안 되어 대동법을 폐지하는 것은 이치에 맞지 않아 1년을 시행해 본 이후에 그 이득과 손실을 따져야 한다고 하니 광해군이 대동법을 폐지하지 말고 가을까지 시험적으로 시행해 보라는 전교를 내리고 있는 상황이다. 이러한 내용으로 인해 대동법은 시행된 지 채 1년도 안되어 폐지위기에 처했으나 그 위기를 모면하고 한시적으로라도 시행되게 되는 것이었다.

다음의 내용은 「연려실기술」 별집 제11권 정교전고(政教典故) 공물(貢物)과 대동미(大同米) 부분에서 이원익이 한백겸의 대동법 시행의 제안을 재청하여 대동법을 경기도에서부터 시험적으로 시행한 결과와 관련된 기록이다.

"영상 이원익(李元翼)이 복주(覆奏)[28)]하여 대동법(大同法)을 설시할 것을 청하고, 규정을 정하여 먼저 그 법을 경기도에 시험하였는데, 1결마다 상·중·하의 연사를 막론하고 춘추로 8두(斗)의 쌀을 거두었다.

쌀 2두를 거둘 때에는 다만 공물뿐이었는데, 이것은 공물 진상 및 본색(本色)[29)] · 아록(衙祿)[30)] · 경쇄마(京刷馬)[31)]의 잡역(雜役)이 모두 그

27) 「광해군일기(정초본)」, 광해군 1년 3월 5일.
28) 다시 심사하여 임금에게 아뢰는 것을 말한다. 즉 여기서는 재청을 말하는 것이다.
29) 본래 정해져 있는 세곡(稅穀)을 말한다.
30) 수령(守令)의 식구 몫으로 주던 식료(食料)를 말한다.

속에 들어가서 16두(斗)가 되었다.(중략)

이때에 이원익이 대동법을 시행할 것을 청하니, 그 법이 춘추마다 민전(民田) 1결에 각기 8말의 쌀을 내어 경창(京倉)에 수납하여 때때로 각 관아의 사주인(私主人)에게 나누어 주어 스스로 상공(上供)을 교역하여 바치게 하였는데, 물화를 저축하고 시장에서 값을 오르내리게 하여 그 수를 넉넉히 남겼던 것이다. 광해가 명하여 먼저 경기에서 시험하게 하니, 거실과 호강한 백성들이 모두 큰 이익을 잃어 온갖 방법으로 저해하니, 광해가 여러 번 파하려고 하였으나 영세한 백성이 편하다고 일컫기 때문에 행하였던 것이다."[32]

한편, 영의정이면서 선혜청의 도제조 이원익이 병으로 체직함에 따라 선혜청의 부제조를 맡고 있던 호조판서 황신은 대동법의 시행과 관련한 실질적 총책임자였는데 다음의 내용은 선혜청에서 경기도에 시행한 대동법에 대하여 보고하고 있는 것과 관련한 1610년(광해군 2년) 2월 5일의 기록이다.

선혜청이 아뢰기를,[33]

(전략) "삼가 생각건대, 평일에 백성의 힘을 거듭 곤궁하게 만들고 있는 것은 공물을 징수하는 폐단보다 더한 것이 없습니다. 그러므로 선

31) 쇄마(刷馬)는 조선시대 때 지방에 배치한 관용의 말을 의미하는 것이다. 주로 사신의 왕래나 진상품의 운반 및 지방관 교체 시에 이용되었다. 조선 전기에는 역참에 소속된 말과 인부가 주로 이용되다가 임진왜란 이후부터 민간의 말을 대가를 지불하고 사용하는 것이 일반화되었다. 숙종 7년(1681년)에 이를 법제화하였는데, 이에 따르면 말 이용에 대한 대가는 대동미로 지불하며, 진상품의 운반과 공무로 왕래할 때는 거리의 원근에 따라 그 대가에 차이가 있었다. 경쇄마(京刷馬)는 본 장에서 앞서 언급된 1608년(광해군 즉위년) 9월 4일의 기록을 보면 '경영(京營)의 쇄마(刷馬)'라는 내용이 보이는데 경영(京營: 조선 시대 한양에 소재한 군영을 총칭하는 용어. 조선 후기에는 수도의 군영(軍營)으로 훈련도감(訓鍊都監)·금위영(禁衛營)·어영청(御營廳)·수어청(守禦廳)·총융청(總戎廳 등이 존재했다)의 쇄마(刷馬)로 이해된다.

32) 「연려실기술」 별집 제11권, 정교전고(政敎典故), 공물(貢物)과 대동미(大同米) 中.

33) 호조판서 황신이 아뢰고 있는 것으로 보인다.

혜청 설치를 아뢰어 민간들이 내야 하는 수량을 줄이도록 꾀한 것입니다. 부역을 시행하되 균일하게 하여 1년간을 행하니, 백성들이 그 이익을 받았고 한번 쌀을 낸 뒤에는 차사의 침학 징수하는 폐단이 촌간에서 영영 끊어졌으므로 백성들이 다행으로 여기고 즐거움으로 여기는 것은 참으로 당연한 것입니다.

다만 이 법이 한번 설치되자 지난날 방납(防納)하던 모리배들은 다들 원수로 여기고 있으며, 그 뿐만이 아니라 각읍의 향리들이 기뻐하지 않는가 하면 수령들도 기뻐하지 않습니다. 따라서 각사의 하인과 경영(京營)의 하인들도 다 좋아하지 않으며, 세력 있는 양반으로 전결(田結)이 많으면서 부역을 적게 나가던 자들은 모두 좋아하지 않고, 그것을 크게 다행으로 여기고 매우 편하게 여기는 자들은 가난한 양반과 소민들뿐입니다. 좋아하지 않는 무리들의 떼 지은 비방과 논의가 날로 서울 안에서 치열하게 벌어지고 있으니, 저 빈궁한 여염집들의 애타는 소원이 어떻게 다 조정에 진달될 수 있겠습니까.(중략)

이토록 백성의 간절한 이해에 관계되니, 본청의 일이 비록 오랜 세월을 두고 영원히 시행할 법은 아니더라도 백성들의 한때 곤궁함을 구제하는 방책을 찾는 데 있어서는 관계됨이 작지 않습니다.(중략)

다만 일을 시작함에 있어 오래 유지되기를 도모하려면 반드시 피차간에 고루 편하도록 하기에 힘써야 하니, 절목에 다시 고쳐야 할 것이 있으면 여러 번 헤아려 편협하게 하거나 구애스럽게 되는 걱정이 없게 하는 것이 무방합니다.

그리고 경기 각 고을은 본래 쇠잔하고 어려운 곳인데 선혜청을 설치한 뒤로부터 수령이 토산품에 도움받을 것이 없고 향리도 괴롭게 여기는 자가 있으니, 이에 대해서는 다소 변통하더라도 안 될 것이 없습니다. 박이서를 도로 유사 당상에 임명하여 그 직임을 살피게 하소서."(중략)하니, 전교하기를, "아뢴 대로 하라.(중략) 이는 바로 새로 창제한 법이라서 비록 목전에 작은 이익이 있더라도 필시 계속하기 어려운 후환이 많을 것이다. 대신과 여러 제조는 반복하여 상의해서 피차간에 고루 편리하게 하고, 또 수령으로 하여금 중복되게 징수하는 폐단이 없도록

하라."하였다.[34)]

위의 내용은 선혜청이 대동법의 1년간의 시행 후 백성들은 이익을 받았고, 방납업자와 지방 향리 및 수령들은 기득권의 상실로 인해 기뻐하지 않는 다는 것을 보고하고 있고, 광해군은 대동법이 새로 창제한 법이라서 계속하기 어려운 후환이 많을 것이라서 대신들과 제조들이 상의해서 편리하면서도 폐단이 없도록 시행하라고 전교하고 있는 상황이다. 이러한 상황으로 볼 때 경기도에서 시범적으로 1년간 시행된 대동법은 전술한 부분에서 언급된 1609년(광해군 1년) 3월 5일의 기록에서 광해군이 "가을까지 한시적으로 시험 삼아 시행하라"고 한 전교가 있은 후 그 해 가을이 지나가고 지금(1610년(광해군 2년) 2월 5일) 그 결과를 따져보고 편리하면서도 폐단이 없도록 하라는 것은 대동법을 폐지하지 않고 일단 계속 시행하라는 의미로 보인다. 또한, 이와 같은 상황은 선혜청의 부제조이면서 대동법 시행의 총실무책임을 맡고 있던 황신이 공물방납의 폐단으로 인한 백성들의 어려운 생활을 해결하기 위해 대동법의 폐지를 막고자 하는 그의 확고한 의지를 엿볼 수 있는 것이다.

한편, 본 장의 앞부분에서 기술된 이원익의 대동법 시행 건의내용에서 '오직 산릉(山陵)과 조사(詔使)의 일에는 이러한 제한에 구애되지 말고 한결같이 시행하도록 하소서'라고 언급한 부분이 있는데 이 내용은 산릉(山陵)과 조사(詔使)는 대동법에 구애되지 말고 시행해야 된다는 의미였다. 다음은 광해군이 즉위한 후 실시한 산릉(山陵)과 궁궐공사에 관련된 상황을 보여주는 기록이다.

"광해군 대 선조와 의인왕후의 능을 양주에 조성할 때에도 경기도민이 일차적으로 동원되었다."[35)]

34) 「광해군일기(정초본)」, 광해군 2년 2월 5일.
35) 최주희, 앞의 논문, p.182.

(전략) "그리고 민가 수천 채를 철거하고 두 채의 궁궐을 건축하는 등 토목 공사를 10년 동안 그치지 않았으며,"(후략)[36]

위의 첫 번째 기록과 관련하여 최주희(2017)는 '산릉과 조사, 그리고 궁궐의 역사에 있어서 가장 큰 역의 부담을 안고 있었던 지역이 경기도라는 점이다'라고 하면서 산릉과 조사, 궁궐역사에 동원되는 한양의 도성 주변인 경기도 지역의 백성들의 다른 부역을 경감시켜주고자 하였다고 말했다. 즉 경기선혜법(대동법)의 글자그대로 산릉과 조사, 궁궐역사에 사람과 재화가 가장 많이 동원되는 경기도에 은혜를 베풀었던 것으로 해석하고 있는 것이다.

위의 두 번째 기록과 관련하여 광해군은 임진왜란 때 불타버린 창덕궁과 창경궁을 수리 및 중건하고, 추가적으로 인경궁과 경덕궁까지 새롭게 지어서 계속된 노동력의 동원과 필요한 재화를 백성들로부터 조달하여 공물을 쌀로 납부하게 하는 대동법의 시행을 뒷전으로 미루고 있는 것이었다. 이와 관련하여 오항녕(2012)은 "광해군 때 실시된 경기 대동법이 내내 지지부진했던 이유는 궁궐공사로 인한 백성들의 추가 부담액이 늘어나면서 대동법을 실시했을 때 부담해야 할 세액을 제대로 산정할 수 없었기 때문이다."[37]라고 하였다.

다음은 명나라 칙서를 맞이하는 조사(詔使)를 연습을 하는 과정에서 은(銀)의 준비와 관련한 1610년(광해군 2년) 7월 2일의 기록이다.

(전략) 황신이 아뢰기를,

"책사의 소행은 사람의 이치라곤 하나도 없습니다. 저 골짜기 같은 욕심을 다 충족시키기 어려우니, 저토록 무리한 요구에 대하여 애당초 곤란하고 군색한 상황을 보여주고 죽더라도 따르지 않는 것이 옳습니

36) 「인조실록」, 인조 1년 3월 14일, 인조의 즉위와 광해군의 폐위에 대한 왕대비의 교서 내용 中.
37) 오항녕, 2012, 「광해군 그 위험한 거울」, 너머북스, p.275.

다. 지금에 만약 이와 같이 하지 않고 5천을 요구하면 5천을 주고 1만을 요구하면 1만을 주어, 대경례(大慶禮) 때의 일은 아직 거론도 않은 상황에서 먼저 1만 냥의 은을 소비한다면 나중의 요구에 대하여 어떻게 대응할 수 있을지 모르겠습니다. 신의 생각에는 서울에 들어오지 않은 때에 5천 냥 외엔 결단코 허락해서는 안 된다는 〈일로 원접사가 있는 곳에 하유하는 것이〉 마땅하겠습니다."하였다.(중략)

상이 이르기를,

"책사가 무리하게 하고 있다고는 하지만 황제의 명을 받아서 왔으니 우리 입장에서 대접하는 것은 정성과 공경을 다하여야 된다. 경들이 잘 대처하라."하니, 항복이 아뢰기를,

"성의와 예모는 겉치레이고 관건은 은의 수량이 많고 적음에 달려 있으니, 잘 대접하는 방법은 은의 수량을 더 준비하는 데 불과할 뿐입니다."하자, 상이 이르기를,

"미리 더 조치하여 당시에 임하여 군색하게 되는 걱정이 없게 하라."(후략)38)

위의 내용은 명나라의 칙서가 오기 전 의식을 연습하는 과정에서 칙서의 방문 시에 필요한 은(銀)에 대하여 황신, 이항복 등과 광해군이 의논하고 있는 상황인데 정해진 은 외에는 더 주어서는 안 된다는 황신의 의견과 은을 더 준비해야 된다는 이항복의 의견, 칙서가 무리하게 요구하더라도 잘 대접하라고 하는 광해군의 전교가 내려지고 있는 상황에서 황신의 국가재정을 걱정하는 호조판서로서의 책임감을 엿볼 수 있는 것이다.

다음은 위의 내용과 관련하여 명나라 칙서에게 줄 은을 마련하기 위한 승정원의 보고와 관련된 1610년(광해군 2년) 7월 6일의 기록이다.

38) 「광해군일기(중초본)」, 광해군 2년 7월 2일.

정원이 아뢰기를,

"(중략) 호조판서 황신이 아뢴바 '부득이 은을 더 준비하여야 한다면 전과 같이 전결(田結)에 쌀을 징수하여야 합니다.' 한 것에 대하여 모두 결정한 바가 없습니다."하니, 전교하기를, "모두 해사로 하여금 상의하여 거행하게 하라."하였다.[39]

위의 내용에서 호조판서 황신은 은을 마련할 방법에 대해서 전결에 쌀을 징수하여야 한다는 의견을 제시하였다는 것은 대동법 시행을 관장하는 선혜청의 부제조이면서 그 실무를 총책임지고 있는 사람으로서 명나라 칙서의 방문행사에 필요한 은을 마련할 합리적인 방법으로 이미 경기도에서 시행되고 있는 대동법을 예로 들어 제시하였다는 것을 알 수 있다.

다음은 황신이 중국(명나라) 칙서의 방문행사, 즉 조사(詔使)에 필요한 은의 부족으로 인해 죄를 청하는 것과 관련한 1610년(광해군 2년) 7월 19일의 기록이다.

호조판서 황신(黃愼)이 아뢰기를,

"신이 호조판서의 직무를 맡은 지가 지금에 1년이 되었는데, 주청사(奏請使)가 출발하고부터 중국 사신의 지공(支供)과 예물에 관계되는 물품을 모두 요리하여 준비하였습니다. 제 요량에, 지금의 비용을 사신 유용(劉用)이 왔을 때의 전례에 의거하면 사고 없이 공급하고 넘어가리라 여겼고, 더구나 의외의 용도를 염려하여, 모든 준비를 작년의 수량보다 조금 더 넉넉하게 하여 은 2만 4천여 냥 외에 1만 1천여 냥을 더 준비하여, 이 정도면 충분하지 못할 걱정은 거의 없으리라 생각하였습니다. 그런데 지금 사정은 전혀 그렇지 않아서, 개성(開城)을 지난 이후로 7, 8천 냥을 소비하였고, 서울에 들어와서 매일 4백여 냥을 절은(折銀)[40]하고 있는데, 연회에서 선물을 절은한 것은 그 속에 들어 있지도

---

39) 「광해군일기(중초본)」, 광해군 2년 7월 6일.

않습니다. 또 예물로 나간 은이 이미 1만 수천 냥이 쓰여졌고, 앞으로 노자(路資)·생일·발매(發賣)[41] 등에 쓰일 4, 5천여 냥이 필요하며, 이후 열흘 동안의 절건(折乾)도 4천여 냥이 필요한 등 전후의 비용이 끝이 없어, 1년 동안 애써 장만한 것이 단 열흘의 비용으로 다 나가게 되었습니다. 지금에는 해사의 미포(米布)도 이미 떨어졌고 공사간에 현재 보유한 은도 고갈되어 사들일 값이 없을 뿐 아니라, 또한 사들일 은도 없는 실정입니다. 정포(正布)·공목(貢木)·공물을 은으로 바꾸어 바치게 하는 것은 큰 이익이 있는 부분인데, 명령을 내려 알린 지가 이미 며칠이 지났지만 전혀 응하는 자가 없으니, 이런 상황에서는 신도 어떻게 계획을 해야 될지 모르겠습니다.

오늘날 당면한 것이 전에 없었던 일이라고는 하지만, 이토록 궁핍한 것은 역시 일을 담당한 신하가 맡아서 처리하는 능력이 부족했기 때문입니다. 지금 신은 지혜와 힘이 모두 다하였으며, 장차 국가에 일이 생겨 우리 성상께서 중국의 사신을 존경하는 뜻이 빛을 바래게 하였으니, 죽더라도 그 책임을 다 갚지 못할 것입니다. 법관 앞에 나아가 빨리 나라의 법을 받게 함으로써 한편으로는 인신으로서 직분을 잘하지 못한 자의 경계가 되고, 한편으로는 책사에게 우리나라에 훌륭한 신하가 없어 지성으로 존경하고 대우하는 성상의 뜻에 부응하지 못하고 있는 점을 훤히 알게 하여 혹시라도 그것을 인하여 끝없는 요구를 조금이라도 중지시킬 수 있게 하소서. 신은 죽음도 오히려 달게 여기며 조금의 여한도 없겠습니다. 황공하여 삼가 엎드려 대죄합니다."하니, 전교하기를,

"이것이 어찌 경 혼자서 걱정하고 고민할 것인가. 온 나라가 똑같이 해야 할 큰 걱정이다. 경은 대죄하지 말고 더욱 마음을 쏟아 계획하고 처리하여 국사를 원만하게 이루어야 될 것이다."하였다.[42]

위은 내용은 황신이 명나라 칙서의 방문시 각종 행사 등에 필요한

40) 은을 하사하는 것을 말한다.
41) 상품이나 물건 등을 판매하는 것을 말한다.
42) 「광해군일기(중초본)」, 광해군 2년 7월 19일.

은의 과도한 소비와 더 이상 은을 준비할 수 없는 것에 대하여 죄를 청하자 광해군이 혼자서 책임질 일이 아니라 온 나라가 같이 해야 될 일이라면서 죄를 청하지 말라는 상황을 말해주고 있는 것이다. 이러한 상황에서 알 수 있는 것은 국가 재정을 담당하는 호조 수장으로서의 황신의 책임감을 다시 한 번 엿볼 수 있는 것이다.

이상과 같이 광해군이 즉위한 후 대동법의 시행과 그 폐지위기와 관련된 내용에서 구암 한백겸, 오리 이원익, 추포 황신 같은 경세가(輕世家)로서의 능력을 갖춘 대신(大臣)이 있었다는 것은 광해군의 재위 초반 그의 왕으로서의 긍정적인 면을 좀더 보여주는 데 큰 도움이 되었음은 물론일 것이다. 또한, 결과적으로 경기도에서만 시행된 대동법이었으나 백성들의 고달픈 삶을 개선시켜 주고자 했던 왕과 조정의 의지를 보여주게 된 것이다.

Ⅲ. 인조 즉위 후의 대동법 시행

인조는 1623년 김류, 김자점, 이귀, 이괄 등이 광해군을 폐위시킨 즉 인조반정으로 조선 제16대 왕이 되었다. 인조하면 떠오르는 것은 인조반정으로 즉위했고, 병자호란으로 인해 남한산성으로 피신했다가 항복하고 삼전도에서 굴욕적인 삼궤구고두례(三跪九叩頭禮)를 한 왕이라는 내용일 것이다. 인조 때 조선은 병자호란 후 청의 속국이나 마찬가지였다. 또한 인조는 선조와 함께 조선시대 가장 무능한 왕으로 인식되기도 하고 있다. 그럼에도 불구하고 백성들의 고달픈 삶을 개선시키고자 했던 경세가(輕世家)는 인조 재위 시절에도 존재했다. 오리 이원익, 포저 조익 등이 대표적인 인물이었다.

1623년 인조반정으로 인조가 즉위한 후 다시 영의정으로 복귀한 이원익이 경기도에 이어 강원도, 충청도, 전라도에 대동법의 시행을 건의하여 시행하게 된다. 그러나 충청도와 전라도는 시행된 다음 해(1624년)에 폐지되기에 이른다. 광해군이 즉위한 후 대동법의 시행을 이원익의 건의 이전에 먼저 건의했던 한백겸과 마찬가지로 인조가 즉위한 후에는 이원익의 건의 이전에 조익이 대동법의 시행을 건의하였다. 조익은 그의 시문집인 「浦渚集」 권2, 論宣惠廳疏(논선혜청소)에 기록되어 있는 상소 내용에서 다음과 같이 대동법의 시행을 건의하였다.

"(전략) 신이 삼가 생각건대 지금 이 선혜청의 법이야말로 고대의 제도와 가장 가까운 것으로 실로 맹자가 말한 선왕의 정치와 은연중에 부합되는 것이라고 여겨집니다. 따라서 지금 이 법을 국내에 시행하기만 한다면 우리 동방의 성대한 정치를 이로부터 기대할 수 있게 되리라고 신은 삼가 생각하는 바입니다. 지금 이 법은 전결(田結)에 부과하는 것을 모두 미포(米布)로 하고 중외(中外)의 수용(需用)도 이 미포로 분배해 주도록 되어 있는데 그러고도 여유가 있어서 흉년이나 재해에 대비할 수가 있으며, 백성들에게 부과하는 액수를 보아도 10분의 1보다 가볍습니다. 그래서 신이 삼대(三代)[43]의 정치와 은연중에 부합되는 것이라고 말씀드린 것입니다.(중략)

삼대에 10분의 1을 부과하도록 한 제도야말로 백성을 부유하고 풍족하게 만드는 방법이었던 것입니다. 신이 삼가 생각건대, 이 법제를 몇 년 동안만이라도 시행하게 한다면 집집마다 부유하고 사람마다 풍족하게 해 주는 일을 기필코 달성할 수 있으리라고 여겨집니다. 그 이유는 무엇이겠습니까.

지금 이 법에 따르면 1결(結)에 부과하는 것이 16두(斗)인데 그 속에는 운송하는 비용까지 포함되어 있고, 또 전세(田稅)와 삼수량(三手糧) 등을 합친다 해도 20여 두에 지나지 않습니다. 그런데 1결당 1년의 소득을 보면 토질이 보통이고 평년작일 경우 미곡을 20석(石)에서 30석은

43) 삼대(三代)는 하(夏) · 은(殷) · 주(周)나라 시대를 말한다.

거둘 수가 있습니다. 그러고 보면 20여 두의 미곡을 부과한다 해도 실제로는 10분의 1이 못 된다고 할 것이니, 백성들에게 거두어 들이는 것이 어찌 가볍다고 해야 하지 않겠습니까. 왕년에 1결당 부담해야 할 액수를 보면 많은 경우에는 포목(布木)이 20필(匹)에 이르기도 하고 미곡이 1백 수십 두에 이르기도 하였는데, 이와 같은 때를 당해서도 백성들이 모조리 유망(流亡)하지 않고 지탱하면서 보존해 나가기도 하였습니다. 그러니 지금 백성들에게 20여 두만 부과한다면 백성들에게 남겨 주는 것이 또한 많지 않겠습니까. 이렇게 남겨 주는 것이 많게 되면 백성들이 풍족하게 될 것은 필연적인 일입니다.(중략)

지금 이 법을 시행하면 부과하는 액수가 경감(輕減)되는 것은 물론이요, 1년에 두 차례 운송하여 납부하는 이외에는 다시 침탈하고 독촉하는 소란이 없어져서 쓸데없는 비용이 들어가지 않을 것이요, 또 힘을 다해서 농사일에 전념할 수 있게 될 것입니다. 대저 지출하는 비용은 적어지고 생산하는 곡식은 많아진다면, 백성들이 어떻게 풍족해지지 않을 수 있겠습니까. 신이 삼가 생각건대, 이 법이 시행되기만 하면 민간의 백성들이 반드시 해가 갈수록 점점 풍족해질 것이요, 또 함부로 징수하며 뻔질나게 독촉하는 일이 없어지게 되면 재산이 풍족해질 뿐만이 아닐 것이니, 편안하고 조용해지면서 무사하게 되는 것이 또한 어떻다 하겠습니까.

그리고 1결당 20여 두의 미곡을 추수할 때에 납부하게 한다면 백성들이 마련해 내기가 무척 쉬울 것인데, 만약 그해에 흉년이 들었다면 또 감해 줄 수도 있을 것입니다. 대체로 그동안에는 나라에 저축해 둔 것이 없어서 각사(各司)의 용도(用度)에 부족한 걱정이 항상 있었기 때문에, 흉년이 들어도 전세(田稅)만 감해 주었을 뿐이요 공물(貢物)은 감해 주지 못한 채, 백성들이 구렁에 떨어져 죽는 참상을 보고서도 어떻게 구해 줄 수가 없었습니다. 하지만 이 법이 일단 시행되면 풍년이 든 해에 저축해 둔 것이 있기 때문에 흉년이 든 해에 부과하는 액수를 줄여 줄 수도 있고 또 진휼(賑恤)해서 구해 줄 수도 있을 것입니다. 대저 풍년이 들었을 때에는 납부하는 액수를 많이 줄여 주고 흉년이 들었을 때에는 또 진휼하는 은혜를 받게 한다면, 이는 그야말로 '풍년에는 일 년 내내 배가 부르고 흉년에는 죽음을 면하게 해 주는 정치'가 되는 것이라고 하겠습니다.(후략)[44]

위와 같은 조익의 상소와 관련하여 박병련 등(2007)은 "조익의 상소에서 주목되는 내용은 류성룡보다 부세 균평화 이념을 정밀화하고 소민보호론을 뚜렷이 내세운 점과, 대동법으로 유가의 이상인 10%세율을 실현할 수 있다고 본 점이다. 세종의 공법은 소민의 보호를 표방하였지만, 대토지 소유자에게 더 큰 이익을 제공하였고, 전조의 감소에 따른 공물부담의 증가라는 부작용 낳았다. 그에 반에 경지 규모에 비례하는 세율인 대동법의 시행은 명백히 소민에게 큰 혜택인 반면 대토지소유자에게서 이전 조세체계의 특혜를 박탈하였다. 이 점을 류성룡부터 의식하였는데, 조익에 이르러 정연한 논리로 제시하였다.(중략) 조익의 상소는 대동법의 이념을 체계화하였을 뿐만 아니라, 그 시행상 불편을 논하는 주장에 대한 반론까지 제시함으로써, 대동법 시행에 대한 인조의 걱정을 덜어주는 등, 대동법의 시행에 큰 기여를 하였다."라고 평가하였다.

다음은 조익이 대동청을 설립해야 한다는 상소를 올리자 인조가 긍정적인 답변을 하고 있는 상황과 관련한 1623년(인조 1년) 9월 3일의 기록이다.

"이조 정랑 조익(趙翼)이 소장을 올려 대동청의 설립에 대한 편의절목(便宜節目)을 조목별로 진술하니, 상이 답하기를, "그대가 이해득실을 소상히 개진하여 나의 의혹이 풀렸으니, 참으로 가상하고 기쁘다. 상소의 사연은 유념하겠다.""

대동법 시행과 관련한 조익의 상소가 있은 후 이원익은 광해군 때

---

44) 「浦渚集」 권2, 論宣惠廳疏 中.

와 마찬가지로 다시 건의하여 결국 강원도, 전라도, 충청도에 대동법을 시행시키게 된다. 그러나 광해군 때와 마찬가지로 시행된 지 얼마가지 않아 불편한 점이 많다는 호소가 잇따르자 대동법을 혁파하든 1624년에만 시행해 보고 결정하자는 상황이 발생하고, 그 후 전라도와 충청도는 대동법이 혁파되었으나 강원도에는 계속 시행되는 과정을 거치게 된다.

다음의 내용은 윤방·신흠 등이 대동법의 개폐를 주장하자, 이원익은 의논대로 처리하자고 답변하고 있는 1624년(인조 2년) 12월 17일의 기록이다.

삼도 대동청(大同廳)이 아뢰기를,

"크고 작은 고을을 막론하고 1결(結)당 쌀 5두(斗)씩 받아들이면, 본읍(本邑)의 수요(需要)와 각영(各營)의 비용과 각종 진상(進上)하는 방물(方物)을 모아 이 5두로 충당하여 지출하고도 1석이 남습니다. 이렇게 하면 서울로 상납하는 9두 외에 외방에서 받아들이는 것은 단지 5두뿐으로, 모든 역(役)이 그 속에 포함되어 다시 소란스럽게 징수할 필요가 없으니, 일이 매우 편리하게 됩니다. 그리고 듣건대 본도(本道)에서 연분(年分)을 성책(成冊)하여 지금 가까스로 끝냈는데, 갑자년 조의 제반 요역(徭役)에 대해서는 아직까지 징수하지 못했으므로 감사(監司)가 이 법을 갑자년 조부터 소급해서 시행했으면 한다 합니다. 일체 감사들의 말에 따라 시행하여 효과를 내도록 독려하는 것이 합당한데, 대신에게 의논하도록 명하소서."하였는데,

좌의정 윤방(尹昉)이 의논드리기를, "앞서 등대(登對)했을 때 신이 대동법을 민간이 불편하게 여기니 마땅히 혁파해야 한다는 뜻을 극력 진달했었는데, 성상께서 하교하시기를 '조가(朝家)의 정령(政令)을 자주 고치는 것은 온당하지 못하니, 갑자년 조에 한하여 시행하면서 사세를 살펴 하라.' 하셨습니다. 그러나 만약 지금 혁파할 수 없다면 본 고을의 수요까지도 아울러 참작하여 더 마련함으로써 민간의 출역(出役)이 균등하지 못하게 편중되는 폐단이 없게 하는 것 또한 폐단을 구제하는 한

가지 길이 될 것입니다. 이 일은 당초 영상 이원익(李元翼)이 빠짐없이 상량(商量)했던 것이니, 비록 병중에 있기는 하지만 반드시 이미 그 편리 여부에 대해 헤아리고 있을 것입니다. 다시 하문하시어 처리하는 것이 합당하겠습니다."하고,

우의정 신흠(申欽)이 의논드리기를, "대동법의 제도에 대해서는 신은 입법(立法)할 때 참여하지 못했고 그 뒤 정승의 직에 있게 되었을 적에는 과조(科條)와 절목(節目)이 이미 계하(啓下)되고 반포된 상황이었으니, 신으로서는 실로 그 이해관계를 모르기 때문에 조가(朝家)의 큰 정책에 대해 감히 함부로 왈가왈부할 수 없는 입장입니다. 그런데 그 뒤에 외방에서 온 사람의 말을 듣건대 민간이 모두 한꺼번에 납부하는 것을 고통스럽게 여긴다고 하였습니다. 대체로 먼 외방은 경기와 달라 부자의 전결(田結)이 매우 많은데, 10결을 소유한 자는 10석을 내야하고 20결을 소유한 자는 20석을 내도록 되어 있으니, 이런 식으로 될 경우 전결이 많으면 많을수록 더욱 고통스럽게 여길 것은 당연합니다.(중략)

지금 듣건대 호남은 불편하게 여기고 호서에서는 14두로 마련하려 한다고 하는데, 알 수 없습니다마는 이것이 민정(民情)에서 나온 것입니까, 아니면 방백이 일시적으로 계획해서 나온 것입니까? 실로 그것이 편리한지의 여부를 모르겠는데, 그 편리 여부를 안 다음에야 마련할 수 있을 것입니다. 신은 실로 14두가 편리한지의 여부를 알지 못하므로 감히 의논을 드리지는 못하고, 우선 평소 마음에 간직하고 있던 생각을 진달 드리는 바입니다."하니, 상이 영상 이원익에게 묻도록 하였다.

이원익이 답변 드리기를, "대동법은 실로 신이 품하여 시행하게 되었습니다. 당초의 생각은 방납(防納)을 방지하고 부역을 균등하게 하여 중외의 폐해를 구제하려고 한 것인데, 절목(節目)을 반포하고 난 다음에는 불편하다는 설이 이루 헤아릴 수 없이 분분하게 나왔고, 게다가 지난해에는 수재(水災)와 한해(旱害)까지 당하게 되었습니다.(중략)

지금에 와서는 외방에서 상소를 계속 올리면서 불편한 점을 많이 말하고 있습니다. 법을 만드는 목적은 백성을 편케 하기 위해서인데, 민정(民情)이 이러합니다. 국가의 일은 한두 사람이 주장할 수 있는 것이

아닌데, 신이 이미 필경 행할 수 있는지의 여부도 알지 못하게 된 상황에서 어찌 당초의 소견만 고집하며 대중의 생각을 막아버릴 수 있겠습니까. 요즘 이런 뜻으로 다시 요원 및 본청(本廳)에 통지했는데, 신의 뜻은 이러할 뿐입니다. 본청으로 하여금 사정을 참작하여 상량해 보고 상신(相臣)에게 품의(稟議)[45]하여 즉시 혁파하든 갑자년[46] 조만 시험해 보든 간에 대중의 의논을 모아 좋은 쪽으로 처리하도록 하소서."하니, 답하기를, "다른 도의 예대로 시행하고, 더 마련한 5두(斗)의 쌀은 거두지 말도록 하라."하였다.[47]

위의 내용은 광해군이 즉위하자 경기도에서부터 대동법을 시행시킨 장본인인 이원익이 인조의 즉위 후 다시 출사한 이후 강원도, 전라도, 충청도에 대동법을 시행하는 과정에서 불편한 점들이 각지에서 호소되자 그 시행을 혁파하든 갑자년에만 시행해 보든 의논해 보자고 하는 상황을 보여주고 있다.

다음의 내용은 이원익이 대동법의 혁파를 건의하여 양호(兩湖) 즉, 전라도와 충청도의 대동법이 폐지되고, 비변사와 호조판서 심열이 건의를 하여 강원도는 대동법이 폐지되지 않고 계속 시행되게 되는 상황과 관련한 1625년(인조 3년) 2월 7일의 기록이다.

영의정 이원익(李元翼)이 차자를 올려 대동법(大同法)을 속히 혁파할 것을 청하였는데, 그 차자[48]에,

"신이 조정에 있어 온 이래 중외(中外)의 폐단이 대부분 부역(賦役)이 균등하지 못하고 멋대로 방납(防納)하는 데에 있다는 것을 목격하였습니다. 그래서 대동법을 신이 실제로 처음 착안하여 제신(諸臣)들과

---

45) 웃어른이나 상사에게 말이나 글로 여쭈어 의논하는 것을 말한다.

46) 1624년(인조 2년)을 말한다.

47) 「인조실록」, 인조 2년 12월 17일.

48) 차자(箚子)란 일정한 격식을 갖추지 않고 사실만을 간략히 적어 올리던 상소를 말한다.

뜻을 결정한 뒤 먼저 경기에서 시험해 보았는데, 몇 년을 시행해 보니 자못 효과가 있기에 강원도에도 병행하려 하다가 미처 하지 못했습니다.

반정 초에 부름을 받고 올라와 삼가 보건대 성명께서 진실로 백성을 보호하려는 마음이 간절하시기에, 신은 이 법을 먼저 강원도에 시행하고 이어 다른 도에도 적용함으로써 조금이라도 백성의 병폐를 제거하여 만분의 일이라도 성상의 뜻에 보답하려고 했는데, 처음 의정(議定)할 당시에 수재와 한재가 잇따라 해마다 크게 흉년이 들게 되었습니다. 그래서 신이 정고(呈告)중이면서도 깊이 염려되기에 동료에게 통지하여 계달하게 하고 그 뒤에 또 차자를 올려 다시 의논하여 처리하기를 청했는데 상께서 다시 의논하는 것을 윤허하지 않으셨으므로 마침내 그대로 시행하게 되었던 것입니다. 그런데 지난 날 호남에서 잇따라 상소가 올라오고 중외의 민심이 대단히 불편하게 여기기에 신이 또 동료에게 통지하는 한편 명을 받들어 진달했습니다. 그러나 오늘에 이르도록 시행하느냐 혁파하느냐의 여부가 불확실한 채 결말을 볼 기약이 없게 되었는데, 고쳐진 규례가 많고 호령도 많이 제한을 받으므로 먼 외방의 민정이 날이 갈수록 더욱 어긋나고 있는 형편입니다. 이런 사정은 양호(兩湖)가 거의 비슷하나 호남이 더욱 심한데, 근심하고 한탄하며 시끄럽게 떠드는 소리가 어디고 할 것이 없이 모두 그러합니다. 국가에서 어떤 일을 실행하려면 먼저 민정을 잘 살펴야 하는데, 민정이 이러하니, 어찌 억지로 시행할 수 있겠습니까. 바라건대 본청(本廳)에 명하여 즉시 혁파하도록 하고, 이미 거둔 쌀과 베는 잘 조처하여 모두 민역(民役)의 대가(代價)로 충당하게 하여 중간에서 낭비하는 일이 없도록 하소서. 그러면 이보다 다행함이 없겠습니다."

하니, 상이 묘당으로 하여금 의논하여 처리하도록 하였다.

비변사가 회계하기를, "대동법에 대한 한 가지 일은 당초 부역을 균등하게 하여 민간에 편리하게 하려고 한 것인데, 일단 시행한 뒤로 중외의 민정이 대부분 불편하게 여겼습니다. 그래서 조정의 의논이 모두 혁파해야 마땅하다고 하였는데 영상이 또 이렇게 차자로 진달하였으니, 차자의 내용대로 혁파하여 민정에 순응해야 하겠습니다.

외방에 비록 받아들인 곳도 있고 아직 받아들이지 않은 곳도 있으며 조정에 바쳤고 아직 바치지 않은 곳도 있지만, 이미 상납한 것은 호조로 하여금 거두어 저장하여 공물(貢物)의 대가로 지급하게 하고, 본 고을에서 아직 받아들이지 못한 곳과 이미 받아 놓고도 상납하지 못한 곳은 본도의 감사로 하여금 명백하게 조사해서 한결같이 해조의 분부에 따라 시행하게 함으로써 중간에서 소비해 버리는 폐단이 없게 해야 합니다. 그리고 강원도의 경우는 민정이 모두 편하게 여겨 혹시라도 혁파할까 두려워한다고 하니, 이 도만은 경기 선혜청(京畿宣惠廳)에 소속시켜 똑같이 시행하게 하는 것이 마땅할 듯 합니다."하니, 답하기를, "아뢴 대로 하라. 관동(關東)의 민정이 이 법을 편리하게 여긴다면 그대로 시행하는 것이 좋겠다. 그러나 자세히 헤아려 처리하지 않을 수 없으니 다시 해조로 하여금 헤아려 처리하게 하라."하였다.

호조판서 심열(沈悅)이 회계하기를, "신이 강원도 공물의 원수(元數)와 전결(田結)의 총액을 계산해 보건대 1결당 쌀 16두(斗)씩 받으면 각종 공물 값을 충당해 줄 수 있습니다. 그런데 이 밖에 내의원(內醫院)의 약재(藥材) 및 본 고을의 경상비, 아록(衙祿) 및 인부(人夫)와 쇄마(刷馬) 등의 역이 있습니다. 이러한데도 대동법을 시행하는 것을 즐겁게 여긴다면 그대로 행할 수 있습니다."하니, 상이 본도 감사로 하여금 민정을 탐문해 보도록 하였다. 감사가 백성이 모두 시행을 원한다고 계문하니, 혁파하지 말도록 명하는 동시에 예전대로 호조가 겸하여 관장하도록 하고 선혜청에 소속시키지 말도록 하였다.

다음은 경기도에 이어 강원도에 대동법이 시행된 1623년(인조 1년) 이후 결코 짧지 않은 세월이 흐른 후에 병자호란(1636년 12월－1637년 1월)이라는 국란이 끝나고 충청감사로 재직중이던 김육이 경기도와 강원도에 이어 충청도에도 대동법을 시행해야 한다는 건의와 관련한 1638년(인조 16년) 9월 27일의 기록이다.

충청감사 김육(金堉)이 치계[49]하기를,

"선혜청(宣惠廳)의 대동법(大同法)은 실로 백성을 구제하는 데 절실합니다. 경기와 강원도에 이미 시행하였으니 본도(本道)에 무슨 행하기 어려울 리가 있겠습니까. 신이 도내(道內) 결부(結負)의 수를 모두 계산해 보건대, 매결(每結)마다 각각 면포(綿布) 1필과 쌀 2말씩 내면 진상하는 공물(貢物)의 값과 본도의 잡역(雜役)인 전선(戰船), 쇄마(刷馬) 및 관청에 바치는 물건이 모두 그 속에 포함되어도 오히려 남는 것이 수만입니다. 지난날 권반(權盼)이 감사가 되었을 때에 도내의 수령들과 더불어 이 법을 시행하려고 하다가 하지 못했습니다. 지금 만약 시행하면 백성 한 사람도 괴롭히지 않고 번거롭게 호령도 하지 않으며 면포 1필과 쌀 2말 이외에 다시 징수하는 명목도 없을 것이니, 지금 굶주린 백성을 구제하는 방법은 이보다 좋은 것이 없습니다."하였다.

비국이 회계하기를,

"이 상정(詳定)[50] 은 바로 고(故) 신 권반이 일찍이 상세하게 만든 것인데 미처 시행하지 못하였으니, 식자들이 지금까지 한스럽게 여깁니다. 만약 지금 시행한다면 공사(公私) 양편 모두가 이로울 것이고 서울과 지방이 모두 편리할 것이니, 해조로 하여금 낱낱이 상고하여 결정하게 하소서."하니, 아뢴 대로 윤허한다고 답하였다.

다음은 위의 충청감사 김육의 건의로 비변사와 해조가 회계하여 대동법의 시행을 윤허한 인조였으나 무슨 이유에서인지 시행에 대한 차후의 결정이 없자 김육이 재차 충청도에서 대동법의 시행을 건의하는 것과 관련한 1638년(인조 16년) 11월 20일의 기록이다.

충청감사 김육(金堉)이 치계하기를,

"신이 옛사람이 만들어 놓은 법으로 인하여 망령되게 대동법(大同法)을 시행하고자 하는 뜻을 진술하니, 비변사와 해조가 회계(回啓)하여 시행토록 청하였는데, 지금 수개월이 지났어도 아직까지 결정하지 않다

49) 치계(馳啓)란 장계 등 보고서를 올린다는 것이다.

50) 상정(詳定)이란 그 지방의 특성에 따라 알맞게 조정한 세금 규정을 말한다.

가 지난번 연신(筵臣)들의 아룀으로 인하여 특별히 다시 물어보라는 전교를 내리셨습니다. 다만 신이 말한 바는 백성을 먼저 구제하자는 뜻이고 근시(近侍)가 아뢴 바는 국가를 풍족하게 하자는 계책이니 참작하여 사용하면 잘못이 없을 것입니다.

신이 정한 무명 한 필, 쌀 두 말은 쌀로 합산하면 일곱 말이고, 근시(近侍)가 말한 무명 두 필은 쌀로 계산하면 열 말이니 신이 정한 것보다 서 말이 많을 뿐입니다. 흉년에는 무명 한 필, 쌀 두 말로 무명 두 필을 받는 규정으로 삼아 쌀과 무명을 반반씩 받아들이는 것입니다. 흉년에는 무명으로 쌀값을 따르고 풍년에는 쌀로 무명 값을 따르되 다섯 말로 기준을 삼고 그 숫자를 넘지 못하게 하면 풍흉(豐凶)에 따라 증감(增減)하는 편의가 있고 상하가 손해와 이익을 보는 잘못이 없을 것입니다. 대신과 해조는 모두 봉납하는 바가 약소하므로 용도에 부족할까 염려하고 성상의 생각도 또한 이에 이르렀으나, 반드시 부족한 걱정이 없을 것이고 서울과 지방 백성들도 또한 반드시 불편하게 여기는 자가 없을 것입니다.

신은 생각건대 부족한 바가 없을 것이고 균등하게 혜택을 받는 효과가 있을 것이니 금년에는 우선 신이 정한 대로 시험하여 시행하고 서서히 풍년을 기다려 연신의 말을 사용하여 평상적인 규정을 만드는 것이 온당하다고 여깁니다. 묘당으로 하여금 재량하여 처리하게 하소서."하였다.

비변사가 회계하기를,

"본도(本道)에서 보낸 값으로 해조의 용도에 비교하면 대동미(大同米)의 값과 대략 비슷합니다. 다만 생각건대 1결(結)에서 징수한 무명 1필과 쌀 2말로는 공물(貢物)을 준응(准應)하는 이외에 허다한 잡역(雜役)은 반드시 손을 쓰지 못할 형편이며, 금년에는 그대로 이 법을 사용하고 내년에 또 연신들의 말을 사용한다면 국가의 법을 이처럼 자주 고치는 것이 부당합니다. 금년의 공물은 전일대로 상납케 하고 서울과 지방의 공론을 널리 채집하여 후일 처리해도 늦지 않을 듯합니다. 또 공안(貢案)을 개정하면 공물의 부역이 자연 균등해질 것이니 이와 같이 된 뒤에야 대동법을 의논할 수 있습니다."하니, 답하기를, "대동법을 시행하려면 공안(貢案)을 굳이 개정할 필요가 없다. 금년의 공물은 우선 회계(回啓)한 대로 시행하라."하였다.

위의 김육의 충청도 대동법 시행에 대한 재차적인 건의와 비변사의 회계 및 인조의 전교를 검토해 보면 결국 충청도 대동법은 시행되지 못했다는 것을 알 수 있다. 훗날 효종이 즉위한 후에 충청도에서의 대동법 시행이 실현되기까지 또 많은 시간이 걸렸다는 것을 알 수 있는 상황이고 그만큼 대동법이 시행되지 못하는 지역 백성들의 고달픈 삶은 계속되어져 갔던 것이다.

Ⅳ. 효종 즉위 후의 대동법 시행

효종은 인조에 이어 1649년(효종 즉위년)에 조선 제17대 왕이 되었다. 효종하면 떠오르는 것은 아버지 인조에 이어 왕이 된 후 청나라에 대한 복수심으로 북벌을 추진하였으나 10년이라는 짧은 재위기간(1649년~1659년)이 말해주듯 아쉬움이 많이 남는 왕이라는 것이다. 효종이 추진한 북벌은 필연적으로 군사의 징발과 군량미 등의 재화를 비축하기 위해 백성들의 희생을 요구했을 것이다. 그러나 김육이라는 대 경세가(輕世家)가 효종의 북벌준비에 대하여 민생의 안정이 더 시급한 사항이라면서 강력한 반대를 주장한다. 그리고 김육은 공물방납의 폐단으로 인한 백성들의 고단한 삶을 개선시키고자 대동법을 수없이 주장하고 건의하여 결국 시행시키게 된다.

잠곡(潛谷) 김육(金堉)은 현실시대를 살아가는 사람들에게 조선시대 관료 및 정치가 중에서 조광조, 이이, 이원익 등의 인물보다는 잘 알려지지 않은 것으로 인식되어 있으나 효종 때 우의정, 좌의정, 영의정까지

올랐고 대동법의 시행 등 백성을 위한 정책입안 및 시행과 관련해서는 가장 경세가(經世家)적인 능력이 뛰어났다는 인물로 평가되고 있다. 「조선왕조실록」에는 조정 동료들뿐 아니라 백성들이 자발적으로 찾아와 조문한 예가 두 사람 나온다. 한 사람은 이이이고, 또 한 사람은 김육이다.[51] 그만큼 김육이라는 인물이 조선시대 최고의 관료, 정치가, 학자, 경세가로 평가받고 있는 이이와도 그 능력이 비교될 수 있는 위대한 인물이라고 볼 수 있는 것이다.

김육은 충청감사 시절인 1638년(인조 16년)에 대동법의 시행을 재차 건의하였다가 인조의 동의를 결국 구하지 못하였으나 1649년에 효종이 즉위한 후 다시 대동법의 시행을 강력히 건의하여 결국 1652년에 충청도에 대동법을 시행시키게 된다. 그는 대동법의 시행세칙인 호서대동사목의 서문을 직접 작성하기까지 하여 대동법의 시행을 관장하였다.

또한, 충청도에서의 대동법 시행에 멈추지 않고 1654년(효종 7년)과 1656년(효종 7년)에 전라도에도 대동법의 시행을 강력히 건의하였으나 받아들여지지 않았다. 그러나 1658년 그가 사망하고 20여 일 후에 전라도 연안(해읍)지역에 대동법이 시행되기에 이르고, 1662년(현종 3년)에는 전라도의 산군(山郡)지역에서도 대동법이 시행된다. 전라도의 연안지역보다 산군지역에서 대동법의 시행이 늦었던 이유는 아무래도 지역의 특성상 쌀의 생산량이 적고, 쌀의 운송을 위한 수로 및 육로 등의 교통도 불편했기 때문일 것이다. 이렇듯 충청도와 전라도지역에 대동법이 시행될 수 있었던 것은 김육의 오직 백성의 고달픈 삶을 개선시키려는 생각과 옳다고 생각되는 일은 굽히지 않고 계속해서 그 시행을 주장한 집념이 있었기 때문일 것이다.

한편, 본 연구의 서론에서도 언급한 것처럼 김육의 대동법 시행과 관련해서는 광해군 때와 인조 때의 각각 경기도와 강원도에서의 대동법

---

51) 이정철, 2013, 「언제나 민생을 염려하노니－조선을 움직인 4인의 경세가들」, 역사비평사, p.130.

시행과는 약간의 차이점이 있다. 즉 경기도와 강원도에서의 대동법 시행은 광해군과 인조가 즉위한 후 한백겸과 이원익, 조익과 이원익의 건의로 신속하게 시행은 되었으나 얼마 가지 않아 폐지위기에 당면하게 되나 본 장의 다음의 내용에서 기술되는 충청도 및 전라도에서의 대동법 시행은 시행이 결정되기까지 많은 시간이 걸리고 반대도 심하였으나 시행결정이 된 이후에는 폐지위기에 당면하지 않고 시행되었다는 것이다.

다음은 효종이 즉위한 1649년에 우의정 김육이 호서(충청도)와 호남(전라도)지역에 대동법시행을 위한 건의와 관련한 1649년(효종 즉위년) 11월 5일의 기록이다.

우의정 김육(金堉)이 상차하기를,

"(전략) 대동법(大同法)은 역(役)을 고르게 하여 백성을 편안케 하기 위한 것이니 실로 시대를 구할 수 있는 좋은 계책입니다. 비록 여러 도(道)에 두루 행하지는 못하더라도 기전(畿甸)[52]과 관동(關東)[53]에 이미 시행하여 힘을 얻었으니 만약 또 양호(兩湖) 지방에서 시행하면 백성을 편안케 하고 나라에 도움이 되는 방도로 이것보다 더 큰 것이 없습니다. 졸곡(卒哭)[54] 후에 바로 의논했어야 했는데 객사(客使)[55]가 마침 이르러 와서 아직까지 미루고 있었습니다. 지금은 객사가 이미 갔는데도 묘당(廟堂)의 논의가 조용해 들리지 않으니, 신은 못내 괴이하게 여깁니다.(중략) 감히 별폭(別幅)에 써서 올립니다."하였는데,

그 별폭에 이르기를, "민간의 백 가지 역(役)이 모두 전결(田結)에서 나오니, 이는 바로 옛날의 경계법(經界法)입니다. 나라에 일이 많다 보니 민역(民役)이 날로 무거워져서 1년에 응당 행하여야 할 역으로 매결당 소용되는 비용이 거의 목면(木綿) 10여 필이나 되고 적어도 7, 8필은 밑돌지 않는데 뜻밖에 마구 나오는 역은 여기에 들어 있지 않으니,

52) 경기도를 말한다.
53) 강원도를 말한다.
54) 임금의 상(喪)을 마치는 것을 말한다. 여기서는 인조의 상을 마치는 것을 말한다.
55) 중국(명나라)의 사신을 말한다. 즉 앞서 언급되었던 조사(詔使)를 말하는 것이다.

백성들이 어찌 곤궁하지 않겠습니까. 지금 만약 대동법을 시행하면 매 1결마다【10속(束)이 1부(負)가 되고, 1백 부가 1결(結)이다. 전(田)에서 수확하는 다소에 따라 속이라 하고, 부라 하고, 결이라 한다.】봄에 목면 1필, 쌀 2두(斗)를 내고, 가을에 쌀 3두를 내면 모두 10두가 되는데, 전세(田稅) 이외의 진상물(進上物)과 본도의 잡역(雜役), 본읍에 납부해야 할 것이 모두 그 가운데 있어 한번 납부한 후에는 1년 내내 편안히 지내도 됩니다. 경기에서 선혜청(宣惠廳)에 봄가을에 8두씩 1년 16두를 바치는 것에 비하면 역시 매우 너그럽습니다. 양호(兩湖) 지방의 전결이 모두 27만 결로 목면이 5천 4백 동(同)이고 쌀이 8만 5천 석이니, 수단이 좋은 사람에게 부쳐 규획하여 조치하게 하면 미포(米布)의 수가 남아서 반드시 공적인 저장과 사사로운 저축이 많아져 상하가 모두 충족하여 뜻밖의 역(役) 역시 응할 수가 있습니다. 다만 탐욕스럽고 교활한 아전이 그 색목(色目)이 간단함을 혐의하고 모리배(牟利輩)들이 방납(防納)하기 어려움을 원망하여 반드시 헛소문을 퍼뜨려 교란시킬 것이니, 신은 이점이 염려됩니다."하였다. 상이 소를 보고는 비국으로 하여금 의논하게 하니, 비국이 아뢰기를, "이 일을 시행할 경우에는 반드시 미리 시험해 보아야 할 것이니, 호서(湖西) 지방 한 도(道)에 먼저 시험해 보는 것이 마땅할 듯합니다. 제도를 고치는 일은 그 이익이 10배가 되지 않으면 옛사람들이 경계하였으니, 처음 하는 즈음에 충분히 살펴 처리하지 않을 수 없습니다."(중략)

우의정 김육이 아뢰기를,

"이는 선혜(宣惠)의 법과 차이가 없습니다. 선혜법은 고상(故相) 이원익(李元翼)이 건의한 것인데 먼저 경기·강원도 두 도에서 실시하고 호서에는 미처 시행하지 못하였습니다. 지금 마땅히 먼저 이 도에서 시험해야 하는데, 삼남(三南)에는 부호(富戶)가 많습니다. 이 법의 시행을 부호들이 좋아하지 않습니다. 국가에서 영(令)을 시행하는 데 있어서 마땅히 소민(小民)들의 바람을 따라야 합니다. 어찌 부호들을 꺼려서 백성들에게 편리한 법을 시행하지 않아서야 되겠습니까."하고, 좌의정 조익(趙翼), 연양군(延陽君) 이시백(李時白)은 모두 행하는 것이 편리하다고 하고, 호조판서 이기조(李基祚), 호군(護軍) 정세규(鄭世規)는 모두 불편하다고 하니, 상이 이르기를, "대동법을 시행하면 대호(大戶)가 원망하고, 시행하지 않으면 소민이 원망한다고 하는데, 원망하는 대소가 어떠한가?"하니, 여러 신하들이 모두 말하기를,

"소민의 원망이 큽니다."하니, 상이 이르기를, "대소를 참작하여 시행하라."하였다.[56]

다음은 위의 내용에서처럼 효종이 김육이 건의한 양호(兩湖)지역 중에서 호서(충청도)지역에 대동법을 대소를 참작하여 시행하라고 하였으나 거의 한 달이 지나도 그 시행이 되지 않자 김육이 다시 호서지역에 대동법을 시행해야 된다는 건의를 하였으나 효종이 윤허하지 않는 상황과 관련된 1649년(효종 즉위년) 12월 3일의 기록이다.

(전략) 좌의정 조익이 나아가 아뢰기를,

"왕정(王政) 가운데서 큰 것으로는 대동법(大同法)보다 큰 것이 없는데 어찌 한두 가지 일이 불편하다 하여 행하지 않겠습니까."하고,

우의정 김육은 아뢰기를,

"대동법은 지금 모든 조례(條例)를 올렸으니, 전하께서 옳다고 여기시면 행하시고 불가하면 신을 죄주소서."하니, 상이 대답하지 않았다.

김육이 또 아뢰기를,

"신이 일찍이 관상감 제조를 지내어서 역법(曆法)을 마땅히 바꾸어야 함을 압니다. 역법은 반드시 1백 년 혹은 50년에 한 번씩 바꾸어야 하는데 지금 쓰고 있는 역은 바로 허형(許衡) 등이 만든 법으로 이미 4백 년이 되었으니 어찌 변경하지 않을 수 있겠습니까. 이번 서양(西洋)의 새 법에는 견해가 없지 않으니, 그 법을 참고해서 고쳐야 합니다."하니, 상이 이르기를, "그 가운데서도 역시 옳지 않은 것이 있다. 우선 추산(推算)하여 고쳐 어떠한지 보아야 한다."하였다.[57]

56) 「효종실록」 효종 즉위년 11월 5일.
57) 「효종실록」 효종 즉위년 12월 3일.

다음의 내용은 김육의 건의로 묘당의 안건에 상정된 대동법의 시행에 대하여 효종과 신하들이 의논을 하고 삼두미법(三斗米法)[58]의 시행을 논의하는 것과 관련한 기록들이다.

(전략) 상이 이르기를,

(중략) "대동법(大同法)은 이미 상정(詳定)하였는데, 여러 의논은 어떻게 여기는가?"하니, 영의정 이경석(李景奭)이 아뢰기를, "행하여 폐단이 없으면 더할 수 없이 좋으나 이해는 먼 곳에서 헤아리기가 어려워, 절목에 혹 막히어 시행하기 어려운 것이 있는가 싶습니다. 신이 선왕 초년에 매양 사관(史官)으로 입시해 들었는데, 그때 여러 노대신들이 어찌 깊이 생각하지 않았겠습니까. 그런데도 끝내 시행하지 않은 것에 대해서 신은 무슨 까닭이었는지 모르겠으나 신의 뜻으로는 먼저 홍청도(洪淸道)[59]부터 시행하여 그 이해를 안 연후에 다른 도에 시행해야 한다고 여깁니다."하고, 우의정 김육은 아뢰기를, "시행하는 여부는 성상의 결단에 달려 있을 뿐이니, 더 의논할 일이 없습니다."하니, 경석이 이르기를, "그렇지 않습니다. 고 상신 이원익이 편리 여부를 민간에 물어서 차자를 올려 파하기를 청한 것입니다."하고, 좌의정 조익은 아뢰기를, "당시 여러 의논이 시끄럽게 들끓어서 심지어 왕안석(王安石)에게 비교하기까지 했기 때문에 이원익이 부득이 파한 것이지 본래의 뜻은 아니었습니다."하였다.[60]

(전략) 상이 이르기를,

"삼두미법(三斗米法)에 대한 사람들의 의논은 어떠한가?"하니, 영의정 김육(金堉)이 대답하기를, "어떤 사람은 '호남과 호서는 처지가 다른데 지금 만일 일률적으로 시행하면 호서의 백성이 반드시 원망할 것이

58) 대동법이 실시되기 전 호서 지방에서 실시되었던 세제. 토지 1결당 쌀 3두씩을 거두기로 한 법이다.

59) 충청도를 말한다.

60) 「효종실록」, 효종 즉위년 12월 13일.

다.'합니다. 그러나 대동법(大同法)은 비록 시행하지 않더라도 먼저 이 법을 시행한다면 어찌 편리하고 좋지 않겠습니까."하였다. 상이 이시방에게 물으니, 대답하기를, "충청도에만 시행한다면 삼두가(三斗價)가 부족할 것입니다."하였다. 상이 이르기를, "공물(貢物)의 경우, 백성이 바치는 바가 많으면 사주인(私主人)의 바치는 바가 적어지고, 사주인이 바치는 바가 많으면 백성의 바치는 바가 적어지기 때문에 형편상 불편한 바가 있으니, 호서에만 먼저 시험해 보아야지 호남에까지 한꺼번에 시행해서는 안 될 것이다."하였다. 이시방이 아뢰기를, "강원도의 백성도 대동법의 혜택을 받고 있습니다. 호서에도 본도에서 헤아려 변통한다면 행하지 못할 형세가 없을 것 같습니다."하였다. 상이 또 허적(許積)에게 물으니, 대답하기를, "전결(田結)로 논하면 호서는 14만 결이고, 호남은 19만 결입니다. 그러나 호서의 부역이 오히려 호남보다 무거우므로 균역의 청이 대개 이 때문에 나오게 되었는데, 호서 우도의 부역을 좌도로 옮겨 분담시키면 좌도의 백성이 장차 감당하지 못할 것입니다. 이 일을 만일 호서에만 시행하려 한다면 도리어 대동법만 못할 것입니다."하니, 상이 이르기를, "도리어 대동법만 못하다는 것은 무슨 뜻인가?"하자, 허적이 아뢰기를, "대동법은 일시에 모든 것을 세미(稅米)로 바친 뒤에는 여러 가지의 잡역(雜役)이 없기 때문에 모두 편리하게 여깁니다."하였다. 좌의정 이시백(李時白)이 아뢰기를, "삼두미법을 호남에 통행하여도 본래 불가할 것이 없는데 이 일을 의논해 정하는데 어찌 뭇 사람의 뜻에 합하기를 구할 필요가 있습니까. 이는 이른바 우유부단한 것입니다."하니, 상이 이르기를, "삼두미를 이미 징수한 뒤에 또 만일 부득이한 역이 있게 된다면, 두 도에 한꺼번에 시행하는 것보다 먼저 한 도에 시행하여 그 편리 여부를 관찰하는 것이 나을 것이다."하였다.(중략)

김육이 아뢰기를, "삼두미법을 이시방과 허적으로 하여금 전적으로 관장하여 임무를 살피게 하소서."하니, 상이 허락하였다.[61]

61) 「효종실록」, 효종 2년 7월 13일.

앞의 내용은 호서지역에 대동법을 시행하기 전에 삼두미법을 먼저 시행하자는 결정이 이루어지는 과정을 보여주고 있는 것이다. 그러나 호서지역에 삼두미법의 시행결정이 있은 후 한 달 남짓 지나 호서지역이 대동법이 전격적으로 시행되게 된다.

다음은 이상과 같은 과정을 거쳐 드디어 1651년(효종 2년)에 호서지역에 대동법의 시행이 결정되어 시행되게 되는 상황과 관련한 1651년(효종 2년) 8월 24일의 기록이다.

"호서의 대동법(大同法)을 비로소 정하였다. 우리나라의 공법(貢法)은 너무나도 무너졌다. 서울에 있는 호탕하고 간교한 무리들이 경주인(京主人)이라고 하면서 제도(諸道)에서 공납하는 물품을 방납(防納)하고 그 값을 본읍(本邑)에서 배로 징수하였다. 그 물품의 값이 단지 1필(匹)·1두(斗)라 할 때 교활한 방법을 써 수십 필, 수십 석에 이르게 한다. 탐관오리들이 그들에게 빌붙어 이익을 꾀하는데, 마치 구렁텅이로 물이 몰려드는 것 같아 그 폐단이 점점 불어났다.(중략) 혹자는 "선왕이 토지를 맡겨 준 뜻에 따라 공안을 개정하여 그 생산물을 징수해야 한다." 하기도 하고, 혹자는 "공안은 갑자기 개정하기 어려우니, 우선 양세(兩稅)의 제도에 의하여 1년 잡색(雜色)의 공물(貢物)을 통틀어 계산한 다음, 그 많고 적음에 따라 그 값을 공평하게 정하고 쌀이든 베든 바로 서울로 실어 올려 물건을 무역해서 공물을 마련하게 하여 중간에서 이익을 꾀하는 폐단이 없게 해야 한다."하는 등등의 의논이 분분하여 정해지지 않았다. 영의정 김육(金堉)이 대동법을 극력 주장하였고, 또 충청도는 공법이 더욱 고르지 못하다고 하여 먼저 시험할 것을 청하였다. 상이 누차 여러 신하들에게 물으니, 혹자는 그것이 편리하다고 말하고 혹자는 그것이 불편하다고 말하였다. 이에 와서 상이 김육 등 여러 신하들을 인견하고 그것이 편리한지의 여부를 익히 강론하여 비로소 호서(湖西)에 먼저 행하기로 정하였다. 【한 도를 통틀어서 1결(結)마다 쌀 10두(斗)씩을 징수하되, 봄·가을로 등분하여 각각 5두씩을 징수하였다. 그리고 산중에 있는 고을은 매 5두마다 대신 무명 1필(匹)씩을 공납하였다. 대읍(大邑)·중읍(中邑)·소읍(小邑)으로 나누어 관청의 수요를 제하여 주고, 또 남은 쌀을 각 고을에 맡겨 헤아려 주어서 한 도의 역(役)에 응하게 하고, 그 나머지는 선혜청(宣惠廳)에 실어 올려서 각사(各司)의 역(役)에 응하게 하였다.】(후략)[62]"

위의 내용을 검토해보면 알 수 있듯이 김육이 인조 때 충청감사 시절부터 건의해 왔던 충청도(호서)의 대동법 시행이 거의 13년이 지나 드디어 그 결실을 맺게 된 것이다. 또한, 충청도의 대동법은 '봄·가을로 각각 5두씩을 징수하였다. 그리고 산중에 있는 고을은 매 5두마다 대신 무명 1필(匹)씩을 공납하였다.'의 내용에서 후술되는 전라도의 대동법 시행과는 다르게 연안과 산군을 동시에 실시했다는 것을 알 수 있다.

다음의 내용은 충청도에 대동법이 시행된 1651년(효종 2년) 이후 약 5년 정도 지난 1656년(효종 7년) 7, 8, 9월에 경상도에 큰물이 지고, 평안도 의주에 폭풍이 불고, 평안도 영변부에 큰 바람이 불고, 함경도에 바람이 크게 불고 우박이 내리는 등 자연재해가 속출하였다. 특히, 8월 27일[63]에는 전라도 해안에 비바람이 크게 일어 수군과 전선에 큰 피해가 발생하였는데 김육이 그에 대한 내용을 효종에게 말하면서 전라도에도 대동법을 시행해야 한다는 건의를 하고 있는 상황과 관련한 1656년 9월 15일의 기록이다.

62) 「효종실록」, 효종 2년 8월 24일.

63) 「효종실록」, 효종 7년 8월 27일. 전남 우수사 이익달(李益達)이 각읍의 전선을 통솔하여 바다로 나아가 수군을 조련시킬 무렵에 비바람이 크게 일어 금성(錦城)·영암(靈巖)·무장(武長)·함평(咸平)·강진(康津)·부안(扶安)·진도(珍島) 등 고을의 전선이 모두 떠내려 가거나 침몰되어 죽은 수졸(水卒)이 1천여 인이며, 진도군수(珍島郡守) 이태형(李泰亨)도 물에 빠져 죽었다. 도신이 아뢰자, 상이 하교하였다. "지금 이 보고를 듣고 하루 내내 서글퍼 가슴을 진정시킬 수가 없다. 본도에 영을 내려 특별히 휼전을 시행하도록 하고, 수사 이익달(李益達)과 우후 신숙(辛淑)은 함께 잡아다 국문하도록 하라."

영돈녕부사 김육(金堉)이 상차하기를,

"이번의 변고는 막중한 재해로 역사서에도 나타난 기록이 없고 듣지도 못한 것입니다. 동래(東萊)에서 시작하여 진도(珍島)에서 끝을 내고, 의주(義州)에서 발생하여 영변(寧邊)에서 극도에 달했는데 온 나라가 함께 우려하는 바이며 두 곳의 변방에서는 더욱 두렵게 여기는 바입니다.(중략)

호남의 전선(戰船)이 패몰된 것이 13척에 이르며, 그 나머지 병선(兵船)과 협선(挾船)도 파손된 것이 그 숫자가 얼마인지 모릅니다. 만약 명년 봄바람이 따뜻하게 불기 전에 다시 갖추게 한다면 해변 백성의 힘이 고갈될 것입니다. 1년에 1결(結)의 역포(役布)가 무려 50, 60필(匹)이나 되는데 거기에다 이 역을 더한다면 백성들이 장차 감당하지 못할 것입니다. 의당 크게 변통(變通)하여 구제함이 있어야 하겠습니다. 지난번에 본도의 사민(士民)들이 연속으로 상소를 올려 호서와 같이 해주기를 청원하였지만 끝내 청원을 얻지 못하자, 호남의 주민들이 크게 근심하면서 '어찌 유독 호서만 아끼면서 우리들은 가엾이 여기지 않는가.'라고 하였으니, 그들의 말과 뜻이 가련하며 서글픕니다. 만약 1결에 쌀 10말만 거두고 다른 역은 모두 면제한다면, 전선은 회복시킬 수 있으며 상공(上供)도 부족하지 않아 주민들이 모두 기뻐 날뛰며 그 근심을 잊을 것입니다. 신이 일찍이 호서에 실시한 대동법(大同法)으로 구설수에 올라 곤욕을 치루고, 감히 어탑(御榻) 앞에서 진달하기를 '이 뒤로 다른 도(道)에 대해서는 결코 시행하자고 말하지 않겠습니다.'고 하였습니다만 지금은 백성들의 바람이 지성(至誠)에서 나왔고 배가 패몰된 데 따른 역(役)이 이런 즈음에 있게 되었기 때문에 감히 땅거미가 지는 무렵의 사냥[64] 을 생각하지 않을 수 없습니다. 지금 만약 그 호서의 성과를

---

64) (국역)「조선왕조실록」註(주)의 내용인데, "'땅거미가 지는 무렵의 사냥 : 정호(程顥)가 16, 17세 때 사냥을 좋아했는데, 억제하여 그 생각이 완전히 없어진 줄 알았다. 12년 후 우연히 땅거미가 질 무렵 사냥꾼을 만나자 자신도 모르게 반가운 마음이 들었다. 「심경(心經)」 권1, 여기서는 김육이 대동법을 실시하고자 하는 마음을 없앴는데, 호남의 어려운 상황을 보자 자신도 모르게 다시 실시하고자 하는 마음이 생겼다는 뜻이다."라고 하였다.

인해서 성충(聖衷)으로 결단을 내려 백성들의 마음을 따라 시행할 뜻을 결정하신다면, 굶주리는 자에게는 쉽게 먹일 수 있으며 목마른 자에게는 쉽게 마시도록 할 수 있어, 거침없이 시행되어 그 효과가 금방 나타날 것입니다. 신처럼 옹졸하고 졸렬한 자질로도 오히려 그것을 한 도(道)에 시험하였는데 더구나 지금 묘당의 여러 신하들은 신보다 백배 나은 자들인데 이겠습니까.(후략)"

다음은 김육이 전라도 대동법의 시행을 강력히 건의했음에도 불구하고 시행되지 않자 충청도 대동법의 성공적인 시행효과를 설명하며 재차 건의하고 있는 상황과 관련된 1657년(효종 8년) 7월 11일의 기록이다.

영돈녕부사 김육(金堉)이 차자를 올리기를,

(전략) "그전에 호남 사람들이 대동법을 시행하자고 전후 연달아 청하였으나 조정이 허락하지 않고 정원에서도 그 상소를 올려 보내지 않았는데 신은 참으로 이해가 안 갑니다. 신이 끝까지 이 말을 하는 것에 대해 사람들이 반드시 비웃을 것입니다만 신이 이 일에 급급해 하는 것은, 대체로 호남은 나라의 근본인데 재해를 매우 많이 입었으므로 민심이 쉽게 떠날 것입니다. 그러므로 반드시 가을 안에 이를 시행해야만 혜택을 조금이라도 베풀 수 있다고 여겨졌기 때문에 죽음을 무릅쓰고 누차 말씀드린 것입니다.(중략)

호남의 백성은 이루 헤아릴 수 없이 많고 수령은 불과 50여 명밖에 안되는데 어떻게 50여 명이 안하고자 한다고 하여 수많은 백성이 크게 바라고 있는 바를 시행하지 않아서야 되겠습니까. 현재 본도에서 1결(結)에 대한 세금으로 거두는 쌀이 거의 60여 말에 이른다 합니다. 열 말을 거두어들인다면 백성들에게서 적게 거두는 것으로서 다섯 배나 감소됩니다만 그래도 국가의 쓰임에는 부족된 바가 없는데 무엇을 꺼려 이를 시행하지 않는단 말입니까.

지난번 호서의 수령들도 모두 이를 시행하지 않으려고 하였으나 시행한 지 두어해 동안에 시골 백성들이 전리에서 고무하고 개들은 관리를 보고 짖지 않았으므로 인접해 있는 도에게 큰 부러움을 샀습니다. 이것은 이미 시행해 본 분명한 효과로서 서울이나 지방 모두가 편리하고 위아래가 서로 편안하게 여기고 있습니다. 10말을 제외하고는 모두 백성들 자신이 먹는 식량입니다. 구휼하는 방안이 이보다 좋은 것이 무엇이 있겠습니까. 창고의 곡식을 풀고 있는 대로 털어내지 않고도 나라 안에 죽거나 야윈 백성이 없을 것입니다.

신이 전일 시행하자고 청할 때에 양호(兩湖)를 모두 셈해 결복(結卜)과 미포(米布)의 숫자들을 문서에 올려 본청에 간직해 두었으므로 관료들이 모두 이 대동법에 대해 익숙해져 있으니 단지 약간의 조목들만 미루어 변통해 계품하여 내린다면 시일을 별로 허비하지 않고도 일이 잘 시행될 것입니다.(중략)"하니, 답하기를, "묘당으로 하여금 의논하여 조처하게 하겠다."하였다.[65]

다음은 김육의 전라도 대동법 시행의 재차 건의 후 조정회의에서 효종과 신하들이 많은 의논을 거치고 있는 과정에서 김육이 다시 한 번 그 시행을 건의하는 것과 관련된 1657년 11월 8일의 기록이다.

영돈녕부사 김육(金堉)이 상차하기를,

"삼가 호남 도신(道臣)의 장계를 살펴보니, 수령과 아전들의 실정을 모두 알겠습니다. 대략 말하건대 53고을 중에 대동법을 시행하기를 바라는 곳이 34고을이고, 어찌할지 결정을 내리지 못한 곳이 16고을이고, 시행하기를 바라지 않는 곳이 13고을입니다. 그러니 그 숫자를 알 수 있고, 그들의 심정을 알 수 있습니다.(중략)

지난날 탑전에서의 논의가 분분하여 결정되지 못하고 끝내 본도에 내려 묻는 데 이르고 말았습니다. 비국이 복계(覆啓)하고 또 면대하고 아뢴다면 이 일이 어느 때 정해질 수 있을지 모르겠습니다.

세월은 흘러가고 일의 기미는 변합니다. 각읍에서 가혹하게 세금을

65)「효종실록」, 효종 8년 7월 11일.

거두어 들이는 것이 또 반드시 시작될 것이니, 조금 포악한 사람과 크게 포악한 사람 중에 누가 그 뒷날을 잘 보전할 수 있겠습니까. 이 일은 하지 않는다면 그만이지만, 한다면 불속에 있는 사람을 구제하듯 물에 빠진 사람을 건져주듯이 해야 합니다. 먼저 추등(秋等) 다섯 말을 거두는 것으로 급히 고시하고 차례차례 절목을 호서(湖西)의 법에다 가감하면 한 해가 다 가기 전에 법이 완성되어 신춘에는 반포할 수 있을 것입니다. 그 가운데 산군(山郡)에서 베로 내거나 토산품을 진공(進供)하는 경우 그 가미(價米)를 넉넉하게 하여 그들로 하여금 편의에 맞도록 해서 일을 따르기도 하고 구제를 따르기도 하여 걸림이 없게 하는 것은 유사의 책임입니다."(중략) 삼가 바라건대, 성명께서 친히 윤음을 내려 결단해 시행하시어 먼 곳에 사는 백성들의 바람을 통쾌히 하시고, 때를 놓친 걱정을 불러오는 일이 없도록 하소서."하였는데, 답하기를, "이는 나라의 큰일이니 독단할 수 없다. 대신과 의논해서 처치하겠다."하였다.[66]

위와 같이 재차 전라도 대동법의 시행을 건의한 후 김육은 효종 9년(1658년) 9월 4일에 사망하게 된다. 그 후 20여 일이 지난 효종 9년(1658년) 9월말부터 비로소 전라도에도 27개의 연안지역부터 대동법이 시행되기에 이른다. 다음은 김육이 사망하기 전 마지막으로 상소를 올려 전라도 대동법의 시행책임자로 전라감사 서필원을 추천한 후 효종에게 당부하고 있는 상황과 관련된 1658년 9월 5일의 기록이다.

대광보국 숭록대부 영돈녕부사 김육(金堉)이 죽었다. 죽음에 임하여 상소하기를,

"(전략) 호남의 일에 대해서는 신이 이미 서필원(徐必遠)을 추천하여 맡겼는데, 이는 신이 만일 갑자기 죽게 되면 하루아침에 돕는 자가 없어 일이 중도에서 폐지되고 말까 염려되어서입니다. 그가 사은하고 떠

66) 「효종실록」, 효종 8년 11월 8일.

날 때 전하께서는 힘쓰도록 격려하여 보내시어 신이 뜻한 대로 마치도록 하소서. 신이 아뢰고 싶은 것은 이뿐만이 아닙니다만, 병이 위급하고 정신이 어지러워 대략 만분의 일만 들어 말씀드렸습니다. 황송함을 금하지 못하겠습니다."하니 답하기를,

"경의 차자를 살펴보니 매우 놀랍고 염려가 된다. 진술한 말은 모두가 지극한 의논이었다. 깊이 생각하지 않을 수 있는가. 호남의 일에 대해서는 이미 적임자를 얻어 맡겼으니 우려할 것이 있겠는가. 그리고 경은 늙었으나 근력이 아직도 강건하고 병이 깊이 들었지만 신명(神明)이 도와줄 것이다. 어찌 쾌차의 기쁨이 없겠는가. 경은 안심하고 잘 조리하라."하였다.[67]

V. 효종 이후의 대동법 시행과정

1659년 현종이 즉위한 후 전라도 산군(山郡)에 대동법의 시행이 논의되기 시작하여 1662년(현종 3년)에 시행되었다.

다음은 영의정 정태화가 호남지역의 대동법 시행의 책임자로 김육의 아들인 김좌명을 추천하는 것과 관련된 1662년(현종 3년) 7월 26일의 기록이다.

(전략) 태화가 아뢰기를,

"신이 지금 멀리 떠나려니 나랏일이 매우 걱정됩니다. 기읍(畿邑)에 양전(量田)하는 일과 호남에 대동법(大同法)을 실시하는 일을 이미 품정(稟定)했으니 속히 완결지어야 할 것입니다."하니, 상이 이르기를, "이시방(李時昉)이 이 일을 주관했는데 불행히도 빨리 죽고 말았다. 이제 어떤 사람이 그 일을 끝낼 수 있겠는가?"하자, 태화가 아뢰기를, "신의 아우 정치화(鄭致和)는 평소부터 어렵게 여기는 뜻을 가지고 있었으니,

67) 「효종실록」, 효종 9년 9월 5일.

이 일을 담당할 만 한 자는 김좌명(金佐明) 밖에 없습니다. 그러므로 고상(故相) 김육(金堉)이 뭇 의논들을 거슬려가면서 호서(湖西)에 대동법을 시행하기로 결정했었는데, 좌명도 일찍이 전라 감사를 자청하며 호남에 대동법을 시행하려고 하였으니, 지금 그에게 맡기면 반드시 자기 아비의 뜻을 잘 이을 것입니다."하였다.(후략)

다음은 전라도 산군(山郡)지역에 시행된 대동법에 대하여 현종과 신하들이 의논하고 있는 상황과 관련된 1663년(현종 4년) 12월 26일의 기록이다.

(전략) 태화가 또 아뢰기를,

"지난번 호남 유생 배기(裵紀) 등이 상소한 데 따라 대동법(大同法)의 편부(便否)를 본도 감사에게 문의하여 민정(民情)이 어떠한지를 살펴보려 했었는데, 지금 조귀석(趙龜錫)의 계본(啓本)을 보건대 정읍(井邑)·구례(求禮)·용담(龍潭) 3개 읍 외에는 모두 불편하게 여기고 있다 하였습니다."하고, 우의정 홍명하(洪命夏)가 아뢰기를, "귀석의 장계 중에 '산군(山郡)의 백성들은 오히려 혁파되지 않는 것을 걱정하고 해읍(海邑)의 백성들은 오히려 혹시라도 혁파될까 걱정한다.'고 하였으니, 산과 바다의 민정이 이처럼 같지 않습니다. 산군의 요구를 따른다면 당연히 혁파해야 하고 해읍의 요구를 따른다면 당연히 시행해야 하는데, 두 가지 중에서 어느 것에 맞춰 따라야 합니까?"하니, 상이 이르기를, "해읍에서 원한다면 해야 할 것이다. 산군이 원하지 않는 것을 돌아 볼 것이 뭐가 있겠는가."하였다.(중략)

명하가 아뢰기를,(중략) "만약 산군에서는 행하지 않고 해읍에서만 행한다면 이것은 이른바 반쪽짜리 대동법이라 할 것인데, 한 도 안에서 어떻게 반쪽짜리 대동법을 행할 수 있겠습니까."하고, 태화가 아뢰기를, "지금 의논하는 자들이 더러 '일단 시행하는 이상에는 산군과 해읍 모두 아울러 시행해야 한다.'고 하는데, 이 주장이 옳을 듯합니다.(중략) 산군에서 대동법을 불편하게 여기는 것에는 또한 이유가 있습니다. 대체로 산군의 미곡은 해청(該廳)에서 가져다 쓸 수가 없기 때문에 포목으로 바꿔서 바치게 하는데, 포목으로 바꿀 즈음에 손해 보는 것이 적지 않습니다. 대체로 6두(斗) 5승(升)의 미곡을 가지고 포목 1필과 바꾸는데, 포목 값은 비싸고 미곡 값은 싸기 때문에 부득이 더 주고 사는 형편이니, 그 폐해를 실로 감당하기 어렵습니다."하고, 판윤 허적(許積)이 아뢰기를, "그 포목의 품질을 보면 승수(升數)가 그다지 조밀하지 않고 척수(尺數)도 그다지 길지 않은데 15, 16두씩 주고 1필과 바꾼다는 이야기는 이치상 맞지 않는 것 같습니다만, 대체로 민정(民情)을 들어보면 원망하는 자가 많다 하니, 그 사이에 더 주고 사는 폐해는 없지 않을 것입니다."하고, 태화가 아뢰기를, "산군에서 대동법을 원하지 않는 이유가 오로지 포목으로 바꾸게 하는 한 조목에 있는 것이라고 한다면, 포목으로 바꾸는 가미(價米)를 약간 변통해 주어 부족하게 되는 걱정이 없도록 해 주어야 마땅합니다."하니, 상이 이르기를, "포목으로 바꿔 바치는 산군에는 미두(米斗)를 더 지급토록 하라."하였다.[68]

위의 내용을 검토해 보면 전라도 산군지역에 시행된 대동법에 대하여 백성들과 신하들이 불편하다는 의견을 제시하고도 있으나 결국에는 폐지되지 않고 현종의 "포목으로 바꿔 바치는 산군에는 미두(米斗)를 더 지급토록 하라."는 전교처럼 산군지역에는 혜택을 주면서 계속 시행되게 된 것이다.

그 이후 1677년(숙종 3년)에는 경상도에 대동법이 시행되었으며, 1708년(숙종 34년)에는 황해도까지 대동법이 시행되었다. 정암 조광조가 중종에게 공물의 과함이 심하여 그 수를 줄여야 한다는 건의가 있은 후 약 200년이나 지나서야 황해도까지 시행되게 된 대동법이었다.[69]

68) 「현종실록」, 현종 4년 12월 26일.

69) 광해군 즉위 후 경기도부터 시행된 대동법이 황해도까지 시행될 때까지 대동법의 1결(結)당 세율은 경기도 16두(斗), 강원도 16두(斗), 충청도 10두(斗), 전라도 13(斗), 경상도 13두(斗), 황해도 12두(斗) 등 지역마다 다르게 적용되었으나 1663년(현종 4년)부터 논의되기 시작하여 대동법이 시행되지 않은 제주도, 평안도, 함경도를 제외한 전국에서 12두(斗)로 통일되었다.

Ⅵ. 결론

광해군 즉위 후의 경기도 대동법(선혜법), 인조 즉위 후의 강원도 대동법, 효종 즉위 후의 충청도 및 전라도 대동법의 시행은 새로이 즉위한 왕에게 기대를 걸어 백성들의 고단한 삶을 개선시키려 했던 위대한 경세가(輕世家)의 대단한 노력이 있었기에 가능했던 것이다. 그러나 이 세 왕의 즉위 후 시행된 대동법은 그 시행과 관련하여 큰 위기에 당면하게 된다. 시행과 관련된 위기의 차이점은 광해군 때와 인조 때의 대동법은 시행결정 후 시행은 즉시 이루어졌으나 얼마 안가서 폐지위기에 놓였다는 것이고, 효종 때의 충청도 및 전라도 대동법은 시행 전에 극심한 반대에 부딪쳤으나 그 반대를 극복하고 시행된 이후에는 폐지위기를 맞지 않고 계속 시행되었다는 것이다.

본 연구에서는 이러한 세 왕의 즉위와 그 새로운 왕에게 기대를 걸어 백성의 편안한 삶을 위한 대동법의 시행을 성공시킨 경세가(輕世家)들의 노력에 대하여 검토해 보았다. 광해군 때의 한백겸과 이원익 및 황신, 인조 때의 조익과 이원익, 효종 때의 김육 등은 공물방납의 폐단을 개선하여 백성들의 고달픈 삶을 개선시켜 주고자 하는 공통적인 생각을 가진 인물들이었다. 이들은 성리학의 이론적인 해석에만 치중하는 것이 아닌 그 해석을 바탕으로 백성을 위한 올바른 정치를 현실에서 실천하는 경세가(輕世家)적인 능력을 발휘하였다. 그 결과물이 바로 대동법 시행을 위한 정책입안과 시행인 것이다.

본 연구의 이와 같은 검토를 통해 당리당략에만 치중하지 않고 현실 시대에서 진정으로 국민생활의 안정을 위해 정책을 입안하고 시행하는 경세가(警世歌)로서의 대통령, 정치인, 관료를 기대해 본다.

참고문헌

(국역) 「재용 군정 만기요람」, 2008, 한국학술정보(주).

(국역) 「조선왕조실록」, 국사편찬위원회.

(국역주해) 「반계수록 전제(一)」, 충남대학교.

김옥근, 1975, "대동법연구: 공잉색(公剩色) · 주요규례(主要規例) · 공인(貢人)", 「경제사학」 1, 36－71.

김재호, 2004, "재정제도의 변화와 부패, 1392－1945", 「경제사학」 36, 41－81.

______, 2007, "조선후기 중앙재정의 운영 : 「六典條例」의 분석을 중심으로", 「경제사학」 43, 3－40.

박도식, 1995, "조선전기 공물방납의 변천", 「경희사학」, 19, 165－197.

박병련 · 곽진 · 이헌창 · 이영춘, 2007, 「잠곡 김육연구」, 태학사.

오항녕, 2010, 「조선의 힘」, 역사비평사

______, 2012,「광해군: 그 위험한 거울」, 너머북스.

유형원, 1982, 「磻溪隧錄」, 明文堂.

이긍익, 1911, 「연려실기술」 별집 제11권, 광문회.

이익 · 최석기(역), 1999, 「성호사설」, 한길사.

이정철, 2013, 「언제나 민생을 염려하노니－조선을 움직인 4인의 경세가들」, 역사비평사.

______, 2016, 「대동법: 조선 최고의 개혁－백성은 먹는 것을 하늘로 삼는다－」, 역사비평사.

오항녕, 2017, "황신과 이충: 백성을 본 자, 임금을 본 자", 「인물과사상」 230, 92－109 .

이정철, 2005, "大同米 · 布의 構成", 「한국사학보」 19, 33－59.

______, 2010, "磻溪 유형원의 대동법인식", 「역사학보」 206, 37－64.

______, 2011, "김육 개혁사상의 연원(淵源)과 성격", 「한국사학보 」 44, 271－304.

조익, 1692, 「浦渚集」 권2, 조지항 · 조지정.

최주희, 2017, “광해군대 京畿宣惠法의 시행과 선혜청의 운영”, 「한국사연구」 176, 172-206.

______, 2014, “조선후기 宣惠廳의 운영과 中央財政構造의 변화”, 고려대학교 박사학위논문.

대동법 시행초기의 폐지위기와 추포(秋浦) 황신(黃愼)의 공헌에 관한 연구

대동법 시행초기의 폐지위기와 추포(秋浦) 황신(黃愼)의 공헌에 관한 연구

본 연구에서는 경기도에서부터 시행된 대동법이 채 1년도 못 되어 폐지위기에 놓이게 되는 상황과 그 폐지위기를 극복하고 대동법 시행을 추진해 나가는데 있어서의 핵심인물이었던 추포 황신의 공헌에 대하여 중점적으로 검토해 보고자 하였다. 본 연구의 검토를 통해 광해군이 즉위한 후 영의정 이원익의 건의에 따라 경기도에서부터 시범적으로 시행되게 된 대동법이 얼마 후 대동법의 시행을 관장하는 주무관청인 선혜청의 도제조 이원익 자신이 병으로 인하여 체직함에 따라 그 시행의 추진력을 잃고 표류할 수도 있었으나 바로 그 당시에 호조판서이면서 선혜청 부제조를 맡고 있던 황신이라는 인물이 임금과 다른 대신들의 대동법 폐지주장을 반박하고 국가의 재정낭비와 공물방납으로 인한 백성들의 어려운 삶을 걱정하는 마음에서 대동법 시행의 실무책임을 맡아 책임감 있는 공헌을 하였기 때문에 대동법이 폐지되지 않고 시행될 수 있었다는 것을 알 수 있었다.

한편, 대동법은 황신과 같은 인물의 공헌으로 인해 폐지되지 않고 시행되었음에도 불구하고 몇 년이 지나지 않아 대동법 시행의 총실무책임자였던 황신이 계축옥사로 인해 물러나게 되는 일이 발생한다. 이러한 상황으로 인해 대동법의 시행이 10년이라는 시간 동안이나 정체되어 백성들의 공물방납으로 인한 어려운 삶은 또다시 제자리로 돌아가 버리게 된다. 그러나 황신의 위와 같은 공헌이 있었기에 인조가 즉위한 이후에는 조금씩 그 시행범위가 확대되어 결국에는 숙종 대에 전국적으로 확대실시가 된 대동법이었던 것이다.

Ⅰ. 서론

우리는 흔히 대동법이라고 하면 떠 올리는 인물이 한국사 수업이나 각종 시험의 한국사 문제에서 많이 언급되었던 이원익이라고 생각할 수 있을 것이다. 그러나 광해군 즉위 후 한백겸이 제안하고 이원익이 재청하여 경기도에서부터 시범적으로 시행되었던 대동법의 초석은 조광조, 이이, 류성룡 등이 제안한 대공수미법이었다. 즉 이원익은 조광조, 이이, 류성룡의 학문 및 정치이념과 국가운영을 생각하는 경세가(輕世家)적인 면에 영향을 받아 그들이 제안한 대공수미법을 계승하여 대동법을 시행시키게 된 것이라고 할 수 있는 것이다.

또한, 대동법은 경기도에서부터 시행되어 100년이라는 시간이 지나서야 전국적으로 확대시행이 되는데 왜 그리 오랜 시간이 지나서야 전국적인 확대시행이 된 것인가? 그 이유는 방납업자, 지주 등의 기득권층과 광해군 등 임금의 미온적인 대처, 양전의 미실시와 그에 따른 전결의 부정확성 등이 될 수 있을 것이다.

한편, 광해군이 즉위하고 한백겸의 제안과 이원익의 재청으로 경기도에서부터 시행되게 된 대동법은 그 첫 시행 후 채 반년도 지나지 않아 폐지위기에 당면하게 된다. 그 이유는 광해군과 기득권층의 특수관계로 인해 광해군 자신의 대동법 시행에 대한 미온적인 태도도 한 이유가 될 수 있을 것이고, 특권을 누리던 방납업자와 토지를 보유한 지주 등 기득권층의 반발도 한 이유가 될 수 있을 것이다. 이러한 이유들로 인해 폐지위기에 놓인 대동법은 그 시행을 관장하는 주무관청인 선혜청의 도제조 이원익마저 병이 나 체직하게 되는 상황이 발생한다. 그렇다면 이러한 폐지위기와 시행을 맡은 수장의 부재 속에서 대동법을 일단 더 시행해 보고난 후 다시 그 이득과 손실을 따져 시행 여부를 결정하자고 주장한 핵심인물은 누구인지가 궁금해진다. 그 핵심인물이 바로 당시 호조판서였던 추포(秋浦) 황신(黃愼)이다. 황신은 국가재정을 담당하는 호조의 수장인 동시에 선혜청 부제조로서 대동법 시행의 총실무책임을 맡아 국가재정의 낭비를 막을 방법을 제시하였고, 대동법을 계속 시행해야 하는 이유를 제시하여 대동법을 폐지위기에서 일단 한시적으로라도 계속 시행되게 하였다. 이와 같은 대동법의 첫 시행에 있어 그 총실무책임을 맡았던 황신이라는 인물에 대하여 우리는 잘 인식하지 못하고 있었던 것이 사실일 것이다. 본 연구에서는 이 황신이라는 인물에 대하여 검토해 가면서 대동법이 시행초기 폐지위기를 극복하고 시행되어 가는 과정을 살펴보고자 한다.

Ⅱ. 대동법 시행의 초석이 된 대공수미법 제안

대동법 시행 이전 대공수미법을 제안하여 대동법이라는 결과물이 나타날 수 있도록 공헌한 대표적인 인물과 그 관련 내용은 다음과 같다.

1. 정암(靜庵) 조광조(趙光祖)

중종에게 발탁되어 수많은 개혁을 시도했던 조광조는 공물방납의 폐단을 개선하기 위해서는 대공수미법을 시행해야 한다는 주장도 하였다. 다음의 내용은 「연려실기술」[1] 별집 제11권 정교전고(政敎典故) 공물(貢物)과 대동미(大同米) 부분에서 조광조가 경연에서 대공수미법을 주장하고 있는 기록이다.

1) 조선 후기의 실학자 이긍익(李肯翊 : 1736년~1806년)이 저술한 조선시대의 사서(史書)이다. 그의 사(死)후 1911년 최남선이 주관하여 광문회에서 간행되었다.

조광조(趙光祖)가 일찍이 경연에서 아뢰기를,
"우리나라의 전세는 30분의 1이오나 공물은 과다하므로, 이 때문에 민생이 날로 곤궁하오니 경비의 지출을 적당히 재감해야만 백성을 편안하게 할 수 있을 것입니다. 이제 각 읍의 공안을 보니, 토산이 공평하지 않고 또 모두 방납하여 한 되의 쌀을 바칠 자에게는 한 말을 징수하고, 한 필의 베를 바칠 자에게는 세 필을 징수하였습니다. 구습을 고치지 않고 폐단을 쌓아 이 지경에 이르렀사오니, 만약 백성의 사정에 맞는 것이 있으면 역시 조종의 법을 따라 그 규모를 고쳐야 할 것입니다." 하였다.[2)]

한편, 다음의 내용은 조광조가 공물을 줄여야 한다는 것을 중종에게 건의하고 있는 1518년(중종 13년) 5월 18일의 기록이다.

조광조가 아뢰기를,
"(전략) 또 민간에서 보건대 한 가지 폐가 있으니, 백성들이 바치는 앵두 · 자두 · 황도 · 능금과 같은 것이 곧 그것입니다. 백성들이 매우 괴롭게 여기고 있으니 감할 만한 것은 감하는 것이 어떠하겠습니까?"하니, 상이 이르기를,
"외방(外方)에서 바치는 과물(果物)은 다만 천신(薦新)에만 쓰는 것뿐이니, 이는 반드시 민간에다 많이 배정할 것은 없다."하였다.[3)]

2. 율곡(栗谷) 이이(李珥)

대공수미법을 제안한 율곡 이이는 「동호문답」[4)]의 논안민지술(論安

2) 「연려실기술」 별집 제11권 정교전고(政教典故) 공물(貢物)과 대동미(大同米) 中.
3) 「중종실록」, 중종 13년 5월 18일.
4) 1569년(선조 2년) 이이(李珥)가 34세 되던 해 홍문관 교리로 동호독서당(東湖讀書堂)에서 사가독서(賜暇讀書 : 조선시대에 인재를 양성하기 위하여 젊은 문신들에게 휴가를 주어 학문에 전념하게 한 제도)하면서 지은 글이며, 왕도정치의 이상을 문답 형식으로 서술하여 선조에게 올린 글이다. 이 글은 왕도정치(王道政治)의 이상을

民之術)에서 당시의 가장 폐해가 크고 따라서 시급히 해결해야 할 다섯 가지의 폐단과 그 해결책을 제시하고 있다. 그 중에서도 세 번째 공물방납(貢物防納)의 폐단에 대한 해결책에 대한 내용은 최학삼(2016a)의 연구에서 다음과 같이 정리하고 있다.

"무엇을 공물방납(貢物防納)의 폐단이라고 하는가 하면, 역대 임금들은 방납[5]을 금지한 것이 매우 엄하며 모든 공물[6]은 오직 백성으로 하

＜논군도(論君道)＞, ＜논신도(論臣道)＞, ＜논군신상득지난(論君臣相得之難)＞, ＜논동방도학불행(論東方道學不行)＞, ＜논아조고도불복(論我朝古道不復)＞, ＜논당금지시세(論當今之時勢)＞, ＜논무실위수기지요(論務實爲修己之要)＞, ＜논변간위용현지요(論辨姦爲用賢之要)＞, ＜논안민지술(論安民之術)＞, ＜논교인지술(論敎人之術)＞, ＜논정명위치도지본(論正名爲治道之本)＞ 등 11개 편으로 나누어 논하고, 마지막에 1575년 이이가 쓴 ＜송조여식설(送趙汝式說)＞이 붙어 있다. ＜송조여식설＞은 조여식이 읍재(邑宰)가 되어 조언을 요청한 것에 대해 답한 것이다. 논안민지술(論安民之術) 부분에서 그는 일족절린(一族切隣)의 폐단, 진상(進上)의 폐단, 공물방납(貢物防納)의 폐단, 군역(軍役)과 요역(徭役)의 폐단, 아전들의 가렴주구(苛斂誅求) 폐단 등 백성이 곤란을 받은 다섯 가지의 폐단과 그 해결책을 제시하여 백성들을 편안하게 해 줄 수 있는 정책을 시행하고자 하였다.

5) 조선시대 공납제(貢納制)의 전개과정에서 공물(貢物)의 납부를 대행함으로써 중간이윤을 취하던 행위. 방납업자는 사주인(私主人)과 각사이노(各司吏奴)가 되는 것이 보통이었다. 사주인은 조선 전기 이후 서울에 존재했다. 그 업무는 공리(貢吏)에게 숙식을 제공하고, 공납 물품을 보관 또는 매매하는 특수 상인이었다. 그 명칭은 경주인(京主人)에 대칭해서 붙여진 것인데, 주인(主人)·각사사주인(各司私主人)·강주인(江主人)·초주인(草主人) 등으로 다양하게 불리기도 하였다. 각사이노는 공물 수납 관아의 수납업무 담당자이므로 처음에는 사주인과 결탁해 방납을 도왔다. 그러나 연산군대 이후에는 직접 방납활동을 담당하게 되었다.

6) 공물은 전세(田稅)와 함께 조선 전기 세제의 근간을 이루는 것으로, 민호(民戶)를 대상으로 상공과 별공으로 나누어 토산물을 부과하였다. 조선은 1392년(태조 1년) 공부상정도감(貢賦詳定都監)을 두어 공물의 예산편성 및 그 수납 등을 담당하는 기관으로 삼았다. 초기에는 매년 연말이 되면 국가가 다음해의 소요 물품의 종류·수량 및 품질 등을 괘지에 기록한 횡간(橫看)과 이에 따라 각 지방관아에 내려준 징수목록인 공안(貢案)을 작성하여 비교적 조직적으로 공물을 징수하였다. 「세종실록지리지」에는 공물의 품목이 열거되어 있는데 그 종류를 살펴보면 수공업품으로서 그릇·직물·종이·돗자리·기타, 광산물, 수산물, 짐승가죽, 짐승털, 짐승고기, 과실류, 목재류, 약재 등이 있었다. 공물의 종류는 각 지방 토산물의 전 품목에 걸쳐 천연산물과 각종 수공업품이 거의 망라되어 있으며 그 중에서도 충청도·전라도·경상도의 면포, 황해도의 철물, 함경도·평안도의 짐승가죽, 강원도의 목재, 단천의 은, 전주·

여금 직접 관(官)에 공납하게 하고 해당 관청의 관리 또한 임금의 뜻을 받들어 아전들에게 기만당하지 않아 농간질이나 실상을 모르게 하는 폐단이 없었기 때문에 백성들이 공물 때문에 시달리지 않았던 것이다. 그런데 세도(世道)가 점점 낮아지고 폐습이 날로 불어나 간활(姦猾)하고 엉큼한 아전들이 모든 것을 사사로이 준비해 두고 관청을 우롱하고 백성을 가로막아 백성은 비록 정미(精美)한 물건을 가져왔더라도 끝내 억제하고 받아들이지 않고 반드시 자기들이 준비해 둔 물건을 선납(先納)한 후에 백성에게 백배의 값을 요구한다. 국법이 퇴폐하여 그것을 막을 수 없게 된 지가 오래되어 나라에서 쓰는 것은 조금도 증가되지 못하고 민간은 이미 살림이 텅 비게 되었다.(중략)

손님이, "이 폐단을 개혁하려면 어떤 계책을 세워야 할 것인가?" 하니, 주인이 말하기를, "(중략)해주(海州)의 공물법을 보면, 논 1결(結)마다 쌀 한 말을 징수하는데 관청에서 스스로 비축해 두었던 물건을 서울에 바치기 때문에 백성들은 쌀을 내는 것만 알고 농간하는 폐단은 전혀 모르고 있으니 이것이 참으로 오늘날의 백성을 구제하는 좋은 방법이 될 수 있다. 만약 이 법을 사방에 반포하면, 방납의 폐단이 머지않아 저절로 개혁될 것이다."하였다. 손님이 웃으면서 말하기를, "그대의 말은 참으로 현실에 어둡다. 우리나라의 고을 치고 해주만큼 충실(充實)한 곳이 없는데, 어찌 8도의 고을로 해주를 본받게 할 수 있는가."하니, 주인이 말하기를, "만약 지금의 통상 쓰는 법을 바꾸지 않는다면 진실로 그대의 말과 같은 것이다. 그러나 대신과 해당 관서로 하여금 8도의 도적(圖籍)을 모두 가져다가 그 인구의 줄어들고 불어남과 전결의 많고 적음, 산물이 풍부하고 박한 것을 강구하여 공물을 다시 부과하되, 그

남원의 후지(厚紙), 임천·한산의 모시, 안동의 돗자리, 강계의 인삼, 제주도의 말 등이 가장 유명하였다. 공물은 현물을 부과하는 것이 원칙이었으나 공물의 종류에 따라서는 민정(民丁)의 요역이나 쌀·베(포목) 등을 부과하는 경우도 있었다. 채광(採鑛)·수렵(狩獵)·곡초(穀草 : 곡식의 이삭을 떨고 남은 줄기)·시탄(柴炭 : 땔나무와 숯)의 상납을 위한 수송 등은 민정의 요역으로 하였고, 활·화살·선박 등 특수품의 대납은 쌀과 포목으로 하였다. 또 경우에 따라서는 수공업기술자나 염전·목장 또는 약초 채취 등에 종사하는 사람으로 하여금 직업으로서 노동에 종사시켜 관청이 공물을 직접 마련하는 수도 있었다.

경중(輕重)을 균등하게 하고 국용(國用)에 절실하지 않은 공물은 양을 적당하게 삭감하여, 반드시 8도 고을에서 마련하는 방법을 모두 해주의 1결 1두(斗)와 같이 한 연후에 그 법령을 반포한다면 어찌 행하지 못할 염려가 있겠는가."

위의 내용은 공물방납(貢物防納)의 폐단과 그 해결책에 대하여 논하고 있는 것으로, 율곡 이이는 "해주(海州)의 공물법[7]을 보면, 논 1결(結)마다 쌀 한 말을 징수하는데 관청에서 스스로 비축해 두었던 물건을 서울에 바치기 때문에 백성들은 쌀을 내는 것만 알고 농간하는 폐단은 전혀 모르고 있으니 이것이 참으로 오늘날의 백성을 구제하는 좋은 방법이 될 수 있다. 만약 이 법을 사방에 반포하면, 방납의 폐단이 머지않아 저절로 개혁될 것이다."하였으며, "대신과 해당 관서로 하여금 8도의 도적(圖籍)을 모두 가져다가 그 인구의 줄어들고 불어남과 전결의 많고 적음, 산물이 풍부하고 박한 것을 강구하여 공물을 다시 부과하되,[8] 그 경중(輕重)을 균등하게 하고 국용(國用)에 절실하지 않은 공물은 양을 적당하게 삭감하여, 반드시 8도 고을에서 마련하는 방법을 모두 해주의 1결 1두와 같이 한 연후에 그 법령을 반포한다면 어찌 행하지 못할 염려가 있겠는가."하였다.

이러한 공물방납의 폐단과 그 해결책으로 제시한 것이 대공수미법(代貢收米法)[9]이며, 이 법의 시행은 율곡 이이의 조세사상 중에서 가장 강력한 조세개혁의 의지가 담겨져 있다고 할 수 있다. 그러나 안타깝게도 공물의 방납 등으로 이득을 취하고 있던 권력층과 방납업자들의 방

---

7) 황해도의 해주(海州)와 송화(松禾) 등지에서는 명종(明宗)시대 때부터 자체적으로 사대동(私大同) 또는 대동제역(大同除役)이라 하여 토지 1결당 1두씩의 쌀을 거두어 한양에 납부할 각종 공물을 마련함으로써 방납의 횡포를 방비하고 있었다.

8) 공안개정을 말하는 것으로, 현물징수는 그대로 하되 현 실정에 알맞게 공안, 즉 공물 목록을 바꾸는 것을 의미한다.

9) 공납(貢)을 대신하여(代) 쌀(米)을 수취(收)하는 법이란 뜻이다. 작미법(作米法)이라고도 한다.

해로 시행되지는 못하였다.(후략)[10]

율곡 이이는 「만언봉사」[11]에서도 공안개정 문제를 다음과 같이 주장하고 있다.

> "삼가 바라건대, 전하께서는 반드시 일을 파악할 만한 슬기가 있고, 장래의 일을 미루어 알 만한 심계(心計)가 있으며, 일을 잘 처리할 만한 재능이 있는 자를 가려 공안에 관한 일을 전담하게 하되 대신으로 하여금 그들을 통솔하게 함으로써, 연산군 때에 더 책정한 분량을 모두 없애 조종의 옛 법을 회복하게 하소서. 그리고 각 고을의 물산(物産) 유무와 전결의 다소와 민호(民戶)의 잔성(殘盛)[12]을 조사하고 상호 조절해서 한결같이 고르게 하고 반드시 본색(本色)을 각사(各司)에 바치도록 하면, 방납(防納)은 금하지 않아도 자연히 없어지고 민생은 극심한 고통으로부터 풀려나게 될 것입니다. 오늘날 시급한 일로서 이보다 더 큰 일은 없습니다."

위의 내용에서도 율곡 이이는 「동호문답」에서와 같이 고을의 인구, 토지, 물산의 많고 적음을 조사하여 그에 따라 공물의 양을 정하여 한결같이 균등하고 공평하게 해야 한다는 공안개정을 주장하고 있는 것이다.(후략)[13]

---

10) 최학삼, 2016, "율곡 이이의 조세개혁정책과 대공수미법 시행 제안에 관한 연구", 「조세연구」 제16권 제4집, pp.66－71.

11) 1574년(선조 7년) 율곡 이이가 선조에게 올린 상소문이다. 만언봉사(萬言封事) : 봉사(封事)는 상서(上書)나 봉장(奉狀)이 누설될까 두려워하여 주머니에 넣어 봉해서 바치는 것이다. 이때에 재난이 있어 임금이 직언(直言)을 구함에 응하여 이 봉사를 올린 것이다.

12) 쇠잔하고 번성함을 말한다.

13) 최학삼, 앞의 논문, 77.

3. 서애(西厓) 류성룡(柳成龍)

율곡 이이에 이어 대공수미법을 제안한 서애 류성룡의 관련 내용은 최학삼(2016b)의 연구에서 다음과 같이 정리하고 있다.

서애 류성룡은 임진왜란중인 1594년(선조 27년) 4월에 정암 조광조, 율곡 이이 등이 주장한 바 있던 대공수미법의 시행을 건의하였다. 류성룡이 건의한 대공수미법 시행은 진상과 공물방납의 폐단을 개선하여 백성을 편안하게 함은 물론이고, 임진왜란을 승리로 이끌기 위한 필수요소인 군량미를 확보하기 위한 목적이 있었다. 류성룡은 특히, 율곡 이이가 1569년(선조 2년) 「동호문답」의 논안민지술(論安民之術)에서 공물방납의 폐단을 개선하여 백성을 편안하게 하기 위한 대공수미법 시행의 주장을 계승하여 다음과 같은 상소를 올려 대공수미법을 시행하고자 하였다.

"신은 또 듣건대 난리를 평정하여 정상을 되찾게 하는 방법이 충분한 식량과 군사에 있다고는 하나, 더욱 중요한 것은 민심을 얻는 데에 있다고 하였습니다. 그런데 민심을 얻는 근본은 달리 구할 수 없고 다만 요역(徭役)과 부렴(賦斂)을 가볍게 하며 더불어 휴식을 취할 수 있게 해 주는 데 있을 따름입니다.

국가에서 받아들이는 전세(田稅)는 십일세(什一稅)[14]보다 가벼워서 백성들이 무겁게 여기지 않습니다. 다만 전세 이외의 공물 진상이나 각 절기 때마다 바치는 방물(方物) 등으로 인해 침해당하는 일이 매우 많습니다. 당초 공물을 마련할 때에 전결(田結)의 수로써 균일하게 배정하지 않고 크고 작은 고을마다 많고 적음이 월등하게 차이가 나기 때문에 1결(結)당 공물 값으로 혹 쌀 1, 2두(斗)를 내는 경우도 있고 혹은 쌀 7, 8두를 내는 경우도 있으며, 심지어 10두를 내는 경우도 있습니

14) 당년 총 수확량의 10분의 1을 거두는 세금을 말한다.

다. 이처럼 백성들에게 불공평하게 부과되어 있는데 게다가 도로를 왕래하는 비용까지 가산되고 있습니다. 그리고 각 관청에 봉납(捧納)할 때는 또 간사한 아전들이 조종하고 농간을 부려 백배나 비용이 더 들게 되는데, 공가(公家)로 들어가는 것은 겨우 10분의 2, 3에 불과할 뿐, 나머지는 모두 사문(私門)으로 들어가고 맙니다.(중략)

신은 늘 생각건대 공물을 처치함에 있어서는 마땅히 도내 공물의 원수(元數)가 얼마인지 총 계산하고 또 도내 전결의 수를 계산하여 자세히 참작해서 가지런하게 한 다음 많은 데는 감하고 적은 데는 더 보태 크고 작은 고을을 막론하고 모두 한가지로 마련해야 되리라 여겨집니다. 이를테면 갑읍(甲邑)에서 1결당 1두를 낸다면 을읍·병읍에서도 1두를 내고, 2두를 낸다면 도내의 고을에서 모두 2두를 내도록 해야 할 것이니, 이렇게 한다면 백성의 힘도 균등해지고 내는 것도 한결같아질 것입니다.

방물 값 또한 이에 의거해서 고루 배정하되 쌀이든 콩이든 그 1도에서 1년에 소출되는 방물의 수를 전결에 따라 고르게 납입토록 해야 할 것이니, 이렇게 하면 결마다 내는 것이 그저 몇 되 몇 홉 정도에 불과하여 백성들은 방물이 있는지 조차도 모르게 될 것입니다. 진상할 때에도 이런 식으로 모두 쌀이나 콩으로 값을 내게 해야 합니다."[15]

위의 내용은 율곡 이이가 「동호문답」의 논안민지술(論安民之術)에서 대공수미법을 시행하기 위해 해주(海州)의 공물법을 예로 들어 주장했던 내용과 그 흐름이 일관적이므로 류성룡은 율곡 이이의 대공수미법 시행을 위한 주장을 계승하고 있는 것으로 판단된다. 또한, 후술되겠으나 류성룡이 대공수미법을 시행하려고 했던 가장 큰 목적은 공물방납의 폐단을 개선함과 동시에 공물 대신 받아들인 쌀로 임진왜란의 승리를 위한 필수요소인 군량미를 확보하기 위해서라고 할 수 있을 것이다. 그러나 이러한 중대 목적을 가진 류성룡의 건의에도 불구하고 대공수미법은 즉

15) 「선조수정실록」, 선조 27년 4월 1일.

시 시행되지는 않았다.(중략)

하지만 대공수미법은 몇 달 뒤 다시 조정에서 논의되었으며, 1594년(선조 27년) 9월 비변사에서 군량미 조달을 위하여 류성룡이 건의한 대공수미법을 받아들일 것을 선조에게 다음과 같이 건의하여 시행하게 되었다.

> "(전략)불행히도 적의 형세가 다시 치열해져 명군(明軍)이 들어온다면 우리나라 신료들은 비록 군수물을 대지 못했다는 죄로써 죽임을 당한다 하더라도 일을 그르친 죄를 족히 면할 수 없을 것입니다.(중략)
>
> 때문에 오늘날 재용을 늘리는 방법은 각도의 공물(貢物) 진상을 모두 쌀로 하게 하고 또 상번 군사(上番軍士)의 호봉족(戶奉足)과 각사노비(各司奴婢)의 신공(身貢)을 전부 쌀로 마련케 하며, 아울러 바닷가 소금 굽는 곳에서 많은 양을 구워내어 산협(山峽)의 소금이 귀한 지역에 배로 운반하여 곡식으로 바꾸어 들인다면 소득이 반드시 많을 터이니, 이것이 오늘날 재용을 늘리는 방법입니다. 이외에 또 둔전(屯田)이 있으니 마땅히 시기에 맞추어 강구하고 힘써 실행할 것을 호조로 하여금 마련해 거행하도록 하소서."[16]

대공수미법은 위와 같이 류성룡의 상소와 비변사의 건의를 통해 시행되게 되었으나 1년도 못 가서 폐지되고 말았다.[17] 이에 류성룡은 1596년(선조 29년)에 다음의 내용처럼 다시 한 번 대공수미법 시행을 건의하였다.

---

16) 「선조실록」, 선조 27년 9월 20일.

17) 대공수미법이 시행된 지 1년도 못 가서 폐지된 이유로는 최학삼(2016a)의 연구, 실록 등 기타의 기록에서 발견한 내용은 없으나 전시 상황하에서 각지에서 벌어지는 전투로 인해 중앙조정에서 추진하는 사업의 내용이 백성들과 지방관청에게까지 파급되기가 쉽지 않다는 점, 쌀의 수송인력과 수송수단 등의 문제로 인한 제약 등을 예상할 수 있을 것이다.

"(전략)김시헌[18]의 말이 옳습니다. 지난해와 올해의 가을·겨울 사이에는 미곡이 조금 풍성하니, 이때에 미리 조치해야만 우리나라의 군사와 백성을 먹일 수 있을 것입니다. 근래 위에서 쌀을 내어 양식을 도우셨으니, 아랫백성이 누구인들 풍문을 듣고 감격하여 도울 방도를 생각하지 않겠습니까. 소신(小臣)이 갑오년[19]의 공물(貢物)을 쌀로 내게 하려는 것은 병량[20] 때문에 말한 것입니다. 대개 공물은 방납(防納)하는 자가 많아서 공가(公家)에 들어오는 것이 매우 적거니와, 한 해의 것을 쌀로 내게 하면 4~5만 석을 얻을 수 있으니, 이렇게 하면 경상도의 많은 군사를 먹일 수 있을 것입니다."[21]

위와 같은 류성룡의 대공수미법 시행에 대한 재 건의에 대하여 비변사에서는 다음과 같이 대공수미법 시행을 찬성하고 그 시행을 선조에게 건의하였다.

"양호(兩湖)[22]에는 인력과 물력이 이미 다 없어져서 실로 우려됩니다. 공물(貢物)을 미곡으로 납부하게 하면, 한편으로는 민폐를 덜 수 있고 한편으로는 군량을 보충할 수 있으니, 실로 양쪽이 모두 편리하게 되는 것입니다. 그러나 해조에서는 항상 경상비용이 모자랄 것을 근심하여 공물의 전 수량을 미곡으로 대납케 하는 것을 어려워하고 있으니, 해당 관사(官司)로 하여금 헤아려 생각하여 긴요한 용도이기 때문에 삭감할 수 없는 것을 제외하고, 나머지는 모두 공물을 미곡으로 바꾸어 바치게 하여 군량으로 하는 것이 타당합니다."[23]

---

18) 1560~1613년, 1596년(선조 29년) 당시 시강관(侍講官, 조선시대에 경연(經筵)에서 임금에게 경서(經書)를 강독(講讀)하는 정4품(正四品) 벼슬로 홍문관(弘文館)의 직제학(直提學) 이하의 벼슬아치가 겸임함)이었다.

19) 1594년(선조 27년).

20) 군량(군량미)을 말한다.

21) 「선조실록」, 선조 29년 6월 18일.

22) 호남(湖南)과 호서(湖西)지방을 말한다.

23) 「선조실록」, 선조 29년 12월 16일.

그러나 류성룡의 이러한 대공수미법 시행에 대한 재 건의와 비변사의 찬성에도 불구하고 대공수미법은 끝내 재 시행되지 못하였다.(후략)[24]

Ⅲ. 대동법의 시행과 폐지위기

1. 경기도에서의 대동법 시행

광해군이 즉위하자 호조참의 한백겸은 대동법의 시행을 제안하고 영의정 이원익은 한백겸의 제안을 재청하여 경기도에서부터 대동법을 실시하자는 주장을 하였다. 다음의 내용은 「연려실기술」 별집 제11권 정교전고(政教典故) 공물(貢物)과 대동미(大同米) 부분에서 한백겸이 상소를 올려 대동법의 시행을 제안하고 있는 기록이다.

광해 초년[25]에 호조 참의 한백겸(韓百謙)이 상소하기를,

"우리나라의 공물의 폐단은 실로 국가의 존망에 관계되는 것입니다. 상신(相臣) 류성룡이 깊이 그 폐단을 알아 공물을 폐지하고 쌀로 바치게 하며, 거기서 쓰는 잡물을 모두 시장의 시세로 서로 바꾸어 쓰게 하니, 그 취지는 좋지 않음이 아니나 그 방법이 좋지 않은 데가 있어 원망하는 자는 많고, 기뻐하는 자는 적어서 마침내 곧 도로 폐지하기에 이르렀사오니, 신은 매우 마음 아파합니다. 그 법이 8도를 통하여 밭 1결마다 쌀 2말을 내어 서울에 수납하게 하고, 대소의 토공을 일체 정파한 것이었으니, 대개 연해의 고을은 그곳으로부터 배에 실어 상납하면 2말의 쌀이 어찌 경하지 않겠습니까. 그러하오나 만약 산군(山郡)으로서 물이 먼 지방이면 운반하여 포구(浦口)까지 날라 오는 비용이 본 숫자

24) 최학삼, "서애 류성룡이 경세(經世)사상과 조세개혁정책 시행에 관한 연구", 「산업경제연구」, 2016, 제29권 제5호(통권 127호), pp.2060-2064.

25) 1608년(광해군 즉위년)을 말한다.

의 3배나 되오니, 이에 산군의 백성이 원망하게 되고, 그 쓰는 물품을 당해 관청에서 친히 스스로 매매하자 장사치와 같이 되어 그 값을 깎는 것으로만 능사로 삼아서 이에 시전의 백성이 원망하게 됩니다. 그때 환도한 지 오래지 않아서 물화가 모여들지 않았사온데, 만약 불시의 수요가 있어 시전에서 얻지 못할 것이면 부득이 외방에 따로 배정하게 되니, 백성은 겹쳐 징수당하는 원망이 있고, 서리는 법을 신봉하는 뜻이 없었습니다. 아마도 그때의 당사자의 뜻이 오로지 많이 잉여(贏餘)를 취하려는 데다 두고, 백성의 부역을 고르게 하는 일에는 그다지 유의하지 않은 것 같사오니, 이것이 좌우로 견제되어 마침내는 행하지 못하게 되었던 것입니다. 이제 만약 그 뜻은 취하고, 그 일은 뒤집어서 대략 포구에 나오는 거리의 원근으로 차등을 두어 작미(作米)하도록 하되, 반드시 2말로 구애하지 말고 바다로부터의 거리가 이틀 길 이상이면 그 쌀에 준하여 베로 마련하게 하여, 경중과 고헐(苦歇)을 피차 한결같이 한다면 누가 기뻐하지 않겠습니까. 모든 물건을 모두 넉넉하게 값을 주어 베 값에 비하여 혹 배(倍)도 되게 하고, 혹 5배도 되게 하며, 풍년에도 더하지 않고, 흉년에도 덜하지 않아 방납하는 무리에게 일정한 법이 있음을 알게 하며, 그 사이에서 주선하여 있고 없는 것을 교역하여 스스로 그 이익을 얻게 하면 누가 기뻐하지 않겠습니까. 그 가운데 혹 제향(祭享)[26]에 쓰이는 것과 상방(尙方: 상의원(尙衣院))에 수요되는 것으로써 서울로부터 바꾸어 상납하기 어려운 것이 있을 때 적당히 작미와 혹은 작포(作布)의 수를 감제하여 본색으로 상납하게 하면, 그 신축과 재량이 다만 한 유사의 능사에 있을 것이니 무슨 불편한 일이 있으며, 또한 무슨 행하지 못할 것이 있겠습니까."하였다.[27]

한편, 다음의 내용은 「연려실기술」 별집 제11권 정교전고(政敎典故) 공물(貢物)과 대동미(大同米) 부분에서 이원익이 한백겸의 대동법 시행의 제안을 재청하여 대동법을 경기도에서부터 시험적으로 시행하게 되는

26) 나라에서 지내는 제사를 말한다.

27) 「연려실기술」 별집 제11권, 정교전고(政敎典故), 공물(貢物)과 대동미(大同米) 中.

것과 관련된 기록이다.

> 영상 이원익(李元翼)이 복주(覆奏)[28]하여 대동법(大同法)을 설시할 것을 청하고, 규정을 정하여 먼저 그 법을 경기도에 시험하였는데, 1결마다 상·중·하의 연사를 막론하고 춘추로 8두(斗)의 쌀을 거두었다.
>
> 쌀 2두를 거둘 때에는 다만 공물뿐이었는데, 이것은 공물 진상 및 본색(本色)[29]·아록(衙祿)[30]·경쇄마(京刷馬)[31]의 잡역(雜役)이 모두 그 속에 들어가서 16두(斗)가 되었다.(중략)
>
> 이때에 이원익이 대동법을 시행할 것을 청하니, 그 법이 춘추마다 민전(民田) 1결에 각기 8말의 쌀을 내어 경창(京倉)에 수납하여 때때로 각 관아의 사주인(私主人)에게 나누어 주어 스스로 상공(上供)을 교역하여 바치게 하였는데, 물화를 저축하고 시장에서 값을 오르내리게 하여 그 수를 넉넉히 남겼던 것이다. 광해가 명하여 먼저 경기에서 시험하게 하니, 거실과 호강한 백성들이 모두 큰 이익을 잃어 온갖 방법으로 저해하니, 광해가 여러 번 파하려고 하였으나 영세한 백성이 편하다고 일컫기 때문에 행하였던 것이다.[32]

다음의 내용은 위의 「연려실기술」 별집 제11권, 정교전고(政教典故), 공물(貢物)과 대동미(大同米) 부분에서 이원익의 내용과 관련하여 영의정 이원익이 선혜청 설치와 경기도에서의 대동법 시행에 관하여 논하고 있

28) 다시 심사하여 임금에게 아뢰는 것을 말한다. 즉 여기서는 재청을 말하는 것이다.
29) 본래 정해져 있는 세곡(稅穀)을 말한다.
30) 수령(守令)의 식구 몫으로 주던 식료(食料)를 말한다.
31) 쇄마(刷馬)는 조선시대 때 지방에 배치한 관용의 말을 의미하는 것이다. 주로 사신의 왕래나 진상품의 운반 및 지방관 교체시에 이용되었다. 조선 전기에는 역참에 소속된 말과 인부가 주로 이용되다가 임진왜란 이후부터 민간의 말을 대가를 지불하고 사용하는 것이 일반화되었다. 숙종 7년(1681년)에 이를 법제화하였는데, 이에 따르면 말 이용에 대한 대가는 대동미로 지불하며, 진상품의 운반과 공무로 왕래할 때는 거리의 원근에 따라 그 대가에 차이가 있었다. 경쇄마(京刷馬)는 경기도에 배치한 관용의 말을 의미하는 것이다.
32) 「연려실기술」 별집 제11권, 정교전고(政教典故), 공물(貢物)과 대동미(大同米) 中.

는 1608년(광해군 즉위년) 5월 7일의 기록이다.

전에 영의정 이원익(李元翼)이 의논하기를,
"각 고을에서 진상하는 공물(貢物)이 각사(各司)의 방납인(防納人)들에 의해 중간에서 막혀 물건 하나의 가격이 몇 배 또는 몇십 배, 몇백 배가 되어 그 폐단이 이미 고질화되었는데, 기전(畿甸)[33]의 경우는 더욱 심합니다. 그러니 지금 마땅히 별도로 하나의 청(廳)을 설치하여 매년 봄 가을에 백성들에게서 쌀을 거두되, 1결(結)당 매번 8말씩 거두어 본청(本廳)에 보내면 본청에서는 당시의 물가를 보아 가격을 넉넉하게 헤아려 정해 거두어들인 쌀로 방납인에게 주어 필요한 때에 사들이도록 함으로써 간사한 꾀를 써 물가가 오르게 하는 길을 끊으셔야 합니다. 그리고 두 차례에 거두는 16말 가운데 매번 1말씩을 감하여 해당 고을에 주어 수령의 공사비용으로 삼게 하고, 또한 일로(一路) 곁의 고을은 사객(使客)이 많으니 덧붙인 수를 감하고 주어 1년에 두 번 쌀을 거두는 외에는 백성들에게서 한 되라도 더 거두는 것을 허락하지 마소서. 오직 산릉(山陵)과 조사(詔使)의 일에는 이러한 제한에 구애되지 말고 한결같이 시행하도록 하소서."하니, 따랐다.

그런데 전교 가운데에 '선혜(宣惠)'라는 말이 있었기 때문에 이 청의 명칭을 삼은 것이다. 의정(議政)을 도제조(都提調)로 삼고, 호조판서가 부제조를 겸하도록 하였으며, 낭청 2원(員)을 두었다.

이 뒤로 수령이 못된 자일 경우 정해진 법 밖에 더 거두어도 금할 수 없었고, 혹은 연호(烟戶)를 침탈해서 법으로 정한 뜻을 다 행할 수 없었다. 그러나 기전의 전결에 대한 역(役)은 이에 힘입어 조금 나아졌다.[34]

위의 내용은 선혜청을 설치하고 공물방납의 폐해가 심한 경기도부터 대동법을 시행해야 된다는 이원익의 주장을 광해군이 받아들이고 있는 상황으로 1년에 두 번, 즉 봄과 가을에 토지 1결당 8말씩 쌀을 거두

33) 경기도를 말한다.
34) 「광해군일기(정초본)」, 광해군 즉위년 5월 7일.

어 선혜청으로 보내고, 16말 가운데 봄과 가을에 각 1말씩을 해당 고을의 경비로 사용하도록 하는 내용의 대동법 시행 방안을 설명하고 있는 것이다.

2. 대동법의 폐지위기와 반론의 제기

대동법은 1608년(광해군 즉위년) 9월에 선혜법이라는 이름으로 경기도부터 시범적으로 시행되기에 이르렀는데 채 반년도 못되어 폐지위기에 휩싸이게 된다. 다음은 이와 관련한 1609년(광해군 1년) 2월 5일의 기록이다.

"일전에 인견했을 때 승지 유공량(柳公亮)이 선혜청(宣惠廳) 작미(作米)의 일이 불편한 점이 많아 영구히 시행할 수 없다는 것을 대략 말하였다. 당초 나의 생각에도 이는 진실로 시행하기 어려울 것으로 여겼으나, 본청이 백성을 위해 폐단을 제거하고자 하기에 우선 그 말을 따라 행할 수 있는지의 여부를 시험해 보도록 했던 것이다. 그런데 지금 공량의 말을 들으니 심히 두려운 생각이 든다. 예로부터 나라를 소유한 자가 모두 토양의 실정에 맞게 공물(貢物)을 바치게 한 데에는 그 뜻이 있다. 그런데 이번에 방납(防納)에서 교활하게 물건 값을 올려받는 폐단을 개혁하고자 하여 이 작미의 일이 있었으니, 그 근원은 맑게 하지 않고 하류(下流)만을 맑게 하고자 한 데 가깝지 않은가.

나의 견해는 이와 다르다. 만약 폐단을 개혁하여 백성을 편하게 해주고자 한다면 마땅히 먼저 기강을 세우고, 방납하고서 지나치게 징수하는 것을 금하는 법을 거듭 자세히 밝혀 혹을 범하는 자가 있으면 법으로 다스려 조금도 용서하지 않고 조종(祖宗)의 헌장(憲章)을 준행해 어기거나 잊지 않는 것이 좋은 계책인 듯하다. 송(宋)나라의 신법(新法)[35]

35) 송(宋)나라 때 왕안석(王安石)이 제정한 청묘법(青苗法)·보갑법(保甲法) 등의 법을 말한다.

이 그 뜻이 어찌 백성을 괴롭히는 데 있었겠는가마는 마침내 구제하기 어려운 화를 불렀으니, 옛 헌장을 변경하는 것은 삼가지 않아서는 안 된다. 가령 이 일이 폐단은 없고 유익함만 있다 하더라도 춘궁(春窮)에 쌀을 내게 하는 것은 그 시기가 아닐 듯하니, 조사(詔使)[36]가 돌아가고 가을이 와서 곡식이 많아질 때를 기다려 다시 의논해도 늦지 않다. 이 뜻을 대신에게 말하여 다시 의논해 아뢰도록 하라."[37]

위의 내용은 이미 시작되어 시행되고 있는 대동법에 대하여 광해군이 채 반년도 지나지 않아 승지 유공량의 말을 인용하면서 선혜청에서 봄철에 쌀을 거두는 것에 반대하고 가을까지 기다려 다시 의논하자고 하는 상황이다. 여기에서 광해군은 방납의 폐단이 있으면 그 해당자를 엄중 처벌하여 기강을 바로잡는 법부터 시행하는 것이 우선이라고 하고 있는데 그렇다면 한백겸과 이원익이 대동법 시행을 주장할 당시에는 이러한 의견이 없었는지 의문스럽다.

다음의 내용은 사간원에서 대동법의 폐지를 반대하는 것과 관련한 1609년(광해군 1년) 2월 28일의 기록이다.

사간원이 아뢰기를,

"(전략)조정에서 건의해 선혜청(宣惠廳)을 설치한 것은 백성들의 피해를 제거하는 데 힘써서 백성을 안쓰럽게 여기시는 성상의 인자함을 몸받고자 함이었습니다. 오늘날 백성을 괴롭히는 일이 방납(防納)하고서 교활한 방법으로 대가(代價)를 곱절로 징수하는 폐단보다 심한 것이 없습니다. 때문에 경기도의 1년 공부(貢賦) 및 온갖 응역(應役)의 대가를 절감해 헤아려서 결수(結數)를 계산하여 쌀로 거두도록 하였습니다. 이렇게 될 경우 대개 백성들이 무거운 짐을 벗고 편히 쉴 수 있는 것이 전일 방납한 사람들이 지나치게 함부로 징수하던 수에 비교하면 몇 갑

---

36) 명나라 사신을 말한다.

37) 「광해군일기(정초본)」, 광해군 1년 2월 5일.

절이 덜한 정도뿐이 아닐 것입니다. 그런데 일이 시행되기도 전에 논의가 분분하고, 방납하는 사람들은 그 이익을 잃을 것을 두려워하여 따라서 교란시키니, 일이 장차 중도에 폐해지게 될 형편인지라 진실로 한심합니다.

대체로 일의 이해와 편부는 반드시 1년을 통하여 시험해본 뒤에야 징험해 알 수 있습니다. 단지 반년 동안만 시행하고 그만둔다면 각사에서 공물(貢物)에 대한 값을 줄 때 방해되는 일이 많아 이해의 소재를 미처 알 수 없을 것이니, 금년을 한정하여 선혜청의 사목(事目)에 따라 시행해서 이로운지 해로운지를 시험해 알아보고 나서 다시 의논해 결정하는 것이 어떻겠습니까?"하니, 답하기를, "서서히 결정하겠다.(후략)" 하였다.[38]

위의 내용은 사간원에서 경기도 대동법의 폐지논란에 대하여 최소한 1년을 시행해 보고 이론운지 해로운지를 알아보자고 하는 상황으로 광해군과 일부 신하들의 대동법 폐지 주장에 대하여 사간원이 일침을 가하고 있는 것으로 보여진다.

다음의 내용은 선혜청이 다시 대동법의 폐지를 반대하는 것과 관련한 1609년(광해군 1년) 3월 5일의 기록이다.

선혜청이 아뢰기를,

"선혜청이 쌀을 거두는 일을 대신에게 수의(收議)[39]하였더니, 영의정 이원익은 의논드리기를 '법이 오래되면 폐단이 생기니 폐단이 극에 달하면 반드시 변통하는 거조가 있어야 합니다. 폐단이 극심한데도 변통하지 않으면 도탄에 빠진 백성들이 구제될 수 있는 때가 없습니다. 성상께서 즉위하신 처음에 맨 먼저 백성을 근심하는 전교를 내리시니, 백성들은 모두 목을 빼고 바라기를 큰 가뭄에 비를 바라듯이 하였습니다. 이를테면 방납(防納) 등의 일이 오늘날의 극심한 폐단이 되었으므로 변

38) 「광해군일기(정초본)」, 광해군 1년 2월 28일.
39) 의견을 종합하는 것을 말한다.

통해서 백성의 고통을 조금이나마 제거하고 덕의(德意)가 선포되기를 바라고 있었으나 또 사세에 구애될까 염려하여 감히 결단해 행하지 못하고 우선 기전(畿甸)에 시험할 내용으로 사목(事目)을 만들어 계청(啓請)해서 윤허를 받았습니다. 모든 민간의 각종 공역(貢役)을 모두 1년을 기한으로 정하여 1년의 공역의 대가를 선혜청이 그 거둔 쌀로 계산해 준 것이 자못 많고 또한 아직 주지 않은 곳도 있는데, 지금 만약 단지 반년만 시험해 보고 곧장 정파(停罷)할 경우 민간의 응역(應役)에 한계가 분명하지 않아 각사(各司)의 모리배가 혼동해서 징책(徵責)[40]할 것이니 이루 말할 수 없는 피해가 있을 것입니다. 그러니 반드시 1년 동안 계속 시행해서 마감한 뒤에야 바야흐로 민간의 이병(利病)의 대략을 알 수 있을 것입니다. 신의 본의가 이와 같았으나 전에 동료가 출사하지 않아 한 자리에 모이지 못하여 회의할 수 없었기 때문에 일단 우선 봄에만 시행하기를 청했던 것입니다. 삼가 대간의 계사를 보건대 신의 소견과 다름이 없습니다.'하고, 행 판중추 윤승훈은 의논드리기를 '어리석고 망령된 신의 소견에는 이 일이 마디마디 구애되니 시행하기 어려울 것 같습니다. 그러나 이미 시작한 일이라 지금 중지할 수 없으니 대간의 계사에 따라 1년 동안 통행(通行)하여 그 이해를 보고서 다시 의논해 처치하는 것이 무방하겠습니다.'하고, 우의정 심희수는 의논드리기를 '쌀로 거두는 한 가지 일이 실로 민폐를 개혁해서 불에 타고 물에 빠진 듯한 백성을 구제하려는 본의에서 나온 것이지만, 먼저 기전에 시행해 본 결과 이미 마디마디 방해되어 불편한 걱정이 있습니다. 방납(防納)하는 간사한 소인의 무리들이 고의로 교란시키는 말은 들을 것도 없거니와, 그 밖에 식견 있는 이들의 공명한 의논도 모두 끝내 시행할 수 없을 것으로 염려하였으니, 지금 당장 정파해도 불가할 것이 없습니다. 다만 생각건대 모든 민역(民役)에는 색목(色目)이 많고 완급(緩急)이 같지 않은데, 어찌 반년만 시험해 보고서 그 이해를 환하게 알 수 있겠습니까. 이미 창설하였으니 일단 대간의 계사에 따라 가을까지 한시적으로 시험하는 것이 무방하겠습니다.'하고, 청평부원군(淸平府院君)

40) 세금이나 물품 등을 내라고 독촉하는 것을 말한다.

한응인(韓應寅)은 의논드리기를 '이 일을 이미 시작했으니 반드시 1년을 통행한 뒤에야 민간의 이해를 알 수 있으니, 대간의 계사에 따라 시행하는 것이 무방합니다.'하였습니다."하니, 전교하기를,

"의논대로 하되, 가을까지 한시적으로 시험 삼아 시행하라."하였다.[41]

위의 내용은 선혜청이 대동법 시행에 대하여 이원익, 윤승훈, 심희수, 한응인 등에게 의견을 들어본 바 채 1년도 안 되어 대동법을 폐지하는 것은 이치에 맞지 않아 1년을 시행해 본 이후에 그 이득과 손실을 따져야 한다고 하니 광해군이 대동법을 폐지하지 말고 가을까지 시험적으로 시행해 보라는 전교를 내리고 있는 상황이다.

3. 대동법의 폐지를 막기 위한 황신의 공헌

대동법 시행을 위한 주무관청인 선혜청이 설치되면서 도제조를 맡고 있던 영의정 이원익은 병이나 체직(遞職)[42]하게 된다. 다음은 이원익의 체직을 허락하는 1609년(광해군 1년) 8월 13일의 기록이다.

영의정 이원익의 스물세 번째 사직서로 인하여 전교하기를,

"영의정은 우선 그 직을 체직하여 안심하고 조리하게 하라."하고, 사관을 영의정 이원익에게 보내 전교하기를,

"보잘것없는 내가 과덕한 몸으로 장차 경에게 의지하여 나라를 다스리고자 했기에, 비록 오랜 병이 있음을 알면서도 결단코 체직을 허락할 생각이 없었다. 다만 경의 병이 여전하고 사직하는 글이 매우 간절한데 서로 버틴 것이 이미 오래 되었으니, 혹시라도 경에게 근심과 번민을

41) 「광해군일기(정초본)」, 광해군 1년 3월 5일.
42) 벼슬에서 물러나는 것을 말한다.

초래하지 않을까 두려워 이에 우선 힘써 경의 요청을 따른다. 경은 이미 짐을 벗었으니 안심하고 조리하여 내 뜻에 부응하라."하였다.[43]

위의 내용에서 광해군의 이원익에 대한 체직허락은 대동법 시행과 관련해서는 큰 공백을 가져오는 것이었다. 그렇다면 그 이후에 선혜청의 운영과 대동법의 시행을 진두지휘한 사람은 누구일까? 그가 바로 1609년(광해군 1년) 9월 6일 호조판서로 임명되는 황신이다.[44]

황신은 1560년(명종 15년)에 태어났으며, 1588년(선조 21년) 5월 1일에 알성문과에서 장원으로 급제한 이후 임진왜란 때인 1596년(선조 29년)에는 왜국에 통신사로 다녀온 경험도 있는 인물이었다.

다음은 황신이 이항복과 함께 굶주리는 백성을 진휼하기 위한 방법을 광해군에게 아뢰고 있는 것과 관련한 1609년(광해군 1년) 11월 15일의 기록이다.

진휼사 이항복(李恒福), 부사 황신(黃愼)이 아뢰기를,

"오늘날 진휼하는 한 가지 일은 가장 긴급한 데 관계되니 의당 십분 강구하여 서둘러서 조치해야 할 바입니다. 이렇게 공사(公私)의 비축이 모두 떨어진 시기를 당하여 다시 곡식을 얻을 계책도 없고, 믿는 것이라고는 오직 앞서 계청(啓請)한 양호(兩湖)의 미조(米租)인데, 그 숫자 또한 넉넉하지 않으니 앞날의 일이 극도로 민망하고 염려스럽습니다.

대체로 진휼해야 할 굶주리는 백성엔 세 가지 양상이 있으니, 지방의 농민으로 전결(田結)은 있는데도 공부(貢賦)와 요역(徭役)을 견디지 못하여 앞으로 유산(流散)하는 데 이를 자가 있으며, 도하(都下)의 백성으

43) 「광해군일기(중초본)」, 광해군 1년 8월 13일.

44) 「광해군일기(정초본)」, 광해군 1년 9월 6일, 이덕형을 영의정으로,【여망에 따른 것이다.】 윤승훈을 영중추부사로, 황신(黃愼)을【정직하다.】 호조판서로, 박홍구(朴弘耉)를 병조 판서로, 이정귀(李廷龜)를 지중추부사로, 허균(許筠)을【문재(文才)가 있으나, 사특한 행실을 했다.】 형조 참의로, 이호의(李好義)를【용렬하고 비루하다.】 동부승지로, 민덕남(閔德男)을 집의로, 유희량(柳希亮)을 정언으로, 유색(柳穡)을 부수찬으로 삼았다.

로 농사를 일삼지 않고 장사를 일삼다가 오늘날 곡식이 귀한 때에 이르러 의뢰하여 살아갈 수 없는 자가 있고, 또 본래의 직업도 없고 의뢰할 데도 없는 무리로서 하루아침에 흉년을 만나 기근으로 유리하는 자가 있습니다. 지금 만약 다른 도의 곡식을 옮겨다 각처의 굶주리는 백성을 진휼한다면 그 형세가 반드시 두루 미치게 할 수 없고 한갓 민간에 폐단만 끼치게 되며 또 중간에서 소모될 근심이 있으니, 〈지난날 이정귀(李廷龜)의 계사에서 진달한 바와 같은 것도 염려하지 않을 수 없습니다. 때문에〉 신들의 뜻은, 양호에서 당연히 운송해야 할 미조(米租)를 경강(京江)으로 수송하게 하고, 경기 및 양서(兩西)[45]의 금년에 당연히 상납해야 할 공물미(貢物米)를 적당히 헤아려서 감해주되 이 미조(米租)로 그 값을 대신 갚도록 하고 싶습니다. 이렇게 하면 전결이 있는 백성은 실질적인 혜택을 입을 수 있을 것입니다. 그리고 또 양호의 연해(沿海) 원곡미조(元穀米租)를 덜어내어 관가의 힘을 들일 필요없이 배를 임대하여 경강으로 운반하여, 그것으로 무명과 바꾸되 시장의 값을 따라 조금 더 지급한다면, 사람들이 바꾸기를 즐겁게 여길 것이고 시중의 값도 조금 저렴하게 될 터이니, 이렇게 하면 도하의 백성들이 실질적인 혜택을 입을 수 있을 것입니다. 인해서 이 무명을 본고장으로 되돌려보내어 가을 추수를 기다려 곡식과 바꾸어 저장한다면, 원래의 숫자를 모두 채우기에 충분하며 또 원래의 숫자에 손상이 없고 남음이 있어, 백성들의 급박함을 구제할 수 있을 것이니 온당할 듯합니다.

그리고 중앙이나 지방 각처에서 굶주리다 거의 죽게 된 백성에 대해서는 제때에 미쳐 구제하지 않을 수 없습니다. 그러나 이미 다른 도에서 옮겨올 만한 곡식이 없는데 또한 그들의 죽음을 서서 볼 수만은 없으니, 모름지기 각도의 감사로 하여금 미리 먼저 알도록 해서 재해를 당한 각 고을에는 회계 밖의 곡식을 덜어내거나 또는 별도의 조처를 하여 봄이 되기를 기다린 뒤에 설장(設場)하여 굶주리는 백성을 구제하게 하는 것이 또한 적당하겠습니다. 〈감히 아룁니다.〉"하니, 아뢴 대로 하라고 전교하였다.[46]

45) 황해도와 평안도를 말한다.

위의 기록은 황신이 이항복과 함께 광해군에게 백성들의 진휼을 위해 공물미를 효율적으로 이용할 수 있는 방법들을 제시하고 있는 내용이다.

다음은 선혜청에서 경기도에 시행한 대동법에 대하여 보고하고 있는 것과 관련한 1610년(광해군 2년) 2월 5일의 기록이다.

선혜청이 아뢰기를47),

"왕위를 이으신 처음 백성들이 모두 눈을 씻고 그들의 거꾸로 매달린 듯한 급박한 생활을 해결해 주리라고 기대들을 했습니다. 삼가 생각건대, 평일에 백성의 힘을 거듭 곤궁하게 만들고 있는 것은 공물을 징수하는 폐단보다 더한 것이 없습니다. 그러므로 선혜청 설치를 아뢰어 민간들이 내야 하는 수량을 줄이도록 꾀한 것입니다. 부역을 시행하되 균일하게 하여 1년간을 행하니, 백성들이 그 이익을 받았고 한번 쌀을 낸 뒤에는 차사의 침학 징수하는 폐단이 촌간에서 영영 끊어졌으므로 백성들이 다행으로 여기고 즐거움으로 여기는 것은 참으로 당연한 것입니다.

다만 이 법이 한번 설치되자 지난날 방납(防納)하던 모리배들은 다들 원수로 여기고 있으며, 그 뿐만이 아니라 각읍의 향리들이 기뻐하지 않는가 하면 수령들도 기뻐하지 않습니다. 따라서 각사의 하인과 경영(京營)의 하인들도 다 좋아하지 않으며, 세력 있는 양반으로 전결(田結)이 많으면서 부역을 적게 나가던 자들은 모두 좋아하지 않고, 그것을 크게 다행으로 여기고 매우 편하게 여기는 자들은 가난한 양반과 소민들뿐입니다. 좋아하지 않는 무리들의 떼 지은 비방과 논의가 날로 서울 안에서 치열하게 벌어지고 있으니, 저 빈궁한 여염집들의 애타는 소원이 어떻게 다 조정에 진달될 수 있겠습니까.(중략)

근래 들으니 외방의 민간들은 선혜청을 이미 혁파했다고 시끄럽게 전파하고 있고 경기 고을 백성들은 서로의 약속을 통문(通文)하여 장차

46) 「광해군일기(중초본)」, 광해군 1년 11월 15일.

47) 호조판서 황신이 아뢰고 있는 것으로 보여진다.

궐문에 나가 호소하려 한다고 하며, 열읍의 양반·백성들도 이미 그들의 뜻을 호소하는 상소를 정원에 올려 하소연하는 등, 끊이지 않고 계속하여 호소해 온다고 합니다. 이 일은 비유하건대, 병들고 수척한 사람이 굶었다가 밥을 보고 겨우 한 술을 입에 넣었는데 금방 빼앗는 것과 같으니, 그가 부르짖으며 괴롭고 절박해 할 것은 사세상 필연적인 일입니다. 이토록 백성의 간절한 이해에 관계되니, 본청의 일이 비록 오랜 세월을 두고 영원히 시행할 법은 아니더라도 백성들의 한때 곤궁함을 구제하는 방책을 찾는 데 있어서는 관계됨이 작지 않습니다.

지금 마땅히 그간의 곡절을 상량하여 구애됨이 없게 해서 백성들의 소원을 따라주어야 하고, 옆에서 떠들어대는 사람들의 뜬 논의에 동요되어서 일도 하기 전에 먼저 스스로 맥이 풀려 백성들의 원망을 받으면서도 구제할 수 없는 경우가 되어서는 안 됩니다.

다만 일을 시작함에 있어 오래 유지되기를 도모하려면 반드시 피차간에 고루 편하도록 하기에 힘써야 하니, 절목에 다시 고쳐야 할 것이 있으면 여러 번 헤아려 편협하게 하거나 구애스럽게 되는 걱정이 없게 하는 것이 무방합니다.

그리고 경기 각 고을은 본래 쇠잔하고 어려운 곳인데 선혜청을 설치한 뒤로부터 수령이 토산품에 도움받을 것이 없고 향리도 괴롭게 여기는 자가 있으니, 이에 대해서는 다소 변통하더라도 안 될 것이 없습니다. 박이서를 도로 유사 당상에 임명하여 그 직임을 살피게 하소서."(중략)하니, 전교하기를,

"아뢴 대로 하라.(중략) 이는 바로 새로 창제한 법이라서 비록 목전에 작은 이익이 있더라도 필시 계속하기 어려운 후환이 많을 것이다. 대신과 여러 제조는 반복하여 상의해서 피차간에 고루 편리하게 하고, 또 수령으로 하여금 중복되게 징수하는 폐단이 없도록 하라."하였다.[48]

위의 내용은 선혜청이 대동법의 1년간의 시행 후 백성들은 이익을

48) 「광해군일기(정초본)」, 광해군 2년 2월 5일.

받았고, 방납업자와 지방 향리 및 수령들은 기득권의 상실로 인해 기뻐하지 않는 다는 것을 보고하고 있고, 광해군은 대동법이 새로 창제한 법이라서 계속하기 어려운 후환이 많을 것이라서 대신들과 제조들이 상의해서 편리하면서도 폐단이 없도록 시행하라고 전교하고 있는 상황이다. 이러한 상황으로 볼 때 경기도에서 시범적으로 1년간 시행된 대동법은 전술한 부분에서 언급된 1609년(광해군 1년) 3월 5일의 기록에서 광해군이 "가을까지 한시적으로 시험삼아 시행하라"고 한 전교가 있은 후 그해 가을이 지나가고 지금(1610년(광해군 2년) 2월 5일) 그 결과를 따져보고 편리하면서도 폐단이 없도록 하라는 것은 대동법을 폐지하지 않고 일단 계속 시행하라는 의미로 보여진다. 또한, 이와 같은 상황은 선혜청의 부제조이면서 대동법 시행의 총실무책임을 맡고 있던 황신이 백성들의 어려운 생활을 해결하기 위해 대동법의 폐지를 막고자 하는 그의 확고한 의지를 엿볼 수 있는 것이다.

4. 호조판서로서의 황신의 역할

다음은 명나라 칙서를 맞이하는 연습을 하는 과정에서 은(銀)의 준비와 관련한 1610년(광해군 2년) 7월 2일의 기록이다.

상이 직접 두 번째 의식 연습을 행하였다. 묘시에 서청(西廳)에 거둥하였는데, 세자와 좌상 이항복(李恒福), 우상 심희수(沈喜壽), 예판 이정귀(李廷龜), 관반 황신(黃愼), 승지 유희분(柳希奮) · 김상준(金尙寯) · 이덕형(李德泂) · 유경종(柳慶宗) · 최유원(崔有源) · 윤효선(尹孝先), 기사관 이윤우(李潤雨) · 이수(李邃), 가주서 신득연(申得淵), 기사관 정세미(鄭世美) 등이 입시하였다. 예판과 관반이 궐패(闕牌) 밖에 엎드려 있었는데, 그 좌석이 조금 멀리 떨어져 있었다. 상이 앞으로 나오라고 하자, 이정귀와 황신이 승지 위로 나아가 엎드렸다.

(전략)황신이 아뢰기를,

"책사의 소행은 사람의 이치라곤 하나도 없습니다. 저 골짜기 같은 욕심을 다 충족시키기 어려우니, 저토록 무리한 요구에 대하여 애당초 곤란하고 군색한 상황을 보여주고 죽더라도 따르지 않는 것이 옳습니다. 지금에 만약 이와 같이 하지 않고 5천을 요구하면 5천을 주고 1만을 요구하면 1만을 주어, 대경례(大慶禮) 때의 일은 아직 거론도 않은 상황에서 먼저 1만 냥의 은을 소비한다면 나중의 요구에 대하여 어떻게 대응할 수 있을지 모르겠습니다. 신의 생각에는 서울에 들어오지 않은 때에 5천 냥 외엔 결단코 허락해서는 안 된다는 〈일로 원접사가 있는 곳에 하유하는 것이〉 마땅하겠습니다."하였다.(중략)

상이 이르기를,

"책사가 무리하게 하고 있다고는 하지만 황제의 명을 받아서 왔으니 우리 입장에서 대접하는 것은 정성과 공경을 다하여야 된다. 경들이 잘 대처하라."하니, 항복이 아뢰기를,

"성의와 예모는 겉치레이고 관건은 은의 수량이 많고 적음에 달려 있으니, 잘 대접하는 방법은 은의 수량을 더 준비하는 데 불과할 뿐입니다."하자, 상이 이르기를,

"미리 더 조치하여 당시에 임하여 군색하게 되는 걱정이 없게 하라."(후략)

위의 내용은 명나라의 칙서가 오기 전 의식을 연습하는 과정에서 칙서의 방문시에 필요한 은(銀)에 대하여 황신, 이항복 등과 광해군이 의논하고 있는 상황인데 정해진 은 외에는 더 주어서는 안 된다는 황신의 의견과 은을 더 준비해야 된다는 이항복의 의견, 칙서가 무리하게 요구하더라도 잘 대접하라는 광해군의 전교를 봐서 황신의 국가재정을 걱정

하는 호조판서로서의 책임감을 엿볼 수 있다고 판단되어진다.[49)]

다음은 위의 내용과 관련하여 명나라 칙서에게 줄 은을 마련하기 위한 승정원의 보고와 관련된 1610년(광해군 2년) 7월 6일의 기록이다.

> 정원이 아뢰기를,
> "7월 2일 친히 두 번째로 의례를 연습할 때, 우부승지 최유원(崔有源)이 아뢴바 '급히 차관을 보내 통영(統營)의 곡식을 파악하게 하여 갑자기 마련하기 어려운 형편이 생길 경우 시장의 은을 끌어다 쓰고 통영의 곡식으로 환상(還償)하여야 하며, 은을 모집하여 관직을 주는 일은 일체 하지 말아야 합니다. 작년에 왜인(倭人)과 은을 무역한 것도 미안한 일이 되었으니, 지금 다시 할 수는 없습니다. 개성의 백성들에게 하유하여 일이 지난 뒤에 어느 물품으로 지급한다는 뜻을 알게 하여 마음을 위무해야 됩니다.' 한 것과, 동부승지 윤효선(尹孝先)이 아뢴바 '약간의 경상(經常)으로 쓸 곡식을 빼서 은을 사서 쓰고 급히 차관을 보내 하삼도의 감영과 병영 그리고 통영의 곡식을 모으게 하여, 가을에 수송하여 빼 쓴 것을 보충하여야 합니다.' 한 것과, 호조판서 황신이 아뢴바 '부득이 은을 더 준비하여야 한다면 전과 같이 전결(田結)에 쌀을 징수하여야 합니다.' 한 것에 대하여 모두 결정한 바가 없습니다."하니, 전교하기를, "모두 해사로 하여금 상의하여 거행하게 하라."하였다.[50)]

위의 내용에서 호조판서 황신은 은을 마련할 방법에 대해서 전결에 쌀을 징수하여야 한다는 의견을 제시하였다는 것은 대동법 시행을 관장하는 선혜청의 부제조이면서 그 실무를 총책임지고 있는 사람으로서 명나라 칙서의 방문행사에 필요한 은을 마련할 합리적인 방법을 제시하고 있다는 것을 알 수 있다.

---

49) 「광해군일기(중초본)」, 광해군 2년 7월 2일.
50) 「광해군일기(중초본)」, 광해군 2년 7월 6일.

다음은 황신이 중국(명나라) 칙서의 방문행사에 필요한 은의 부족으로 인해 죄를 청하는 것과 관련한 1610년(광해군 2년) 7월 19일의 기록이다.

호조판서 황신(黃愼)이 아뢰기를,

"신이 호조판서의 직무를 맡은 지가 지금에 1년이 되었는데, 주청사(奏請使)가 출발하고부터 중국 사신의 지공(支供)과 예물에 관계되는 물품을 모두 요리하여 준비하였습니다. 제 요량에, 지금의 비용을 사신 유용(劉用)이 왔을 때의 전례에 의거하면 사고없이 공급하고 넘어가리라 여겼고, 더구나 의외의 용도를 염려하여, 모든 준비를 작년의 수량보다 조금 더 넉넉하게 하여 은 2만 4천여 냥 외에 1만 1천여 냥을 더 준비하여, 이 정도면 충분하지 못할 걱정은 거의 없으리라 생각하였습니다. 그런데 지금 사정은 전혀 그렇지 않아서, 개성(開城)을 지난 이후로 7, 8천 냥을 소비하였고, 서울에 들어와서 매일 4백여 냥을 절은(折銀)[51]하고 있는데, 연회에서 선물을 절은한 것은 그 속에 들어 있지도 않습니다. 또 예물로 나간 은이 이미 1만 수천 냥이 쓰여졌고, 앞으로 노자(路資) · 생일 · 발매(發賣)[52] 등에 쓰일 4, 5천여 냥이 필요하며, 이후 열흘 동안의 절건(折乾)도 4천여 냥이 필요한 등 전후의 비용이 끝이 없어, 1년 동안 애써 장만한 것이 단 열흘의 비용으로 다 나가게 되었습니다. 지금에는 해사의 미포(米布)도 이미 떨어졌고 공사간에 현재 보유한 은도 고갈되어 사들일 값이 없을 뿐 아니라, 또한 사들일 은도 없는 실정입니다. 정포(正布) · 공목(貢木) · 공물을 은으로 바꾸어 바치게 하는 것은 큰 이익이 있는 부분인데, 명령을 내려 알린 지가 이미 며칠이 지났지만 전혀 응하는 자가 없으니, 이런 상황에서는 신도 어떻게 계획을 해야 될지 모르겠습니다.

오늘날 당면한 것이 전에 없었던 일이라고는 하지만, 이토록 궁핍한 것은 역시 일을 담당한 신하가 맡아서 처리하는 능력이 부족했기 때문

51) 은을 하사하는 것을 말한다.
52) 상품이나 물건 등을 판매하는 것을 말한다.

입니다. 지금 신은 지혜와 힘이 모두 다하였으며, 장차 국가에 일이 생겨 우리 성상께서 중국의 사신을 존경하는 뜻이 빛을 바래게 하였으니, 죽더라도 그 책임을 다 갚지 못할 것입니다. 법관 앞에 나아가 빨리 나라의 법을 받게 함으로써 한편으로는 인신으로서 직분을 잘하지 못한 자의 경계가 되고, 한편으로는 책사에게 우리 나라에 훌륭한 신하가 없어 지성으로 존경하고 대우하는 성상의 뜻에 부응하지 못하고 있는 점을 훤히 알게 하여 혹시라도 그것을 인하여 끝없는 요구를 조금이라도 중지시킬 수 있게 하소서. 신은 죽음도 오히려 달게 여기며 조금의 여한도 없겠습니다. 황공하여 삼가 엎드려 대죄합니다."하니, 전교하기를,

"이것이 어찌 경 혼자서 걱정하고 고민할 것인가. 온 나라가 똑같이 해야 할 큰 걱정이다. 경은 대죄하지 말고 더욱 마음을 쏟아 계획하고 처리하여 국사를 원만하게 이루어야 될 것이다."하였다.[53)]

위은 내용은 황신이 명나라 칙서의 방문시 각종 행사 등에 필요한 은의 과도한 소비와 더 이상 은을 준비할 수 없는 것에 대하여 죄를 청하자 광해군이 혼자서 책임질 일이 아니라 온 나라가 같이 해야 될 일이라면서 죄를 청하지 말라는 상황을 말해주고 있는 것이다. 이러한 상황에서 알 수 있는 것은 국가 재정을 담당하는 호조 수장으로서의 황신의 책임감을 다시 한 번 엿볼 수 있는 것이다.

다음의 내용은 호조판서 황신이 광해군에게 국가재정의 낭비와 대동법 시행에 방해가 되는 방납하는 사주인에 대한 폐단을 막아야 한다는 건의를 하고 있으나 광해군이 노여워하기까지 하며 그 폐단의 해결책을 찾는 것을 회피하고 있는 1610년(광해군 2년) 11월 18일의 기록이다.

53) 「광해군일기(중초본)」, 광해군 2년 7월 19일.

황신(黃愼)이 아뢰기를,

"이 호조의 일을 수행하면서 국가의 재정을 살펴 보건대 지출되는 경비가 날로 늘어나고 있는데, 전일 중첩된 대례(大禮)나 조사(詔使)를 접대할 때의 것은 말할 수 없으나 그밖에 그만둘 수 있는 일도 감하지를 못했습니다. 본디 한 가지 일에만 국한하여 살펴보면 그다지 재물을 허비하지 않는 것 같아도 비용이 나간 것을 합쳐서 계산해 보면 그 액수가 적지 않게 됩니다. 현재의 물력(物力)으로 볼 때 절약이 필수적이니, 중요치 않은 의절(儀節)을 사치하게 꾸미는 일은 하지 않도록 해야 할 것입니다. 옛사람이 말하기를 '편안할 때 위태로움을 잊지 말라.'고 하였습니다. 그런데 더구나 지금은 위태롭기만 한 때인데, 어떻게 위태로운 상황에 처해 있으면서 안락함을 생각할 수 있겠습니까. 그야말로 위에서나 아래에서나 서로 경계하며 민력(民力)을 아껴야 온당할 것인데, 태평시대처럼 흥청거리는 조짐이 상당히 나타나고 있으니 매우 걱정스럽습니다."하고, 【이때 사치를 좋아하여 복식과 의물(儀物) 등을 화려하게 하지 않는 것이 없었다. 나인(內人)이 입는 채색 비단도 북경(北京)의 시장에서 사 오도록 하고, 풍정(豊呈)[54]에 출연하는 기녀(妓女)와 악공(樂工)의 의복도 모두 수놓은 비단으로 마련하면서 공금으로 마련해 주도록 하였다. 그래서 날로 소비가 극에 이르러 나라의 재정이 이미 고갈되었기 때문에 황신이 규계(規戒)하여 바른말을 했던 것인데 상은 이를 깨닫지 못하였다.】

또 아뢰기를,

"폐습의 교정은 윗사람이 어떻게 하느냐에 달려 있을 뿐입니다. 윗사람이 공도(公道)에 입각해서 행하고 사정(私情)에 치우친 일을 근절시킬 경우 아랫사람들은 본래 사정을 감히 따르지 못하는 법입니다. 그런데 근일 사정을 따르는 폐단이 없는 곳이 없기 때문에 각사(各司)의 하인이나 방납(防納)하는 사주인(私主人)들이 아래로는 재상과 결탁하고 위로는 궁금(宮禁)[55]에 연줄을 대어 담당 관원을 을러대곤 합니다. 그리

54) 임금 내외의 경사가 있을 때 하례로 무엇을 바치는 일을 말한다.

하여 미세하기 그지없는 일들까지도 상언(上言)을 해서 요행을 바라고 있는데, 더러는 역시 판부(判付)해 주시는 때가 있습니다. 위에서 궁금을 엄하게 하시어 요행을 바라는 문을 막아버린다면 이런 일은 없어질 것입니다."하니 왕이 이르기를,

"사주인이 방납하는 일에 대해서 상언한 데 따라 판하(判下)[56]해 준 일이 있었는가?"하였다.

황신이 아뢰기를,
"이 호조에 몸을 담고 있은 지 이미 1년이 지났는데 어떤 때는 더러 이런 일이 있었으므로 늘 미안하게 여겨졌기 때문에 진달 드린 것입니다. 상께서야 소민(小民)들을 보살펴 주실 생각에서 이렇게 하셨다 하더라도 외간에서는 이에 대해 상당히 말이 많으니, 이런 하찮은 일은 유사(有司)에게 맡겨 주시는 것이 좋겠습니다."하니 왕이 큰소리로 이르기를,

"사주인이 방납하는 일과 관련하여 상언했다고 해서 판하해 준 일이 있었는가?"하였다.

황신이 아뢰기를,
"가령 진헌(進獻)[57]하는 일과 관련해서도 판하하신 것이 있었습니

55) 궁궐(宮闕)을 말하는 것으로 임금과 관련이 있는 주변인물을 말하는 것으로 보여진다.
56) 신하가 상주(上奏)한 안건에 대하여 임금이 검토하여 그 가부를 재가(裁可)하는 것을 말함. 판부(判付)라고도 한다.
57) 중국(명나라)에 상납하는 것을 말한다. 진상(進上)이 국왕에게 토산물을 바치는 것이라면 진헌은 중국에 공물을 바치는 것으로 조선시대에는 이 둘을 구분하여 사용하였다. 정기·임시 사행을 비롯하여 중국측의 요구가 있을 때 행해졌는데 주된 진헌물은 말·돗자리·포피물(布皮物)·인삼·처녀 등이었다. 진헌물의 마련은 제용감(濟用監)에서 맡아보았으며, 경국대전에는 주요 진헌물의 종류·규격·구입방법·가격 등이 명시되어 있다.

다."하니 【이때 궁금(宮禁)이 못하고 요행을 바라는 문이 크게 열린 탓으로 민간의 하천배가 궁첩(宮妾)과 결탁하고는 하고 싶은 일이면 뭐든지 하면서 아무리 자질구레한 것도 따지지 않은 채 밖으로는 상언(上言)하고 안으로는 은밀히 부탁하여 은혜를 받지 못하는 일이 없이 모두 그 뜻을 충족시켰기 때문에 황신이 아뢰어 이를 바로잡으려 한 것이었다. 그런데 상이 좌우를 돌아보며 재차 물었는데, 노여워하는 기색이 밖으로 드러났다.】

왕이 이르기를,

"그 경우는 진헌하는 일이 중대한 만큼 만약 물건 값을 깎을 경우 진헌하는 일에 혹시라도 불성실하게 될 염려도 있을 듯하기에 그렇게 했던 것이었다. 이것이야 말로 바깥 사람들이 모르고 하는 말이다."[58]

위의 내용은 국가재정의 낭비와 공물방납의 폐단을 막을 방법을 제시하는 황신의 건의에 대하여 광해군이 "판하(判下)해준 일이 있었는가"라는 말로 재차 되묻고 노여워하기까지 하고 있는 상황을 보여주고 있는 것인데 광해군이 방납업자인 사주인의 폐단을 알고 있으면서도 어떻게 된 이유인지 그 폐단의 개선을 회피하는 듯 하면서 변명을 늘어놓고 있는 상황으로 판단된다. 즉, 기득권층이라고 할 수 있는 방납업자와 궁금(宮禁)의 이해관계를 광해군이 개선하지 않고 눈감아주려는 상황으로 볼 수 있다는 것이다. 이러한 상황은 1608년(광해군 즉위년) 9월부터 대동법이 경기도에 시범적으로 시행된 이후에도 방납업자인 사주인이 재상과 궁금에게 연줄을 대어 그들의 사욕을 쟁취하는 폐단이 끊이지 않는 상황으로 판단된다.

다음의 내용은 대동법의 시행여부에 대한 광해군 2년(1610년) 11월 18일의 기록이다.

---

58) 「광해군일기(정초본)」, 광해군 2년 11월 18일.

(중략)왕이 이르기를,

"선혜청 제도는 오래도록 시행할 만한 것인가? 또 일일이 경장(更張)한다면 일이 어떻게 되겠는가. 전결(田結)을 기준하여 미곡으로 내게 하는 일을 영원히 행하게 할 수는 없을 듯하다."하니 덕형이 아뢰기를,

"일일이 미곡으로 받아 출납케 하는 그 일을 오래도록 행하기는 어려울 듯 합니다만, 백성들의 고달픔은 실로 공물(貢物)을 방납(防納)하는 데에서 연유하기 때문에 이이(李珥)도 선왕조 때에 이 일을 말했었습니다. 거꾸로 매달린 듯한 백성의 고통을 풀어 주려면 중도에 폐지해서는 안 됩니다. 그리고 이 일은 옛 법도를 변란시킨 것이 아니고 단지 전일의 공안(貢案)에 따라 미곡을 거두기만 하는 것일 뿐입니다. 현재 고달픈 상황에 놓여 있는 백성들이 미곡을 내는 것이 적은 관계로 조금 소생하고 있는데 만약 이를 폐지한다면 백성들의 원망이 매우 많을 것입니다. 전일 폐지하자는 의논이 나왔을 때 백성들이 궐하에 와서 호소한 것만 보아도 민심을 알 수 있는 일입니다."하였다.[59)]

위의 내용은 대동법의 계속적인 시행에 회의적인 반응을 보이는 광해군에게 영의정 이덕형이 백성들의 고달픔을 설명하며 대동법의 폐지를 반대하고 있는 상황으로 같은 해(1610년) 2월 5일에 재상과 제조들이 잘 상의하여 편리하고도 폐단이 없도록 하라고 전교한 후에 또 다시 그 폐지 여부를 제시한다는 것은 광해군의 대동법 시행에 대한 약한 의지와 방납업자 등 기득권층과의 특수한 관계가 짐작되어진다.

다음의 내용은 호조판서 황신이 국가재정의 고갈에 대한 적절한 조치를 취하여 대비할 것을 청하고 있는 1611년(광해군 3년) 8월 8일의 기록이다.

---

59) 「광해군일기(정초본)」, 광해군 2년 11월 18일.

호조판서 황신(黃愼)이 아뢰기를,

"신이 얼마 전의 계사에서 삼가 성상의 비답을 받들어 보니 '구임(久任)시켜 성취를 책임지운다.'는 뜻으로 유시하셨기에, 신은 진실로 황공하고 감격스러워 죽을 곳을 모르겠습니다. 신이 삼가 나름대로 생각건대, 임명을 받은 이래 벌써 3년이 되었는데도 재주와 국량이 부족하고 일을 처리함이 생소한 까닭에 제대로 조획(措劃)하여 구원(久遠)한 규모를 마련해내지 못하고, 전후로 힘을 들인 바라고는 소소하게 보철(補綴)하여 목전의 급한 상황을 구제하는 정도에 불과하였을 뿐입니다. 그러므로 이제 와서는 국가의 재정이 점차 탕갈되어 관아에 저축해 둔 것이 없고 해관(該官)은 실직(失職)한 채 단지 허명(虛名)만 남았습니다. 이미 수입을 헤아려 지출을 하지 못한 데다, 또 지출을 헤아려 거둬들이지도 못하므로, 비유하자면 원천이 없는 물이 당장 말라 버리게 되는 것과 같습니다. 하물며 이미 말라 버린 것이야 어련하겠습니까. 진실로 지금 당장 변통을 하여 국가의 큰 규모를 세우지 아니하면, 몇 년 가지 않아서 공사(公私) 간에 모두 바닥이 나서 제아무리 지혜로운 자가 있더라도 또한 능히 그 뒤를 선처하지 못하게 될 것입니다.

신은 삼가 우려하는 마음을 누를 수 없어, 감히 구구한 견해를 하나하나 별지에 적어 아뢰니다. 간절히 바라건대, 성명께서는 특별히 묘당으로 하여금 다시 의논하도록 하소서. 그리하여 만일 가능하다고 하거든, 근거 없는 논의에 흔들리지 마시고 착실하게 시행하소서. 그렇게 해주시면 신이 비록 재직하다가 말라 죽더라도 조금도 한스러워하는 바가 없을 것입니다. 그렇게 아니하고서 신으로 하여금 그저 남의 뒤만 따라 오락가락하면서 의례적으로 책임만 때우도록 하신다면, 이는 실로 신이 평소 원하던 바가 아니고, 후일에 누적된 폐단이 더욱 고질화되어 대세가 지탱하기 어렵게 될 경우, 하는 일 없이 벼슬에 있으면서 일을 그르친 죄가 반드시 돌아갈 데가 있을 것이니 신은 삼가 안타깝습니다."하니 왕이 따랐다. 【황신은 대체로 양전제(量田制)의 운용을 변통하고자 한 것인데, 후에 끝내 시행되지 않았다.】[60]

---

60) 「광해군일기(중초본)」, 광해군 3년 8월 8일.

위의 내용은 황신이 국가의 재정이 고갈되어 가고 있는 상황을 광해군에게 아뢰면서 그에 대한 본인의 해결책을 제시하고 있는 상황이다. 그의 시문집인 「추포집」[61]의 지부헌언계(地部獻言啓 : 호조에서 의견을 올리는 계)에 전제(田制)·공안(貢案)을 비롯한 여섯 조항의 별단(別單)이 첨부되어 있는데 오항녕(2012년)은 다음과 같이 요약하고 있다.

① 양전(量田)[62]을 개혁해 부역(賦役)을 균등히 할 것. 세금을 거두고 역(役)의 등급을 나누는 것은 모두 농지의 결수(結數)에서 나온다. 만일 양전이 문란하여 바르지 않다면 부역을 어떻게 고르게 할 수 있겠는가.

② 공안(貢案)[63]을 개정해 국가재정을 여유롭게 할 것. 토산에 따라 공물을 매기는 것은 옛 제도이다. (중략)공물의 경우 모두 토산에 따라 바쳤다. 그런데 농민들에게 이미 세금을 내게 하고, 또 곡식으로 공물을 사서 관청에 바치게 한다면 백성들이 어떻게 곤궁하지 않을 수 있겠는가.

③ 쌀이나 포(布)로 내게 해서 방납의 폐단을 없앨 것. 각 읍 공물은 이미 농지의 결수에 따라 부과했는데, 농민들이 스스로 납부하지 못하는 까닭에 본래 가격의 2배, 5배를 방납인에게 주어야 하는 상황을 면치 못하고 있다.

④ 어염(魚鹽)을 거두어들여 사사로이 점유하는 폐단을 제거할 것. 어장과 염전은 강이나 바다에서 자연히 생기는 이익이기 때문에 국가 재정에 보충할 수 있다.

⑤ 쓸데없는 비용을 줄여서 재정을 비축할 것. 국가를 넉넉하게 하는 정책은 재정의 저축에 있다. 그래서 나라에 9년의 저축이 없으면 '부족하다'고 하고, 나라에 6년의 저축이 없으면 '급하다'고

---

61) 1684년(숙종 10년) 황신의 외증손인 이사명(李師命)이 편집·간행한 황신의 시문집이다.

62) 경작(耕作) 상황을 알기 위하여 토지(농지)의 넓이를 측량하는 것을 말한다.

63) 공물(貢物)의 품목과 수량을 기록한 문서를 말한다.

하며, 나라에 3년의 저축이 없으면 '나라가 제대로 된 나라가 아니다'라고 한다.

⑥ 담당 관원을 오래 임용해 성과가 나올 수 있도록 격려할 것. 대소의 관원은 반드시 오래 그 자리에 있은 뒤에야 성과를 책임지울 수 있다.[64]

위의 여섯 조항에서 첫 번째 양전을 개혁해야 한다는 것, 두 번째 공안을 개정해야 한다는 것, 세 번째 쌀이나 포(布)로 내게 해서 방납의 폐단을 없앨 것은 모두가 대동법의 시행과 관련된 내용임을 알 수 있다. 즉, 대동법을 시행하기 위해서는 양전을 실시하여 농지의 결수를 정확히 파악한 다음 공안을 개정하고 쌀이나 포로 공물을 납부하여 방납의 폐단을 없애야 한다는 내용을 말하고 있는 것이다.

한편, 위의 첫 번째 조항에서 양전을 개혁해야 한다는 것은 양전을 실시하여 농사지을 수 있는 토지의 결수를 정확히 파악해 보아야 한다는 것을 의미하는 것인데 임진왜란이라는 전쟁의 원인으로 전쟁 전의 토지 결수와 전쟁 직후 양전의 결과 토지 결수가 크게 줄어들었기 때문에 다시 양전을 개혁하여 정확한 토지 결수를 파악하자는 것을 제시하고 있는 것이다. 그러나 황신의 이러한 제안에도 불구하고 양전의 개혁은 1634년(인조 12년) 갑술양전이 실시되기까지 오랜 시간이 걸리게 된 것이다.

<표 1>은 임진왜란 이전의 토지 결수와 이후의 토지 결수를 나타내는 표이다.

64) 오항녕, 2012, 「광해군 그 위험한 거울」, 너머북스, pp.160－161.

〈표 1〉 임진왜란 이전 및 이후의 토지 결수(結數)

	전라도	경상도	충청도	총 수(결)	출전
임진왜란 이전	44만여 결	43만여 결	26만여 결	113만 결	「추포집」권 2, 지부헌언계(地部獻言啓)
계묘양전 (1603년, 선조 36년)	11만여 결	7만여 결	11만여 결	29만 결	
갑술양전 (1634년, 인조 12년)	33만 5,305결	30만 1,725결	25만 8,460결	89만 5,490결	

참고: 이정철, 2016, 「대동법: 조선 최고의 개혁－백성은 먹는 것을 하늘로 삼는다－」, 역사비평사, p.62. 참조.

5. 황신의 유배와 대동법 시행의 정체

광해군이 즉위한 후 집권한 대북파(大北派)가 1613년(광해군 5년)에 영창대군(永昌大君) 및 반대파 세력을 제거하기 위하여 계축옥사[65]를 일으키게 되는 데 황신도 정협(鄭浹) · 신흠(申欽) · 박동량(朴東亮) · 한준겸(韓浚謙) 등 7대신과 이정귀(李廷龜) · 김상용(金尙容) · 황신(黃愼) 등의 서인 수십 명과 함께 투옥되어 옹진으로 유배를 가게 되는 일이 발생한다.[66] 이러한 계축옥사는 대동법이 우여곡절 끝에 폐지위기를 극복하고 5년여 동안 힘겹게나마 시행되고 있던 상황에서 그 시행을 관장하는 총실무책임자의 공백을 가져와 대동법의 시행을 유야무야 멈춰버리게 하는 계기가 되어버렸던 것이다. 즉 계축옥사로 인해 대동법의 시행을 강력히 추진하던 날개가 없어지면서 임금을 비롯하여 누구 하나 강력히 나서서 실무를 책임지는 사람이 없었다는 것이다. 이후 다시 대동법이 시행되기까지는 인조가 즉위한 후 조익 등의 건의로 경기도 및 강원도, 충청도,

65) 칠서지옥(七庶之獄)이라고도 한다.
66) 황신은 1617년(광해군 9년) 유배지였던 옹진에서 삶을 마감하였다.

전라도에 대동법이 확대 실시되는 1623년까지 10여 년이라는 세월이 정체되어버리고 만 것이다.

Ⅳ. 인조 즉위 이후의 대동법 재시행

1623년 인조가 반정으로 즉위한 후 조익(趙翼)의 건의로 강원도, 충청도, 전라도에도 대동법이 실시되었으나 강원도를 제외한 충청도, 전라도의 대동법은 다음 해(1624년) 폐지되었다. 이 과정에서 영의정으로 재등용된 이원익이 대동법의 시행과정에서 발생한 반대와 불편한 점으로 인해 대동법의 혁파를 건의하기도 하였으나 대동법의 확대 실시론이 계속적으로 제기되다가 효종 즉위(1649년) 후, 김육(金堉)·조익(趙翼) 등이 삼남지방(경상도, 전라도, 충청도)에 대동법을 시행하자는 주장을 강하게 하였다. 그래서 1651년(효종 2년) 8월에 충청도에 다시 시행하게 되었다. 1658년(효종 9년)에는 전라도 연해지역 27개 군현에 시행되었으며 이어 산군(山郡)[67]에도 1662년(현종 3년)에 실시되었다. 경상도는 1677년(숙종 3년)부터 실시하여 1결에 13두를 징수하였다. 함경도는 토지가 척박하고 군현들 간의 상황이 달라 군현별로 징수량과 물종을 다르게 정하는 상정법(詳定法)[68]이 1666년(현종 7년)부터 나타나게 되었다. 상정법은 함경도와 비슷한 상황의 황해도와 강원도에도 확대되었다. 황해도는 1624년(인조 2년)부터 대동법을 시행하다가 1708년(숙종 34년)부터 상정법으로 바꿔서 시행하게 되었으나 1747년(영조 23년) 이후 대동법체제로 전환되었고 약간의 상정법 요소만 병행시키게 되었다. 강원도는 1624년(인조 2년)부터 대동법을 시행하다가 1710년(숙종 36년) 및 1754년(영조 30년) 두 차례에 걸쳐 상정법으로 전환하였다.

67) 산간지방을 말한다.
68) 대동상정법(大同詳定法)이라고도 하였다.

대동법이 전국적으로 확대 실시된 뒤 전결에 부과되는 세액도 12두로 통일되었다. 산간지방이나 불가피한 경우에는 쌀 대신 포(布)·무명·돈(大同錢)으로 대납할 수도 있었다. 이러한 대동법의 전국적인 확대실시와 관련하여 본 연구에서는 대동법의 시행초기에 그 시행의 폐지위기 국면에서 대동법 시행의 총실무책임을 맡아 국가재정의 낭비를 걱정하고 백성들의 공물방납으로 인한 어려운 삶을 개선하기 위해 대동법의 폐지를 막고 시행되게 하는데 있어 큰 역할을 한 추포 황신의 공헌에 대하여 검토해 보고자 한 것이다.

V. 결론

본 연구에서는 공물방납의 폐단을 해결하기 위한 대동법 시행의 초석이 된 율곡 이이와 서애 류성룡 등의 대공수미법 시행 제안에 대하여 검토하여 보았고, 이러한 검토를 통해 광해군이 즉위하자 조광조, 이이, 류성룡 등에게 영향을 받은 영의정 이원익의 건의로 공물방납의 폐단이 극심했던 경기도부터 시범적으로 시행되어 100년 후에는 전국적인 실시라는 결과가 나타났다는 것을 알 수 있게 되었다. 또한, 본 연구에서는 경기도에서부터 시행된 대동법이 채 1년도 못 되어 폐지위기에 놓이게 되는 상황과 그 폐지위기를 극복하고 대동법 시행을 추진해 나가는데 있어서의 핵심인물이었던 추포 황신의 공헌에 대하여 중점적으로 검토해 보고자 하였다. 결과적으로 초기 대동법 시행의 총실무책임자였던 황신의 국가재정을 걱정하는 책임감 있는 공헌 덕분에 대동법이 폐지되지 않고 시행될 수 있었다는 것을 알 수 있었다.

황신이 대동법의 폐지를 막고 시행되게 한 공헌이 있었음에도 불구하고 몇 년이 지나지 않아 대동법 시행의 총실무책임자였던 황신이 계축옥사로 인해 물러나게 되는 일이 발생한다. 이러한 상황으로 인해 대동법의 시행이 10년이라는 시간 동안이나 정체되기도 하였으나 황신의 대동법 시행초기 총실무책임자로서의 공헌이 있었기에 인조가 즉위한 이후에는 조금씩 그 시행범위가 확대되어 결국에는 숙종 대에 전국적인 확대실시가 된 대동법이었던 것이다.

참고문헌

(국역) 「율곡전서」, 栗谷先生全書卷之五, 萬言封事, 한국고전번역원.
(국역) 「조선왕조실록」, 국사편찬위원회.
오항녕, 2012, 「광해군: 그 위험한 거울」, 너머북스, pp.134－313.
윤국일, 2005, 「신편 경국대전」, 신서원.
이긍익, 1911), 「연려실기술」, 별집 제11권, 광문회.
이이 · 강세구(역), 2007, 「만언봉사, 목숨을 건 직설의 미학」, 꿈이있는세상, pp.110－140.
이이 · 정재훈(역), 2014, 「동호문답 조선의 군주론, 왕도정치를 말하다」, 아카넷, pp.108－134.
이정철, 2016, 「대동법: 조선 최고의 개혁－백성은 먹는 것을 하늘로 삼는다－」, 역사비평사, pp.22－468.
최학삼, 2016a, "율곡 이이의 조세개혁정책과 대공수미법 시행 제안에 관한 연구", 「조세연구」 제16권 제5집(통권 제34권), pp.59－82.
_____, 2016b, "서애 류성룡의 경세(經世)사상과 조세개혁정책 시행에 관한 연구", 「산업경제연구」 제29권 제5호(통권 127호), pp.2047－2075.
황신, 1684, 「추포집」, 이사명.

다산 정약용의 세법개혁을 기초로 한 조선시대 부가세에 관한 연구

다산 정약용의 세법개혁을 기초로 한 조선시대 부가세에 관한 연구

다산 정약용은 그의 위대한 저술인「목민심서」와「경세유표」에서 조선시대 전반적인 분야의 폐단에 대한 개혁을 주장하였다. 본 연구는 다산 정약용의 조선시대 전반적인 분야의 개혁주장 중에서 국가의 운영 및 백성의 삶에 직결되는 세법분야에 대한 개혁에 그 중점을 두고자 하였다. 다산 정약용의 세법분야에 대한 개혁 내용 중에는 기본적인 전세 외에 법전에 나와 있거나 나와 있지 않으면서 백성들의 조세부담을 가중시켰던 각종 부가세에 관한 내용 또한 포함되어져 있다. 다산 정약용의 세법분야에 대한 개혁의지는 탁상공론으로 끝났던 것이 아니라 실제로 자신의 유배지였던 전라도 강진지역의 조세자료를 자세히 조사하여 각종 조세들의 폐단과 그 개선책을「목민심서」와「경세유표」에 제시하기까지 하였다.

본 연구는 다산 정약용의「목민심서」와「경세유표」의 세법분야에 대한 내용을 기초로 하여 다산 정약용이 전라도 강진 유배시절 조사한 조세자료 및 관련 선행연구를 검토해 본 후, 선행연구에서 미비했던 조선시대 각종 부가세의 징수방법과 세액 및 성격의 정의를 수정 및 보완하였고, 선행연구에서 언급되지 않았던 각종 부가세를 추가적으로 정리하였다.

추가적으로, 본 연구의 검토과정에서 발견되었던 유사 및 반대의 성격이 있는 부가세는 본문에서 비교 설명하였다. 본 연구는 당시에 존재했던 조선시대 각종 부가세의 종류 및 성격정의의 범위를 좀더 확대했다는 것에 그 의의가 있다.

Ⅰ. 서론

임진왜란을 기준으로 조선 전기와 후기를 나누어 볼 때 조선 전기 최고의 학자는 율곡 이이일 것이며, 조선 후기 최고의 학자는 다산 정약용일 것이다. 두 인물의 공통점은 국가와 백성을 걱정하여 사회 전반적인 부분의 개혁을 주장였다는 것이다. 본 연구에서는 조선 후기 위대한 실학자였던 다산 정약용의 사회 전반적인 부분의 개혁의지 중에서 세법과 관련된 부분을 검토해 보고자 한다. 다산 정약용은 그의 저서인 「목민심서」와 「경세유표」에서 조선시대 세법에서 발생하는 폐단에 대한 원인을 파악하고 그 개선책을 제시하였다. 「목민심서」나 「경세유표」는 그의 유배시절에 저술된 것이다. 책 속의 방대한 내용 중에는 백성들이 부담해야 하는 조세, 즉 세법의 폐단에 관련된 부분도 포함되어져 있다. 그는 책에서 세법에 대한 폐단의 원인과 개선책을 제시하는 과정에서 유배지였던 전라도 강진의 조세를 조사하기도 하였다. 그 조사자료에는 기본 전세 외에 법전에 기록되거나 기록되지 않은 부가세 성격의 조세가 수없이 많이 포함되어져 있다. 전세 외에 더 부가적으로 납부하게 되는 조세의 부담 또한 당연히 백성들이 지는 것이었다. 실학자 다산 정약용의 수많은 사회개혁책 중에서 세법의 부분은 바로 기본 전세 외에도 갖가지 명목으로 납부하게 되는 부가세로 인해 고통받는 백성들의 부담을 덜어주기 위해서 필요했던 것이다. 본 연구는 다산 정약용의 이러한 노력을 기초로 하여 조선시대의 부가세를 검토해 보고자 한다.

이러한 본 연구의 목적달성을 위해 한국고전번역원에서 번역한 다산 정약용의 「목민심서」와 「경세유표」 및 관련 선행연구들을 검토하고자 한다. 이를 통해, 선행연구에서 미처 정리하지 못했거나 수정 및 보완할 점이 있으면 추가적으로 정리 및 수정·보완하여 조선시대에 수없이 많이 존재했을 것으로 짐작되는 부가세의 종류와 그 성격정의의 범위를 일부나마 더 넓혀 나가고자 한다.

본 연구의 Ⅰ.에서는 서론을 기술하였고, Ⅱ.에서는 이론적 배경 및 선행연구를 검토하고, Ⅲ.에서는 다산 정약용이 전라도 강진 유배시절 조사한 조세자료에 대한 해석을 하고, 선행연구에서 미비했던 점을 수정 및 보완하며, 선행연구에서 언급되어지지 못한 조선시대의 각종 부가세를 추가적으로 정리한다. 마지막으로 Ⅳ.에서는 결론을 기술한다.

Ⅱ. 이론적 배경 및 선행연구의 검토

본 연구는 「목민심서」와 「경세유표」의 세법분야에 대한 내용을 기초로 하여 다산 정약용이 전라도 강진 유배시절 조사한 조세자료 및 관련 선행연구를 검토해 본 후, 선행연구에서 미비했던 조선시대 각종 부가세의 징수방법과 세액 및 성격의 정의를 수정 및 보완하고, 선행연구에서 언급되지 않았던 각종 부가세를 추가적으로 정리하고자 한다. 본 장에서는 이와 관련된 기초적인 내용과 관련 선행연구를 제시한다.

1. 「목민심서」 호전(戶典) 6조 / 제2조 세법(稅法) - 하(下)의 조세와 세액 및 징수방법

"계판이란 도리(都吏)와 여러 아전(諸吏)들이 금년 세액의 비율을 의논하여 산출하는 것이다. 이것에는 세 가지의 구별이 있는데, 첫째는 국납(國納), 둘째는 선급(船給), 셋째는 읍징(邑徵)이다. 이 세 가지 중에는 각각 세 가지의 예(例)가 있으니, 1. 결렴(結斂), 2. 쇄렴(碎斂), 3. 석렴(石斂)이다. 이를 열거하면 아래와 같다."

(1) 국납(國納)의 계판(計版)

1결마다 전세미(田稅米)가 6두, 대동미(大同米)가 12두, 삼수미(三手米)가 1두 2승, 결미(結米)가 3두이다. ― 지금은 결전(結錢) 5전과 이전(耳錢) 1문(文)으로 한다. 이상은 모두 결렴(結斂)이다. ―

해서(海西)[1]에는 또 별수미(別收米)[2] 3두가 있다. ― 역시 결렴이다. ―

또 창작지미(倉作紙米)가 2석, 호조작지미(戶曹作紙米)가 5석, 공인역가미(貢人役價米)가 5석이다. ― 이상은 모두 쇄렴(碎斂)이다. ―

또 1석마다 가승미(加升米)가 3승, 곡상미(斛上米)가 3승, 경창역가미(京倉役價米)가 6승, 하선입창가미(下船入倉價米)가 7홉 5작이다. ― 이상은 모두 석렴(石斂)이다. ―

결렴이란 1결마다 저와 같이 거두는 것이고, 쇄렴이란 이 2석을 수천여 결에 배당 부과하고 이 5석을 각각 수천여 결에 배당 부과하는 것이니, 그 액수가 쪼개어져 부과되는 것이다. 그리고 석렴이라는 것은 상납할 원석수(原石數)를 잡아 1석마다 저와 같이 거두는 것이다.(후략)

---

1) 황해도지방을 말한다.

2) "명나라가 후금(後金)과의 전쟁에서 계속 패하게 되자 1622년(광해군 14)에 명나라 장수 모문룡(毛文龍)이 군사를 이끌고 조선으로 들어와 가도(椵島 : 평안도 철산군)에 진을 치고 후금의 배후를 위협하였다. 이때 모문룡이 조선정부에 위협을 가하여 군량을 요구하였다. 이러한 사유로 모문룡 부대의 군량미를 조달하기 위한 임시목적세로 처음에는 '서량(西粮)'의 이름으로 충청도·전라도·경상도 삼남지방의 전결에 1결당 1말 5되씩 쌀을 거두어 보냈다. 그 뒤 수송상의 문제로 인해 평안도·황해도에서 공물에 대신하여 1결당 쌀 3말씩 과세하기로 하였다. 이것을 '당량(唐粮)', '모량(毛粮)', 후에는 '별수미(別收米)'라고도 하였다. 이 모량미는 모문룡 군대가 철수하고 난 뒤에도 황해도에서는 계속 별수미라는 이름으로 논 1결당 쌀 3말, 밭 1결당 조(좁쌀) 3말이 부과 징수되어 임시목적세의 그 사용목적이 소멸한 이후에도 한 동안 계속 존재하여 목적세의 근본 성격에 위배된 것이었다. 모량미는 1627년(인조 5년)에 국가재정의 3분의 1에 달할 정도로 궁핍한 조선재정에 큰 부담이 되었고 결국에는 농민 등 백성들의 부담을 가중시키는 결과가 되었다.", 최학삼(2016), "조선시대 별도세, 목적세, 부가세에 관한 연구", 「조세연구」 제16권 제2집, pp.52-53.

(2) 선급(船給)의 계판

1석마다 선가미(船價米)가 3두 5승, 부가미(浮價米)가 1두, 가급미(加給米)가 8승, 인정미(人情米)가 2승이다. – 읍례(邑例)가 각각 다르다. – (후략)

(3) 읍징(邑徵)의 계판(計版)

1결마다 본현[3]의 치계시탄가미(雉雞柴炭價米)가 4두, – 이른바 잡역미(雜役米)라는 것이다. – 부족미(不足米)가 몇 승, – 치계(雉鷄)의 부족이다. – 치계색락미(雉雞色落米)가 1승 6홉이다. – 이것들은 결렴(結斂)이다. –

1석마다 간색미(看色米)가 1승, 낙정미(落庭米)가 4승, 타석미(打石米)가 1승이다. – 이상은 모두 석렴(石斂)이다. –

전세기선감리량미(田稅騎船監吏糧米)가 20석, 대동기선감리량미(大同騎船監吏糧米)가 20석, 경주인역가미(京主人役價米)가 60석, 영주인역가미(營主人役價米)가 90석, 진상첨가미(進上添價米)가 90석. – 우첨가미(又添價米)가 2백 석이다. –병영주인역가미(兵營主人役價米)가 14석, 호방청전관미(戶房廳傳關米)가 130석이다. – 이상은 모두 쇄렴(碎斂)이다. –(후략)[4]

2. 다산 정약용이 「경세유표」 권7, 지관수제 전제7에 전라도 강진(康津)의 전결과 잡역을 조사하여 정리한 조세내용

“생각건대, 법에 거론하지 않은 것을 백성이 납부하는 일이 많다. 내가 강진(康津) 전결과 잡역에, 법으로 정한 것과 불법인 것을 모두 다음에 적었다.

---

3) 전라도 강진을 말한다.

4) 「목민심서」 호전(戶典) 6조 / 제2조 세법(稅法) – 하(下), ‘작부(作夫)가 이미 끝났으면 이에 계판(計版)을 작성하게 되는데 계판의 내용은 면밀하게 살피고 엄격하게 밝혀야 한다.’, 한국고전번역원.

매 1결(結)에,

세미(稅米) 6두.

삼수미 1두 2승.

대동정미(大同正米) 12두.

본현(本縣)에 쓰는 꿩 · 닭 · 시탄(柴炭) 값으로 쌀이 4두.

결전(結錢) 5돈(五錢 : 균역청에 납부하는 것이다). 이전(耳錢) 1푼.

규장각(奎章閣) 책 종이값 3푼.

대동미 감축미 7승(이것은 병영에서 보관하는 까닭으로 이런 명색이 있는 것이나, 다른 고을에는 없다).

서원 고급조(書員考給租) 4두(우리나라 습속에 찧지 않은 벼를 租라 한다).

방주인(坊主人) 근수조(勤受租) 2두.

고마조(雇馬租) 20두이거나, 혹은 23~24두.

고마전(雇馬錢) 10닢, 혹은 30닢, 40닢을, 1년에 드물면 서너 차례, 잦으면 대여섯 차례를 거두는데, 관령(官令)이 한번 내리면 백성이 곧 바치는 것이다.

불미(不米) 9승(불미란 꿩 · 닭 · 시탄을 달마다 배정하는 데 부족한 쌀이다. 불미는 은어다).

매 1석(石)에,

가승미(加升米) 3승.

곡상미(斛上米) 3승.

창역 가미(倉役價米) 6승.

하선 입창가미(下船入倉價米) 7홉 5작(이상은 법전에 있다).

부가미(浮價米) 1두.

부가 가급미(浮價加給米) 8승.

간색미(看色米) 1승.

낙정미(落庭米) 4승.

타석미(打石米) 1승.
원인정미(原人情米) 2승(이상은 田稅條이다).
대동 부가미(大同浮價米) 1두.
부가 가급미(浮價加給米) 8승.
대동 간색미(大同看色米) 1승.
낙정미 4승.
타석미 1승.
꿩 · 닭 · 시탄 색락미(色落米) 1승 6홉.

또 전결(田結)에 거두는 것으로,
창작지미(倉作紙米) 2석.
호조(戸曹) 작지미 5석.
공인역가미(貢人役價米) 5석(이상은 법전에 있다).
기선감리 양미(騎船監吏糧米) 20석.
대동기선감리 양미 20석.
또 전결에 거두는 것으로,
경주인(京主人) 역가미 60석.
영주인(營主人) 역가미 90석.
진상첨가미(進上添價米) 90석(매결에 본디 쌀 서 되를 거두었는데, 지금은 흉 · 풍년에 상관 없이 아흔 섬으로 정했다).
병영주인(兵營主人) 역가미 14석.
호방청(戶房廳) 부족미 132석(專關色이 매달 아홉 섬이고, 承發色이 매달 두 섬씩이다).

또 본현에 환곡(還穀)을 전결로써 갈라주는데, 남방 환곡은 명색은 비록 환곡이나 실상은 백납(白納)이다(市糴條에 자세히 나와 있다). 1년 동안 백납하는 수량도 두어 섬보다 적지 않다.

신구관이 교대할 적에, 신구관 쇄마(刷馬) 값을 모두 저치미(儲置米) 또는 결전(結錢)에서 회감(會減)하는 것이나, 또 전결에도 징수한다. 신관 태가전(駄價錢)은 300여 냥이고, 구관 태가전은 600여 냥이다.

신관아 수리잡비전(新官衙修理雜費錢)이 100여 냥이다.

생각건대, 더럽고 자잘한 명목이 대략 이와 같으매, 법전을 상고하면 '매결에 세미 4두,[5] 삼수미 1두 2승, 대동미 12두, 균역전(均役錢) 5전.'뿐이다. 법은 이와 같으나 백성이 상납하는 것은 저와 같으니, 법인들 장차 어찌 믿겠는가? 법이란 시행하는 것인데, 법이 있어도 시행되지 않으면 법은 없는 것과 같으니, 탄식하고 눈물 흘릴 일이라고 할 만하다.(후략)[6]

위의 내용 마지막 부분에서 다산 정약용의 언급을 살펴보면, 다산 정약용보다 시기적으로 더 앞선 실학자인 성호 이익의 언급과도 다를

5) "영정법은 재정운영의 편의상 미리 세율을 고정시키자는 주장이 있어 삼남지방의 양전을 계기로 세율을 인하하여 전세부담을 경감하고 그 부족액은 양전 결과 새로 생긴 토지에 과세하여 보충할 계획으로 1634년(인조 12년)에 종래의 연분법을 개정한 것이다. 영정법은 지역에 따라 세율을 달리하되 과거의 전분 6등과는 달리 전분을 9등으로 분류하였다. 즉, 상지상전·상지중전·상지하전·중지상전·중지중전·중지하전·하지상전·하지중전·하지하전이 그것이다. 이에 따라 토지가 비옥한 삼남지방의 경상도는 최고가 상지하전으로 세율은 1결당 16말, 전라도·충청도는 최고가 중지중전으로 1결당 12말, 그 밖의 5도는 모두 하지하전으로 1결당 4말씩으로 정하여 수세하게 하였다. 달리 말하면 경기·충청·전라·경상·황해·강원 등 각 도의 밭에는 콩, 논에는 쌀로 1결당 4말씩 징수하는 것을 원칙으로 삼았으며 삼남지방의 하지중전 이상의 논·밭에는 2말씩 증가하였던 것이다. 그러나 평안·함경 양도와 제주도는 이보다 저율로 수세하였다.", －최학삼(2016), 앞의 논문, 「조세연구」 제16권 제2집, 43.－ 이와 같은 자료를 유추해 보면 전라도 강진의 토지등급은 하지중전이어서 전세미(田稅米)가 하지하전인 경우의 4두가 아니라 6두였던 것이다. 한편, 오기수(2013)는 이러한 영정법의 시행에 대하여, "풍흉을 고려하지 않고 1결에 무조건 4말의 세금을 징수하도록 하여 세금은 줄어든 것처럼 보이나 공평을 전혀 고려하지 않은 법으로 부자들에게 좋으나 가난한 백성에게는 도움이 되지 않는 세법이 되었다."로 언급하고 있다. －오기수(2013, 「세종대왕의 세금 스토리텔링」, 어울림, p.100.

6) 「경세유표」 권7, 지관수제 전제7, 한국고전번역원.

것이 없다. 성호 이익은 「성호사설」 권9, 인사문(人事門) 대동(大同)에서 다음과 같은 언급을 하고 있다.

"그러나 대동 이외에 각도, 각읍의 사사로운 각종(各種)의 염출이 더욱 많아져서 백성이 또 견디지 못할 지경이었는데, 근년에 수재(守宰)된 자가 잡역(雜役)의 상정법(常定法)을 만들고 다시 6~7두를 거두어 관용(官用)을 만드니 백성이 또 편하게 여겼다. 그렇지만 사방의 시물(時物)의 공납은 본래 있게 마련이라, 무릇 연향(宴饗)이 있으면 거두고, 상위(喪威)가 있으면 거두고, 외사(外使)가 있으면 거두고, 조빙(朝聘)이 있으면 거두니, 제사(諸司)가 본을 떠서 일만 있으면 거두고, 감사(監司)가 본을 떠서 일만 있으면 거둔다.

그리고 거둘 적에는 반드시 각읍에 책임 지우고, 읍은 백성에게 책임 지워서, 그 자질구레한 것은 이루 다 기록할 수조차 없으니, 국초(國初)의 일정된 제도에 비하면 어떻다 하랴?(후략)"[7][8]

또한, 성호 이익은 상지상전의 토지에 대하여 징수하는 세미 20두의 제도를 준용해서, 기본 전세미와 대동미를 비롯하여 각종의 경비를 다 합하여 하나의 창(倉)에 납부하면 나라나 백성이 다 좋을 것이라는 의견을 제시하기도 하였다. 다음은 이와 관련된 내용이다.

"국가의 경비는 다섯 가지가 있으니, 즉 납공(納貢) · 반록(班祿) · 제향(祭享) · 양병(養兵) · 조빙(朝聘)이다. 이 중 어느 것인들 경비가 아니랴만, 정세(正稅) 이외에 별도로 공(貢)의 명목을 세워서 탕장(帑藏)과 같이 하는 것은 무엇인가? 이것은 도리어 풍 · 흉을 막론하고 상지상에 한결같이 20두씩 매기는 제도를 준하여 내외의 크고 작은 수용(需用)에 응하기로 하고, 백성은 다시 참여하지 않게 하는 것만 같지 못하다.

---

7) 「성호사설」 권9, 인사문(人事門) 대동(大同), 한국고전번역원.
8) 이익 원저, 최석기 옮김, 「성호사설」 제3장 인사문 1, 대동(大同), 한길사, p.176.

백성 다스리는 요점은 관부(官府)와 드물게 접촉하도록 하는 데 있거늘, 어찌하여 대동은 봄·가을로 각각 바치게 하고, 각 읍은 한 읍마다 각 창(各倉)에 나누어 바치게 하여 허다한 사사로운 뇌물이 있게 하는가? 만약 세납(稅納)과 공납을 합쳐서 동시에 한 창에 모두 바치게 한다면, 나라도 허비가 없고 백성들도 은사를 받게 될 것이다."[9)]

3. 「목민심서」 및 「경세유표」에서 언급된 전라도 강진지역의 조세자료

앞 절에서, 다산 정약용이 「경세유표」 권7, 지관수제 전제7에 정리한 조세내용에는 「목민심서」 호전(戶典) 6조 / 제2조 세법(稅法) - 하(下)의 '작부(作夫)가 이미 끝났으면 이에 계판(計版)을 작성하게 되는데 계판의 내용은 면밀하게 살피고 엄격하게 밝혀야 한다.'라는 부분에서 언급되지 아니했던 조세가 추가로 더 정리되어져 있다. 이러한 점을 고려하여 박시형(1994)은 「목민심서」와 「경세유표」에 기록된 조세자료를 <표 1>과 같이 정리하고 있다.

〈표 1〉 다산 정약용이 조사한 전라도 강진의 조세 명목

구별	항목	비고
국납(國納)	① 전세미(田稅米), ② 대동미(大同米,) ③ 삼수미(三手米), ④ 결미(結米)	결렴(結斂)
	⑤ 창작지미(創作紙米), ⑥ 호조작지미(戶曹作紙米,) ⑦ 공인역가미(貢人役價米)	쇄렴(碎斂)
	⑧ 가승미(加升米,) ⑨ 곡상미(斛上米), ⑩ 경창역가미(京倉役價米), ⑪ 하선입창가미(下船入倉價米) = 이가미(二價米)	석렴(石斂)
	⑫ 규장각책가미(奎章閣冊價米)	결렴

9) 「성호사설」 권9, 인사문(人事門) 대동(大同), 한국고전번역원.

선급(船給)	⑬ 선가미(船價米), ⑭ 부가미(浮價米), ⑮ 가급미(加給米), ⑯ 인정미(人情米)	석렴
읍징(邑徵)	⑰ 본현치계시탄가미(本縣雉鷄柴炭價米)＝잡역미(雜役米), ⑱ 치계부족미(雉鷄不足米), ⑲ 치계색락미(雉鷄色落米)	결렴
	⑳ 간색미(看色米), ㉑ 낙정미(落庭米), ㉒ 타석미(打石米)	석렴
	㉓ 대동축미(大同縮米)	결렴
	㉔ 대동부가미(大同浮價米), ㉕ 대동부가가급미(大同浮價加給米), ㉖ 대동간색미(大同看色米), ㉗ 대동낙정미(大同落庭米), ㉘ 대동타석미(大同打石米)	석렴
	㉙ 전세기선감리량미(田稅騎船監吏糧米), ㉚ 대동기선감리량미(大同騎船監吏糧米), ㉛ 경주인역가미(京主人役價米), ㉜ 영주인역가미(營主人役價米), ㉝ 진상첨가미(進上添價米), ㉞ 진상우첨가미(進上又添價米), ㉟ 병영주인역가미(兵營主人役價米), ㊱ 호방청전관미(戶房廳傳關米)	쇄렴
	㊲ 서원고급조(書員考給租), ㊳ 방주인근수조(坊主人勤受租), ㊴ 고마조(雇馬租), ㊵ 고마전(雇馬錢), ㊶ 환곡(還穀) ㊷ 신관태가전(新官駄價錢), ㊸ 구관태가전(舊官駄價錢), ㊹ 신관아수리비(新官衙修理費)	결렴

출처: 박시형, 1994, 「朝鮮土地制度史(中)」, 신서원, pp.377－378; 「한국세제사 제1편 연대별」, 2012, 한국조세연구원, p.99.

4. 최학삼(2016)의 연구에서 언급된 조선시대 부가세

＜표 2＞는 최학삼(2016)이 조선시대의 전반적인 시기 및 지역에 존재했던 부가세를 정리한 내용이다.

〈표 2〉 조선시대의 부가세

<table>
<tr><th>조세명</th><th>세액(1석 당)</th><th colspan="2">성격</th><th>시기</th></tr>
<tr><td rowspan="2">모미</td><td>세곡 1석에 1되 징수, 1053년(문종 7년) 1석당 7되씩 징수. 단순한 손실 보전의 의미를 넘어 수송비적 성격을 띰</td><td colspan="2">고려 시대 조세를 거둘 때, 수송 중의 손실분을 예상하여 법정수조율 외에 더 거두는 쌀</td><td>고려시대 와 조선 초기</td></tr>
<tr><td>모미의 10분의 1</td><td colspan="2">환곡을 대여했다 거둘 때, 이자로 더 거두는 쌀</td><td>조선 후기</td></tr>
<tr><td>작지미</td><td>각 군으로부터 세곡을 수납할 때 군 단위로 쌀 60석, 콩 100석 이상인 때에는 2～5석씩을 징수, 그 미만인 때에는 그 석수에 따라 감액</td><td colspan="2">세곡 수납 때에 이를 기록할 종이의 대가. 조선 전기의 해용지(該用紙)에 해당</td><td>조선 후기</td></tr>
<tr><td>역가</td><td>세곡 매 1석당 쌀 6되</td><td colspan="2">호조 및 각 창에 있는 공인의 품삯</td><td>조선 후기</td></tr>
<tr><td>가승</td><td>1석당 3되</td><td>새·쥐로 인한 손실, 수송 중 손실 등 외부적인 요소에 의해 발생하는 세곡의 감축분을 보충</td><td rowspan="2">조선 전기의 모미에 해당</td><td>조선 후기</td></tr>
<tr><td>곡상</td><td>1석당 3되</td><td>곡물의 부패나 건조 등 곡물 자체적으로 생기는 감축분을 보충</td><td>조선 후기</td></tr>
<tr><td>인정미</td><td>1석에 쌀 2되</td><td colspan="2">세곡의 검사를 위하여 파견된 각 사(司)의 담당관리에게 지급된 위로비(수수료). 인정가라고도 함</td><td>조선 후기</td></tr>
<tr><td>이가</td><td>쌀 1석당 인부 2인을 요하는 것으로 보고 세곡 1석당 7홉5작씩 수납</td><td colspan="2">세곡을 배에서 부린다든가 창고에 넣을 때 고용되는 인부의 노임</td><td>조선 후기</td></tr>
<tr><td>선가</td><td>서울과의 원근에 따라 각 군마다 상이하게 징수.
삼남지방의 조선(漕船)을 두고 있는 군에서는 수납하지 않음</td><td colspan="2">세곡운송시의 운임</td><td>조선 후기</td></tr>
</table>

기선 요미		선창에서 바다에 떠 있는 세곡선까지 싣고 가는 뱃삯	조선 후기
부석가		세곡(稅穀)을 조선에 실을 때 고용한 일꾼에게 지급하기 위해 징수	조선 후기
공석가		세곡을 담는 가마니 값으로 징수	조선후 기
차사원 지공		세곡 운송을 맡아보는 벼슬아치의 식량으로 쓰기 위해 징수	조선 후기
치, 계, 시초	각 군에서 자체 징수	지방세 성격	조선 후기
민고미		창고보관세	조선 후기
간색미	1되	세곡의 수량을 검사하는 급창과 세곡을 보관하던 고지기(창고관리자)의 보수	조선 후기
낙정미	4되	되나 말 따위로 곡식을 되다가 땅에 떨어지거나 덕석 밖으로 흩어져 축나는 곡식의 벌충	조선 후기
타석미	1되	세곡을 거둘 때 말질하는 사람의 보수	조선 후기

출처: 최학삼, 2016, “조선시대 별도세, 목적세, 부가세에 관한 연구”, 「조세연구」 제16권 제2집, pp.58－59.

「목민심서」·「경세유표」에서의 조세자료 및 <표 1>과 <표 2>를 비교해 보면, 동일한 명칭의 조세도 있으며, 최학삼(2016)이 정리한 <표 2>에는 없었던 조세가 「목민심서」·「경세유표」에서의 조세자료 및 <표 1>에서는 언급되고 있다는 것을 알 수 있다.

본 연구에서는 이상과 같은 자료를 기초로 해서 조선시대 기본 전세 외에 부가세 성격이 있는 조세를 중점적으로 검토해 보고자 한다. 이를 통해, 선행연구에서 언급되지 아니한 조선시대의 부가세를 추가적으로 정리하고, 선행연구에서의 미비했던 점을 수정 및 보완함으로써 조선시대에 수없이 많이 존재했을 것으로 짐작되어지는 부가세의 종류와 그 성격정의의 범위를 좀더 넓혀 나가고자 한다.

Ⅲ. 다산 정약용이 전라도 강진 유배시절 조사한 조세 명목에 대한 해석

먼저, <표 1>에서의 국납, 선급, 읍징, 결렴, 쇄렴, 석렴의 의미는 다음과 같다.

"국납은 국가에 납부하는 조세, 선급은 뱃삯으로 지급해야 하는 조세, 읍징은 각 고을에서 징수하는 조세이다.

결렴이란 매 결마다 할당해서 징수하는 조세이고, 쇄렴이란 일정한 양의 세미(稅米)를 각 고을 전결(田結)에 부과하여 징수하는 것이다. 예를 들어 2석을 수천여 결에 배당 부과하고, 5석을 각각 수천여 결에 배당 부과하는 것이니, 그 액수가 쪼개어져 부과되는 것이다. 그리고 석렴이라는 것은 상납할 원석수(原石數)를 잡아 매 석마다 징수하는 것이다."[10]

1. 기본 삼세(三稅)

"1결마다 전세미(田稅米)가 6두[11], 대동미(大同米)가 12두, 삼수미(三手米)가 1두 2승, 결미(結米)가 3두이다. – 지금은 결전(結錢) 5전과 이전(耳錢) 1문(文)[12]으로 한다. 이상은 모두 결렴(結斂)이다. –"[13]

위의 내용에서 조선시대 기본 삼세(三稅)에 해당하는 조세는 전세미, 대동미, 결미(결작), 즉 군포이다. 이전(耳錢) 1문(文)에 대하여는 한국고전번역원에서 번역한 「목민심서」 호전(戶典) 6조 / 제2조 세법(稅法) –

10) 「목민심서」 호전(戶典) 6조 / 제2조 세법(稅法) – 하(下), 한국고전번역원.
11) 각주 7) 참고.
12) 한국고전번역원에서 번역한 「경세유표」 권7, 지관수제 전제7에는 "이전(耳錢) 1푼"으로 나와 있다.
13) 「목민심서」 호전(戶典) 6조 / 제2조 세법(稅法) – 하(下), 한국고전번역원.

하(下) 및「경세유표」권7, 지관수제 전제7에서 "미상"으로 설명하고 있다.[14]

한편,「목민심서」호전(戶典) 6조 / 제2조 세법(稅法) – 하(下)의 '작부(作夫)가 이미 끝났으면 이에 계판(計版)을 작성하게 되는데 계판의 내용은 면밀하게 살피고 엄격하게 밝혀야 한다.' 부분에서는 별수미(別收米)가 언급되어 있는데, ＜표 1＞에서는 별수미가 보이지 않는 이유는 ＜표 1＞의 자료는 전라도 강진지역의 조세를 다산 정약용이 조사한 자료이고, 별수미는 각주 4)에 설명되어 있는 것처럼 당시 황해도지역에서만 징수된 조세였기 때문이다.

2. 결미(結米)

1750년(영조26) 균역법(均役法)의 실시로 재정상의 부족액을 보충하기 위해 만든 일종의 전세(田稅) 부가세이다. 서북 양도(西北兩道)를 제외한 6도에는 전지 1결마다 연해군(沿海郡)의 경우는 쌀 2두, 산군(山郡)의 경우는 돈 2전씩을 징수하였는데, 전자를 결미(結米), 후자를 결전(結錢)이라 한다. 영조 때 선포된 균역법(均役法)에서는 1결에 2두로 규정되었으나 뒤에 와서는 불법으로 첨가하여 3두로 증액되었다. 결전(結錢)도 5전으로 증액되어 균역청(均役廳)에 납부되었다.[15] 이와 관련하여 최학삼(2016)은 결미와 결전을 결작(結作)으로 정의하였다. 이와 관련된 내용은 앞의 ＜표 2＞에 나와 있다.

14) 이전(耳錢)은 별전(別錢) 또는 별돈이라고도 하였다. 소애경(1983)은 "朝鮮朝時代의 別錢에 관한 硏究"에서 별전에 대하여 "조선시대의 화폐인 상평통보와 구별하기 위해서 별돈, 이전이라고 부른 일종의 기념화폐이다."로 정의하고 있다.

15)「목민심서」호전(戶典) 6조 / 제2조 세법(稅法) – 하(下), 한국고전번역원.

3. 창작지미 2석

세곡을 창고에 수납할 때 문서를 꾸미는 종이값 명목으로 조세(租稅)에 덧붙여 거두는 일종의 수수료조로 설정한 세목(稅目)이다.[16]

4. 호조작지미 5석

호조에서 세곡에 관한 문서를 꾸미는 종이값으로 조세에 덧붙여 설정한 세목이다.[17]

이러한 창작지미와 호조작지미와 관련하여 최학삼(2016)은 작지미(作紙米)로 정의하였다. 이와 관련된 내용은 앞의 <표 2>에 나와 있다.

한편, 창작지미와 호조작지미는 앞에서 정의되어 있는 것처럼 쇄렴에 속하는 조세이다. 후술되는 규장각책가미는 규장각의 용지비 명목으로 매 결에 부과한 결렴에 속하는 조세이다. 이 세 가지 조세는 당시의 귀중한 자원인 종이와 관련된 조세라는 것에 공통점이 있으며, 쇄렴과 결렴에 속한다는 차이점이 있다.

5. 공인역가미 5석

공인의 역(役)에 대한 보수 명목으로 조세에 덧붙여 설정한 세목이다.

6. 가승미 3승과 곡상미 3승

가승미 3승과 곡상미 3승에 대하여는 <표 2>에 정리되어 있다. 한편, 임성수(2015)는 곡상과 가승에 관하여 "곡상은 운송과정에서 발생

16)「목민심서」호전(戶典) 6조 / 제2조 세법(稅法) – 하(下), 한국고전번역원.

17)「목민심서」호전(戶典) 6조 / 제2조 세법(稅法) – 하(下), 한국고전번역원.

하는 손실을 보전하기 위해 매석 당 3승을 더 거두는 것으로 원곡과 같은 가마니에 넣어 포장하며, 가승은 운송 이후 경창에 보관하는 공안 발생하는 손실을 보전하기 위해 3승을 더 거두는 것으로 별도로 작석(作石)하여 창고에 보관하였다."[18]로 언급하고 있다.

7. 경창역가미 6승

청역가미(廳役價米)라고도 하는데, 경창원역(京倉員役)의 보수 명목으로 조세에 덧붙여 받게끔 설정된 세목이다.[19] 이와 관련하여 최학삼(2016)은 역가(役價)로 정의하여 그 세율을 6되로 언급하였는데 본 연구에서는 공인역가미(쇄렴)는 5석으로, 경창역가미(석렴) 6승으로 구분하여 정리한다.

8. 하선입창가미(이가미) 7홉 5작

세곡을 조선(漕船)에서 내려 경창(京倉)에 넣는 인부들의 품삯 명목으로 조세에 덧붙여 거두게끔 설정된 세목이다.[20] 박시형(1994)은 <표 1>에서 이러한 하선입창가미를 이가미와 동일한 의미로 표현하였다. 최학삼(2016)은 이가(二價)로 정리하고 있다. 이가(二價)는 하선가(下船價)와 입창가(入倉價) 두 가지를 말하는 것으로 짐작된다.

한편, 앞의 「목민심서」와 「경세유표」에 나와 있는 조세자료 및 박시형(1994)이 정리한 <표 1>에서는 보이지 않는 부석가(負石價)라는 명칭의 조세가 있다. 최학삼(2016)은 부석가(負石價)를 "세곡을 조선(漕船)에 실을 때에 고용한 일꾼에게 지급하기 위하여 징수하던 부가세이다."[21]

18) 임성수, 2015, "조선후기 田結稅 징수와 '중간비용' 연구, 「대동문화연구」 제9집: p.17.

19) 「목민심서」 호전(戶典) 6조 / 제2조 세법(稅法) – 하(下), 한국고전번역원.

20) 「목민심서」 호전(戶典) 6조 / 제2조 세법(稅法) – 하(下), 한국고전번역원.

라고 정의하였다. 하선입창가미와 부석가의 의미를 비교해보면, 하선입창가미는 세곡을 조선에서 내려 경창 창고에 넣을 때 인부들에게 주는 품삯 명목으로 거둔 조세이고, 부석가는 세곡을 조선에 실을 때 인부들에게 주는 품삯 명목으로 거둔 조세이다. 이러한 점은 세곡을 조선에서 내릴 때와 실을 때라는 차이만 있을 뿐 조세의 명칭이 다르다고 해서 완전히 다른 성격의 조세로 보기는 어려운 것으로 보인다. 최학삼(2016)은 이가(二價)를 정의하면서 세곡 1석당 7홉 5작으로 그 세액을 명시하였으나, 부석가(負石價)는 정의만 하였을 뿐 그 세액은 명시하지 못하고 있다.

9. 규장각책가미 3푼

규장각책가미 3푼은 규장각의 용지비 명목으로 매 결에 부과한 조세이다. 「목민심서」 호전(戶典) 6조 / 제2조 세법(稅法) – 하(下)의 '계판에 실린 세액 이외에도 전결 부담이 오히려 많다.'에 다음과 같이 언급되어 있다.

> "영납(營納)으로는 규장각책지가전(奎章閣册紙價錢)이 3문이다."[22]
> 또한, 「경세유표」 권7, 지관수제 전제7에도 "규장각 책 종이값 3푼"[23]
> 으로 정리되어 있다.

10. 선가미 3두 5승

선가미 3두 5승은 세곡운수의 뱃삯 명목으로 조세에 덧붙여 징수하도록 설정된 세목이다.[24]

---

21) 최학삼, 2016, 앞의 논문, p.57.
22) 「목민심서」 호전(戶典) 6조 / 제2조 세법(稅法) – 하(下), 한국고전번역원.
23) 「경세유표」 권7, 지관수제 전제7, 한국고전번역원.
24) 「목민심서」 호전(戶典) 6조 / 제2조 세법(稅法) – 하(下), 한국고전번역원.

그런데 다산 정약용은 선가미에 대하여 다음과 같은 언급을 하고 있다.

"살피건대, 선가미 3두 5승은 통례가 아니다. 「대전(大典)」에 이렇게 규정되어 있다.

"조선(漕船)은 본래 선가(船價)가 없는데 대동미(大同米)를 실은 경우는 선가를 전액 지급하고 위미태(位米太) - 곧 전세(田稅)이다. - 를 실은 경우에는 선가 3분의 1을 지급한다."

이것은 조선(漕船)과 조군(漕軍)이 있는 지방의 경우이다. 「대전」에 또 이렇게 규정되어 있다.

"조선이 아닌 경우에는 모두 선가를 지급한다."

이것은 조선과 조군이 없는 지방의 경우이다. 남쪽 변두리의 연해읍에서 사용하는 것은 모두 조선이 아니기 때문에 전세·대동을 물론하고 모두 선가를 지급하는데 1석마다 선가 3두 5승을 지급한다. – 전세의 경우에는 별도로 선가를 거두고 대동의 경우에는 그 원수(原數)에서 제감한다. –"

위의 내용을 살펴보면 선가미는 조선과 조군이 있는 지방과 없는 지방의 경우로 나누어서 언급하고 있다. 즉, 조선과 조군이 있는 지방의 조선은 본래 선가가 없는데 전세미가 아닌 대동미를 실은 경우는 전액 지급하고, 위미태(전세)[25]를 실은 경우에는 선가 3분의 1을 지급하고, 조

25) 토산품의 공물(貢物) 대신 납부한 쌀과 콩을 말한다. 대동법(大同法) 실시 이전에는 군현 전지 중 일부의 전세를 명주〔紬〕·솜〔綿〕·정포(正布)·기름〔油〕·꿀〔蜜〕 등으로 바꾸어서 바치게 하였는데, 대동법 실시 이후에는 이를 고쳐서 쌀〔米〕과·콩〔太〕

선과 조군이 없는 지방은 전세미, 대동미를 물론하고 모두 선가를 지급했다는 것을 알 수 있다. 이와 관련하여 최학삼(2016)은 선가미에 대하여 "세곡운송시의 운임으로서 서울과 거리의 원근에 따라 각 군마다 상이하게 징수하였다. 돈으로 대납하는 군에도 모두 수납하였으나 삼남의 조선(漕船)을 두고 있는 군에서는 수납하지 않았다"[26]로 정리하고 있으며, 선가미의 세미(稅米)가 매 석당 3두 5승이라는 내용은 제시하지 못하고 있다.

11. 부가미(浮價米) 1두

"부가미 1두는 정량 외에 더 담겨진 세곡에 대하여 뱃삯 명목으로 거두는 세목인 듯하다."[27]

12. 가급미(加給米) 8승

"가급미 8승은 법전 규정 외에 뱃삯에 부가하여 거두는 세목인 듯하다."[28]

한편, 다산 정약용은「목민심서」호전(戶典) 6조 / 제2조 세법(稅法) - 하(下)의 선급(船給)의 계판에서 부가미(浮價米)와 가급미(加給米)를 언급하면서 부미(浮米)에 대하여 다음과 같이 추가적으로 설명하고 있다.

으로 바치게 하였다. 일반 전세는 호조(戶曹)의 소관이었으나 이 위미태는 선혜청(宣惠廳)의 소관이었다.「목민심서」호전(戶典) 6조 / 제2조 세법(稅法) - 하(下), 한국고전번역원.

26) 최학삼, 2016, 앞의 논문, 57.

27)「목민심서」호전(戶典) 6조 / 제2조 세법(稅法) - 하(下), 한국고전번역원.

28)「목민심서」호전(戶典) 6조 / 제2조 세법(稅法) - 하(下), 한국고전번역원.

"부가미(浮價米)와 가급미(加給米)는 또 무슨 명목인가? 「대전」에 실려 있는 가승미(加升米) 3승, 곡상미(斛上米) 3승도 이미 과외(科外)의 것이거늘, 또 법규 이외에 함부로 3배나 되는 수량을 거두고도 한없는 욕심을 오히려 다 채우지 못하여 혹은 교목(橋木) - 말 위에 다시 막대기를 가로 걸쳐 놓고 말질을 하는 일이다. - 을 설치하기도 하고, 혹은 잠철(鐕鐵) - 말의 가장자리에 두른 쇠다. - 을 높이기도 하여 거두는 세미가 해마다 늘어나고 달마다 증가되는 일이 그치지 않는다.

(중략)

옛날 진서산(眞西山)은 담주지주(潭州知州)로 있을 때 평미레질을 덜해서 말 위에 쌀이 남겨지게 하는 일이 없게 하였으니, 아마 이것도 또한 부미(浮米) 따위였으리라. 매양 보면 수령 중에 다소 이치대로 하려고 하는 자가 조금 제재할 것 같으면 뱃사람들이 발악하고 독을 품어 향승(鄕丞)·도리(都吏)가 함께 배를 타 주기를 요구한다. 향승·도리가 함께 타더라도 그들은 배 위에 누워 있고 도둑질은 배 밑에서 행해지는데, 귀신처럼 교묘해서 감쪽같이 흔적이 없다. 경창에 상납하는 날에 이르러서는 반드시 4백~5백 석이 축나는데 도리어, 이 축난 것을 민결(民結)에서 거두게 되니, 본래 백성을 이익되게 하자는 것이 오히려 해를 끼치게 되는 일이 많다.

(중략)

무릇 선급(船給)의 관례는 고을마다 각기 다르다. 이상에서 든 것은 강진(康津)의 예이다. 강진의 아전들은 반드시 뱃사람들을 은밀히 사주하여 선급 관례를 해마다 증가시키기 때문에 그 율이 가장 높아진 것이리라."[29]

위와 같은 내용에 따라 부가미는 합법적인 것은 아니나 관청의 묵인 하에 선원들이 정량 외에 더 담겨진 세곡에 대하여 뱃삯 명목으로 거두는 세미(稅米)이며, 가급미는 부가미에 추가하여 더 받아내는 세미[30][31]이다. 그러므로 부미(浮米)[32]는 부가미(浮價米)와 가급미(加給米)의

29) 「목민심서」 호전(戶典) 6조 / 제2조 세법(稅法) – 하(下), 한국고전번역원.

내용에서 언급되어진 것처럼 말에 교목(橋木) 또는 잠철(鐕鐵)을 설치하여 말의 정량 외에 말 위로 더 올리는 쌀이 되는 것이며, 부가미는 말에 더 담겨진 쌀에 대하여 징수한 부가세였던 것이다.

이러한 부미와 그 의미가 반대되는 것은 낙정미이다. 낙정미는 <표 2>와 「목민심서」 호전(戶典) 6조 / 제2조 세법(稅法) – 하(下)의 읍징(邑徵)의 계판(計版)과 「경세유표」 권7, 지관수제 전제7에 정리되어 있는 것처럼 되질이나 말질을 할 때 땅에 떨어지는 것을 보충하는 쌀의 명목으로 설정된 조세이다.

한편, 앞에서 보았듯이 다산 정약용은 부가세(附加稅) 성격인 부가미(浮價米)와 가급미(加給米)를 언급하면서 진서산(眞西山)이라는 인물을 다음과 같이 예로 들어 언급하고 있다.

> "옛날 진서산(眞西山)은 담주지주(潭州知州)로 있을 때 평미레질을 덜 해서 말 위에 쌀이 남겨지게 하는 일이 없게 하였으니, 아마 이것도 또한 부미(浮米) 따위였으리라."

위의 내용에서 세미(稅米)를 말질할 때 해야 되는 평미레질에 관한 내용은 세미, 즉 쌀을 될 때 평미레를 사용한다는 것이다. 이와 관련하여 세미(稅米)로 징수하는 쌀은 아니나 다산 정약용이 「경세유표」 권14, 균역사목추의 제1, 염세(鹽稅) 부분에서 경기(京畿)지역의 염세 징수에 대한 문제를 언급하면서 소금을 될 때 평두목(槪)을 이용하여 평평하게 해야 한다는 다음과 같은 내용이 있다.

> "평두목(槪)으로 평평하게 하면 본디 무겁던 것은 줄어들고, 본디 가

30) 「목민심서」 호전(戶典) 6조 / 제2조 세법(稅法) – 하(下), 한국고전번역원.
31) 정약용 원저, 박일봉 역저, , 2012, 「목민심서」 호전육조 제2조, 세법(稅法) : 조세(租稅)의 부과(賦課) 및 징수(徵收), 육문사.
32) 부미(浮米)는 말질을 할 때 정량 외에 말 위로 더 올리는 쌀이다.

> 볍던 것은 보태어지게 된다. 줄어들면 나의 재물을 잃게 되고 보태어지면 백성의 원망이 있으므로 예전 그대로 한다고 이른다. 그러나 한 임금의 법은 이와 같이 할 수 없다. 평두목으로 평평하게 하면 두어 달은 웅성거리겠으나 1년이면 안정되고, 10년이면 의혹이 없게 되며, 100년이면 그렇던 생각조차 없어질 것이다. 하늘이 만든 것처럼, 쇠를 부어서 된 것처럼 당연한 것으로 알게 될 것이다. 전례에 따라서 그대로 한다면 두어 달은 잠잠하겠으나, 오래 되면 의혹이 생겨서, "아무 고을은 어찌해서 이가 유독 후하고 우리 고을은 어찌해서 세가 치우치게 과중한가?" 할 것이다. 이미 어지럽고 난잡하니 아전이 이를 인연해서 간사한 짓을 하게 된다. 아래에서 거두는 것은 날로 증가되고 날로 무거워지며, 나라에 바치는 것은 날로 줄어들고 날고 적어지니 이것은 필연의 이치이다. 법을 마련하는 당초에 이와 같이 하는 것이 어찌 옳겠는가?"[33][34]

위의 내용은 다산 정약용이 조선시대 정규 잡세 중의 하나였던 염세의 징수 폐단에 대한 개선책을 제시하고 있는 것인데 소금을 될 때 부미(浮米) 따위의 농간을 부리지 말고 평미레(평두목)로 있는 그대로 평평하게 되면 나중에는 아무 불평불만이 없어져 염세징수에 대한 폐단을 개선할 수 있다고 말하는 것이다. 소금이나 쌀이나 되질 및 말질을 할 때부터 갖가지 농간이 있었다는 것을 알 수 있는데, 그 따위 농간질이 좋은 말로 포장되어 조세로 둔갑한 것이다. 당시 백성들의 고혈을 짜내었던 세법과 조세징수의 폐단이 여기서부터 시작되었다고 할지라도 무리가 아닐 것으로 판단된다.

---

33) 「경세유표」 권14, 균역사목추의 제1, 염세(鹽稅), 한국고전번역원.

34) 정약용 원저, 이익성 옮김, 「경세유표 Ⅲ」 제14권. 균역사목추의 제1, 염세(鹽稅), 한길사, pp.1247-1248.

13. 인정미 2승

인정미 2승은 세곡 수납을 담당하는 고직(庫直)의 수고를 위로하는 인정표시라는 명목으로 설정된 세목을 가리킨다. 「경세유표」 권7 지관수제 전제7에는 원인정미(原人情米) 2승으로 되어 있다.[35] 이러한 인정미는 최학삼(2016)의 연구와 관련된 <표 2> 인정미(人情米)의 내용을 살펴보면 그 내용이 거의 일치한다. 또한, 최학삼(2016)은 인정미를 인정가(人情價)라고도 하였다고 했는데, 인정가(人情價)는 「목민심서」 호전(戶典) 6조 / 제5조 평부(平賦) – 상(上)의 '전부(田賦) 외에 가장 큰 부담은 민고(民庫)인데 혹은 토지에 부과하기도 하고, 혹은 가호(家戶)에 부과하기도 하여 비용이 날로 확대되므로 백성들이 살 수가 없다.' 부분에서 각영문정채(各營門情債)[36]와 경상납정채(京上納情債)[37]가 인정조로 바치는, 즉 인정가로 언급되어 있다. 이러한 인정미(또는 인정가)는 말이 좋아 위로비이지 사실상 담당관리나 관아에 은밀하고도 공공연히 건네주었던 뇌물이었던 것이며,[38] 그 뇌물의 지급자와 수급자는 중앙과 지방, 육지와 수상을 가리지 않고 당시 사회에 팽배해 있었을 것으로 판단된다.

14. 본현치계시탄가미(잡역미) 4두

본현치계시탄가미(잡역미) 4두는 관아에서 수용(需用)하는 꿩, 닭, 땔나무, 숯 등의 비용 명목으로 설정된 세목이다.[39] 최학삼(2016)은 치, 계, 시초를 각 군에서 자체 징수하는 지방세 성격으로 정의하였으며, 세액은

35) 「목민심서」 호전(戶典) 6조 / 제2조 세법(稅法) – 하(下), 한국고전번역원.
36) 감영, 병영, 수영에 인정조로 바치는 돈이다.
37) 중앙에 상납할 때 인정조로 바치는 돈이다.
38) 최학삼, 2018, "정만석의 응지상소(應旨上疏) 중 삼폐(蔘弊)에 관한 연구", 「조세연구」 제18권 제1집, p.23.
39) 「목민심서」 호전(戶典) 6조 / 제2조 세법(稅法) – 하(下), 한국고전번역원.

제시하지 못하고 있다.

15. 치계부족미 몇 승

치계부족미 몇 승은 치계시탄가미의 부족액을 보충한다는 명목으로 설정된 세목이다.[40] 「경세유표」 권7, 지관수제 전제7에는 '불미(不米) 9승(불미란 꿩·닭·시탄을 달마다 배정하는 데 부족한 쌀이다. 불미는 은어다.)'으로 정리되어 있다.

16. 치계색락미(雉雞色落米) 1승 6홉

치계색락미(雉雞色落米) 1승 6홉은 치계시탄가미에 따르는 간색미(看色米), 낙정미(落庭米)라는 명목으로 설정된 세목이다.[41]

17. 간색미(看色米) 1승

간색[42][43]미(看色米) 1승은 곡식의 품질을 알아보기 위하여 견본으로 빼내는 쌀의 명목으로 설정된 세목이다.[44] 이와 관련하여 최학삼(2016)은 간색미를 세곡의 수량을 검사하는 급창과 세곡을 보관하던 고지기(창고관리자)의 보수로 정의하고 있는데, 좀 더 추가하자면, 조선 후기에는 간색을 빌미로 쌀을 거두어 세납곡의 수량이나 품질을 검사하는 창번(倉番)이나 고직(庫直)에게 주는 보수로 이용하였다.[45] 이러한 간색미와 관

40) 「목민심서」 호전(戶典) 6조 / 제2조 세법(稅法) – 하(下), 한국고전번역원.
41) 「목민심서」 호전(戶典) 6조 / 제2조 세법(稅法) – 하(下), 한국고전번역원.
42) 「만기요람」 재용편 2, 조전(漕轉) 조규(漕規), 한국고전번역원.
43) 「신편 국역 재용 군정 만기요람 1」 재용편 2, 조전(漕轉) 조규(漕規), 한국학술정보(주), p.214.
44) 「목민심서」 호전(戶典) 6조 / 제2조 세법(稅法) – 하(下), 한국고전번역원.
45) 「한국고전용어사전」, 세종대왕기념사업회.

련하여 다산 정약용은 다음과 같은 언급을 하고 있다.

> "감영에 이르게 되면 영리(營吏)나 영감(營監)들이 손을 벌려 뇌물을 요구하니, 인정(人情)이다 간색(看色)이다 하여 그 비용이 번다하다."[46] (후략)

다산 정약용의 위와 같은 언급은 간색미를 인정미나 인정가처럼 뇌물성격이 있는 조세로 해석하고 있다는 것이다. 즉, 간색미를 곡식의 품질을 검사하는 관리에게 잘 보아달라는 의미에서 바치는 쌀로 보고 있는 것이다. 예나 지금이나 청탁과 관련된 부정부패는 끊임없이 반복되고 있는 사실인 것이다.

18. 낙정미(落庭米) 4승

낙정미(落庭米) 4승은 말질할 때 땅에 떨어지는 것을 보충하는 쌀의 명목으로 설정된 세목이다.[47]

19. 타석미(打石米)가 1승

타석미(打石米) 1승은 낱낱의 말들을 모아서 섬〔石〕으로 만들 때에 축나는 것을 보충하는 쌀의 명목으로 설정된 세목이다.[48] 이와 관련하여 최학삼(2016)은 타석미를 "세곡을 거둘 때 말질하는 사람의 보수"[49]라고 정의하고 있다. 「경세유표」 권7, 지관수제 전제7에서도 "낱 말을 모아서 섬〔石〕으로 만들 때에 축나는 조로 받아내는 쌀"로 정의되어 있다.

46) 「목민심서」 호전(戶典) 6조 / 제5조 평부(平賦) – 상(上), 한국고전번역원.
47) 「목민심서」 호전(戶典) 6조 / 제2조 세법(稅法) – 하(下), 한국고전번역원.
48) 「목민심서」 호전(戶典) 6조 / 제2조 세법(稅法) – 하(下), 한국고전번역원.
49) 최학삼, 2016, 앞의 논문, p.58.

20. 대동축미 7승

대동미 감축미 7승은 「경세유표」 권7, 지관수제 전제7에서 "이것은 병영에서 보관하는 까닭으로 이런 명색이 있는 것이나, 다른 고을에는 없다"로 정의되어 있다.

21. 대동부가미 1두

22. 대동부가가급미 8승

23. 대동간색미 1승

24. 대동낙정미 4승

25. 대동타석미 1승[50)]

26. 전세기선감리량미 20석 및 대동기선감리량미(大同騎船監吏糧米) 20석

각각 전세미(田稅米)와 대동미(大同米)를 조운할 때 함께 타고 가는 감독관의 식량 명목으로 설정된 세목이다.[51)] 이와 관련하여 최학삼(2016)은 "세곡 운송을 맡아보는 벼슬아치의 식량으로 쓰려고 거두던 부가세이다"[52)]라는 의미의 차사원지공(差使員支供)으로 정의하고 있다.

---

50) 대동법(大同法)에 의한 대동미와 관련된 부가세들이다.
51) 「목민심서」 호전(戶典) 6조 / 제2조 세법(稅法) – 하(下), 한국고전번역원.
52) 최학삼, 2016, 앞의 논문, 57.

27. 경주인역가미(京主人役價米) 60석

경주인역가미 60석은 경주인의 역(役)에 대한 보수이다. 경주인은 아전이나 서민으로 서울에 있으면서 그 지방 관청의 사무를 연락 또는 대행해 보던 사람인데, 경저리(京邸吏)라고도 한다.[53]

28. 영주인역가미(營主人役價米) 90석

영주인역가미 90석은 영주인의 역에 대한 보수이다.[54] 영주인은 감영(監營)에 딸린 이속(吏屬)으로, 각 고을 관청과 사무를 연락하던 사람으로 영저리(營邸吏)라 이르기도 한다.[55]

29. 진상첨가미(進上添價米) 90석

진상첨가미(進上添價米) 90석은 진상가미 명목으로 조세에 더 첨가된 세목[56]으로, 「경세유표」 권7, 지관수제 전제7에서는 진상하는 물건 값에 첨가해서 받아내는 쌀을 말하며, "매 결에 본디 쌀 서 되를 거두었는데, 지금은 흉·풍년에 상관없이 아흔 섬으로 정했다."[57]로 정의하고 있다. 이러한 진상첨가미의 내용을 살펴보면 그 성격이 결렴에서 쇄렴으로 변동된 것을 알 수 있다.

53) 「목민심서」 호전(戶典) 6조 / 제2조 세법(稅法) – 하(下), 한국고전번역원.
54) 「목민심서」 호전(戶典) 6조 / 제2조 세법(稅法) – 하(下), 한국고전번역원.
55) 「경세유표」 권7, 지관수제 전제7, 한국고전번역원.
56) 「목민심서」 호전(戶典) 6조 / 제2조 세법(稅法) – 하(下), 한국고전번역원.
57) 「경세유표」 권7, 지관수제 전제7, 한국고전번역원.

30. 진상우첨가미(又添價米) 2백 석

진상우첨가미 2백 석은 진상가미에 다시 첨가되는 세목[58]을 말한다.

31. 병영주인역가미(兵營主人役價米)가 14석

병영주인역가미 14석은 병영주인의 역에 대한 보수이다. 병영주인은 병영(兵營)에 딸린 이속으로 각 고을 관청과의 사무 연락을 맡아 보았다.[59]

32. 호방청전관미(戶房廳傳關米) 130석

호방청전관미(戶房廳傳關米) 130석은 군현의 호방(戶房)에서 영문(營門)에 문서를 전달하는데 그들 다리품 값의 명목으로 설정된 세목이다. 「경세유표」 권7, 지관수제 전제7에는 '호방청부족미(戶房廳不足米) 132석'으로 되어 있고, 자주로 "전관색(專關色)이 매월 9석, 승발색(承發色)이 매월 2석씩이다."라고 밝혔다. 전관색은 각 고을 호방청에 있으면서 각종 공문을 전관(專管)하던 사람이고, 승발색은 지방 관아의 서리 밑에서 잡무에 종사하던 사람이다.[60](후략)

33. 서원 고급조(書員考給租) 4두

서원 고급조 4두(우리나라 습속에 찧지 않은 벼를 租라 한다)[61]는 서원 고복채(書員考卜債)라고도 하는데, 서원이 전지의 재실(災實)을 답사할 때

58) 「목민심서」 호전(戶典) 6조 / 제2조 세법(稅法) – 하(下), 한국고전번역원.
59) 「목민심서」 호전(戶典) 6조 / 제2조 세법(稅法) – 하(下), 한국고전번역원.
60) 「목민심서」 호전(戶典) 6조 / 제2조 세법(稅法) – 하(下), 한국고전번역원.
61) 「경세유표」 권7, 지관수제 전제7, 한국고전번역원.

뇌물 명목으로 1결당 벼 4두씩을 거두어 주던 세목이다. 다산은 그의 「경세유표」 권7, 지관수제 전제7의 '계판에 실린 세액 이외에도 전결 부담이 오히려 많다.'에서 "고급조란 것은 남쪽지방의 커다란 폐단이다.… 서원이 전지를 답사할 때 1결당 벼 4두씩을 뇌물조로 받게 됨은 공정을 기하기 위하여 묵인한 것이었는데, 세월이 흐르자 이것이 관례가 되었고, 그 관례를 상고해서 지급한 것이 이른바 고급조라는 것이다."라고 고급조의 유래를 밝히고 있다.[62]

34. 방주인(坊主人)근수조(勤受租) 2두

방주인근수조 2두는 방주인, 즉 면주인(面主人)의 역에 대한 보수 명목으로 관행된 세목이다. 다산은 또한 그의 「경세유표」 권7, 지관수제 전제7의 '계판에 실린 세액 이외에도 전결 부담이 오히려 많다.'에서 "없어도 될 방주인이란 자가 스스로 법을 만들어서 1결당 벼 2두씩을 징수하는데, 처음에는 구걸 형식으로 하던 것이 마침내는 관례로 되었다."라고 하여 근수조의 형성과정을 말하고 있다.[63]

35. 고마조(雇馬租) 20두이거나, 혹은 23~24두

고마조는 말을 징발하는 비용을 대기 위하여 고마청에서 백성들로부터 징수하였다. 여기서, 조(租)는 서원고급조(書員考給租)처럼 쌀(米) 아니라 찧지 않은 벼로 판단된다.

---

62) 「목민심서」 호전(戶典) 6조 / 제2조 세법(稅法) – 하(下), 한국고전번역원.

63) 「목민심서」 호전(戶典) 6조 / 제2조 세법(稅法) – 하(下), 한국고전번역원.

36. 고마전(雇馬錢) 10닢, 혹은 30닢, 40닢

고마전(雇馬錢) 10닢, 혹은 30닢, 40닢을, 1년에 드물면 서너 차례, 잦으면 대여섯 차례를 거두는데, 관령(官令)이 한번 내리면 백성이 곧 바치는 것이다.[64)]

고마전은 말을 징발하는 비용을 대기 위하여 고마청에서 백성들로부터 징수한 돈이다.

37. 환곡

또 본현에 환곡(還穀)을 전결로써 갈라주는데, 남방 환곡은 명색은 비록 환곡이나 실상은 백납(白納)이다. 1년 동안 백납하는 수량도 두어 섬보다 적지 않다. 백납(白納)은 "환곡을 받지 않고도 문서에 받는 것처럼 되어 있어 바치는 것이다."[65)] 이러한 백납과 관련하여 오기수(2012)는 백징(白徵)[66)]으로 언급하고 있다.

38. 신관태가전, 구관태가전

신구관이 교대할 적에, 신구관 쇄마(刷馬) 값을 모두 저치미(儲置米) 또는 결전(結錢)에서 회감(會減)하는 것이나, 또 전결에도 징수한다. 신관태가전(駄價錢)은 300여 냥이고, 구관 태가전은 600여 냥이다.[67)] 목민심서 호전(戶典) 6조 / 제2조 세법(稅法) – 하(下)의 '계판에 실린 세액 이외

---

64) 「경세유표」 권7, 지관수제 전제7, 한국고전번역원.
65) 「경세유표」 권7, 지관수제 전제7, 한국고전번역원.
66) 백징(白徵)이란, "조세를 면제할 땅이나 납세의무가 없는 사람에게 세금을 물리거나, 아무 관계없는 사람에게 빚을 물리는 일" – 오기수, 2012, 「조선시대의 조세법」, 어울림, p.199.
67) 「경세유표」 권7, 지관수제 전제7, 한국고전번역원.

에도 전결 부담이 오히려 많다.'에서는 신관쇄마가(新官刷馬價)가 3백여 냥, - 많은 경우는 4백 냥이다. - 구관쇄마가(舊官刷馬價)가 6백 냥으로 정의하고 있다.

39. 신관아수리잡비(新官衙修理雜費錢) 100여 냥

신관아수리비는 고을의 관청을 새로 짓거나 보수할 때 드는 비용을 전결에 징수한 세목으로 판단된다.

이상과 같이 다산 정약용이 전라도 강진 유배시절 조사한 조세자료를 검토하고 그에 관한 해석을 추가하였다. 다산 정약용이 전라도 강진 유배시절 조사한 조세자료, 「목민심서」 호전(戶典) 6조/ 제2조 세법(稅法) - 하(下), 「목민심서」 호전(戶典) 6조 / 제5조 평부(平賦) - 상(上) 등에서 정의된 조세자료와 최학삼(2016)이 정리한 <표 2>를 비교해 보면 최학삼(2016)이 검토한 조선시대의 부가세 자료는 많이 미흡했다는 것을 알 수 있다. 물론, 최학삼(2016)의 연구는 조선시대 전반적인 자료를 검토해 본 것이고, 본 연구의 자료들은 다산 정약용이 전라도 강진 유배시절에 저술한 「목민심서」 및 「경세유표」를 한국고전번역원에서 번역한 자료와 박시형(1994)이 작성한 <표 1>을 기초로 하여 검토하였다. 그러므로 그의 「목민심서」 및 「경세유표」의 저술시기 당시와 유배장소인 전라도 강진지역에서 조사한 자료를 조선 전체의 기본 전세와 각종 부가세로 보는 것에는 무리가 있을 수 있다. 하지만 강진 또한 조선의 고을이며, 다산 정약용이 「경세유표」 권7, 지관수제 전제7에서 강진지역의 전결과 잡역을 조사한 자료와는 달리 「목민심서」에서는 당시의 조선 전체적인 조세자료를 언급하였다는 것을 주지할 필요가 있다. 이러한 점을 주지한다면 수없이 많이 존재했을 것으로 짐작되는 조선시대의 각종 부가세들을 이 자료를 기초로 해서 검토해 나가는 데에는 큰 무리가 없을 것이다. <표 3>은 앞에서 살펴본 자료들을 기초로 하여 최학삼(2016)이 정의한 조선시대 부가세를 수정 및 보완한 것이다.

〈표 3〉 최학삼(2016)의 연구에서 정의된 조선시대 부가세의 수정 및 보완

<table>
<tr><th>조세명</th><th>세액</th><th colspan="2">성격</th><th>구분</th></tr>
<tr><td rowspan="2">작지미</td><td>창작지미 2석</td><td colspan="2">세곡을 창고에 수납할 때 문서를 꾸미는 종이값 명목</td><td rowspan="3">국납,
쇄렴</td></tr>
<tr><td>호조작지미 5석</td><td colspan="2">호조에서 세곡에 관한 문서를 꾸미는 종이값</td></tr>
<tr><td rowspan="2">역가</td><td>공인역가미 5석</td><td colspan="2">공인의 역(役)에 대한 보수 명목</td></tr>
<tr><td>경창역가미 6승</td><td colspan="2">경창원역(京倉員役)의 보수 명목</td><td>국납,
석렴</td></tr>
<tr><td>가승미</td><td>1석당 3되</td><td colspan="2">새·쥐로 인한 손실, 수송 중 손실 등 외부적인 요소에 의해 발생하는 세곡의 감축분을 보충
조선전기의 모미에 해당</td><td rowspan="2">국납,
석렴</td></tr>
<tr><td>곡상미</td><td>1석당 3되</td><td colspan="2">곡물의 부패나 건조 등 곡물 자체적으로 생기는 감축분을 보충</td></tr>
<tr><td>인정미</td><td>1석에 쌀 2되</td><td colspan="2">세곡 수납을 담당하는 고직(庫直)의 수고를 위로하는 인정표시의 위로비(수수료).
인정가라고도 하는데 인정가의 성격으로는 각 영문정채 및 경상납정채를 민고(民庫)에 정리</td><td>선급,
석렴</td></tr>
<tr><td>이가미=하선입창가미</td><td>세곡 1석당 7홉 5작</td><td colspan="2">세곡을 배에서 부린다든가 창고에 넣을 때 고용되는 인부의 노임, 하선입창가미(하선가미와 입창가미)</td><td>국납,
석렴</td></tr>
<tr><td rowspan="2">선가미</td><td>조선(漕船)과 조군(漕軍)이 있는 지방의 경우</td><td>조선(漕船)은 본래 선가(船價)가 없으나 대동미(大同米)를 실은 경우 선가를 전액 지급,
위미태(位米太)를 실은 경우 선가 3분의 1을 지급</td><td rowspan="2">세곡운송시의 뱃삯</td><td rowspan="2">선급,
석렴</td></tr>
<tr><td>조선과 조군이 없는 지방의 경우 3두 5승</td><td>남쪽 변두리의 연해읍에서 사용하는 것은 모두 조선이 아니기 때문에 전세미·대동미를 물론하고 모두 선가를 지급, 1석마다 선가미 3두 5승을 지급</td></tr>
</table>

기선 요미		선창에서 바다에 떠 있는 세곡선까지 싣고 가는 뱃삯	
부석가		세곡(稅穀)을 조선에 실을 때 고용한 일꾼에게 지급하기 위해 징수	하선입 창가미 와 비교 필요
공석가		세곡을 담는 가마니 값으로 징수	
차사원 지공	전세기선감리량미 20석 대동기선감리량미 20석	세곡 운송을 맡아보는 벼슬아치의 식량으로 쓰기 위해 징수	읍징, 쇄렴
치계시탄 가미=잡 역미	4두[68]	관아에서 수용(需用)하는 꿩, 닭, 땔나무, 숯 등의 비용 명목으로 설정된 세목	읍징, 결렴
민고미	민고전: 매 1결당 1냥 2~3전 민고조: 매 1결당 30~40두	관청의 임시비용으로 쓰기 위하여 민고에 보관하고 있는 돈(錢: 민고전) 또는 조(租: 민고조)	민고 납[69], 결렴 또는 호렴[70]
간색미	1되	곡식의 품질을 알아보기 위하여 견본으로 빼내는 쌀의 명목으로 설정된 세목, 간색을 빌미로 쌀을 거두어 세납곡의 수량이나 품질을 검사하는 창번(倉番)이나 고직(庫直)에게 주는 보수, 간색을 하는 관리에게 잘 봐 달라고 바치는 쌀	읍징, 석렴
낙정미	4되	되나 말 따위로 곡식을 되다가 땅에 떨어지거나 덕석 밖으로 흩어져 축나는 곡식의 벌충	
타석미	1되	낱낱의 말들을 모아서 섬〔石〕으로 만들 때에 축나는 것을 보충하는 쌀의 명목으로 설정된 세목, 세곡을 거둘 때 말질하는 사람의 보수	

앞의 <표 2>에서 최학삼(2016)은 세액을 1석 당, 즉 석렴의 의미로만 정의하였는데, <표 3>에서는 석렴, 결렴, 쇄렴으로 구분하여 수정하였다.

68) 전라도 강진지역에서 징수하는 치계시탄가미가 4두라는 의미이다.
69) 민고에서 돈이나 조를 징수하여 보관하였기 때문에 민고납으로 한다.
70) 전지 대상으로 거두는 것이나 혹은 가호 대상으로 거두는 것이기 때문에 결렴 또는 호렴으로 한다.

또한, 최학삼(2016)은 <표 2>에서 민고미를 창고보관세 성격으로 정의하고 그 세액을 제시하지 못하였는데, 이 민고미의 정의 및 세액 또한 수정할 필요가 있다. 다음은 「목민심서」 호전(戶典) 6조 / 제2조 세법(稅法) – 하(下)의 '계판에 실린 세액 이외에도 전결 부담이 오히려 많다.' 부분의 일부 내용이다.

> "혹은 전지 대상으로 거두는 것이나 혹은 가호 대상으로 거두는 것을 민고전(民庫錢)·표선전(漂船錢)이라 하는데, 전지 대상으로 거둘 경우엔 민고전은 매 1결당 해마다 1냥 2~3전을 거두거나 또는 해마다 조(租) 30~40두를 거둔다. - 20년 전에는 아무리 많아도 3~4두에 불과했다. -
> 표선잡비(漂船雜費)는 매 1결당 돈으로 30~40전 또는 50~60전을 거두기도 한다."

위의 내용에서는 계판(計版)에 실린 세액 이외에 민고전과 표선잡비가 추가적으로 언급되고 있는데 민고전은 "민고에 보관되는 돈이다. 민고는 관청의 임시비용으로 쓰기 위하여 백성으로부터 해마다 전곡을 거두어 보관하던 창고이다."[71]라는 각주 내용이 있다.[72] 그렇다면, 최학삼(2016)의 연구에서 정의된 민고미가 창고보관세가 아니라 관청의 임시비용으로 쓰기 위하여 민고에 보관하고 있는 돈(錢: 민고전) 또는 조(租: 민고조)가 되어야 할 것이다.

표선전은 "외국 선박이 표류해 오면 그들을 구제해서 서울로 압송하는데 그 일에 소요되는 비용 명목으로 돈을 거두던 세목이다."[73]

한편, <표 3>의 의미는 최학삼(2016)의 연구에서 작성된 <표 2>를 본 연구의 기초가 되는 자료인 「목민심서」와 「경세유표」 및 박시

71) 「목민심서」 호전(戶典) 6조 / 제2조 세법(稅法) – 하(下), 한국고전번역원.
72) 「목민심서」 호전(戶典) 6조 / 제2조 세법(稅法) – 하(下), 한국고전번역원.
73) 「목민심서」 호전(戶典) 6조 / 제2조 세법(稅法) – 하(下), 한국고전번역원.

형(1994)의 연구 등을 바탕으로 하여 수정 및 보완하였다는 것이다. 본장의 앞부분에서 언급되어진 각종 부가세 성격의 조세들을 검토해 보면 최학삼(2016)이 검토했던 조선시대의 부가세보다 훨씬 더 그 종류가 많아졌고, 각 부가세에 대한 성격의 정의 또한 좀더 정확해졌다는 것을 알 수 있다. <표 4>는 본 연구의 기초자료를 통한 검토를 통해 선행연구에서 언급되지 않은 각종 부가세를 추가적으로 정리한 것이다.

〈표 4〉 본 연구에서 추가적으로 정리한 부가세

조세명	세액	성격	구분
표선전	매 1결당 돈으로 30~40전 또는 50~60전	외국선박이 표류해 올 경우 서울로 압송하는데 소요되는 비용 명목	결렴 또는 호렴
공인역가미	공인역가미 5석	공인의 역(役)에 대한 보수 명목	국납, 쇄렴
경창역가미	매 1결당 경창역가미 6승	경창원역(京倉員役)의 보수 명목	국납, 석렴
규장각책가미	매 1결당 3푼	규장각의 용지비 명목	국납, 결렴
부미		말에 교목(橋木) 또는 잠철(鐕鐵)을 설치하여 말의 정량 외에 말 위로 더 올리는 쌀	
부가미	매 1석당 1두	정량 외에 더 담겨진 세곡에 대하여 뱃삯 명목으로 거두는 세목	선급, 석렴
가급미	매 1석당 8승	법전 규정 외에 뱃삯에 부가하여 거두는 세목	
치계부족미	매 1결당 몇 승	치계시탄가미의 부족액을 보충한다는 명목, 「경세유표」 권7, 지관수제 전제7에는 '불미(不米) 9승(불미란 꿩·닭·시탄을 달마다 배정하는 데 부족한 쌀이다. 불미는 은어다.)'으로 정의	읍징, 결렴
치계색락미	매 1결당 1승 6홉	치계시탄가미에 따르는 간색미(看色米), 낙정미(落庭米)라는 명목으로 설정된 세목	
전세기선 감리량미	20석	전세미(田稅米)를 조운할 때 함께 타고 가는 감독관의 식량 명목으로 설정된 세목	읍징, 쇄렴
대동기선 감리량미	20석	대동미(大同米)를 조운할 때 함께 타고 가는 감독관의 식량 명목으로 설정된 세목	

경주인역가미	60석	경주인의 역(役)에 대한 보수	
영주인역가미	90석	감영주인의 역(役)에 대한 보수	
진상첨가미	90석	진상가미 명목으로 조세에 더 첨가된 세목, 「경세유표」 권7, 지관수제 전제7에서는 진상하는 물건값에 첨가해서 받아내는 쌀	
진상우첨가미	2백 석	진상가미에 다시 첨가되는 세목	
병영주인 역가미	14석	병영주인의 역에 대한 보수	읍징, 쇄렴
호방청전관미	130석	군현의 호방(戶房)에서 영문(營門)에 문서를 전달하는데 그들 다리품값의 명목으로 설정된 세목 「경세유표」 권7, 지관수제 전제7에는 '호방청부족미(戶房廳不足米) 132석으로 되어 있고, 자주로 전관색(專關色)이 매월 9석, 승발색(承發色)이 매월 2석씩이다.'로 정의	
대동미감축미	매 1결당 7승	「경세유표」 권7, 지관수제 전제7에서 '이것은 병영에서 보관하는 까닭으로 이런 명색이 있는 것이나, 다른 고을에는 없다'로 정의	읍징, 결렴
서원고급조	매 1결당 4두	서원고복채(書員考卜債)라고도 하는데, 서원이 전지의 재실(災實)을 답사할 때 뇌물 명목으로 1결당 벼 4두씩을 거두어 주던 세목	
방주인근수조	매 1결당 2두	방주인, 즉 면주인(面主人)의 역에 대한 보수 명목으로 관행된 세목	
고마조	매 1결당 20두, 또는 23~24두	말을 징발하는 비용을 대기 위하여 고마청에서 백성들로부터 징수한 조(租)	
고마전	매 1결당 10닢, 또는 30닢, 40닢	말을 징발하는 비용을 대기 위하여 고마청에서 백성들로부터 징수한 돈	
환곡		남방 환곡은 명색은 비록 환곡이나 실상은 백납(白納)	
신관태가전 (신관쇄마가)	매 1결당 300냥~400냥	신관쇄마비용	
구관태가전 (구관쇄마가)	매 1결당 600여 냥	구관쇄마비용	
신관아 수리잡비	매 1결당 100여 냥	고을의 관청을 새로 짓거나 보수할 때 드는 비용	
불미(不米)	매 1결당 9승	은어, 치계부족미와 비교 필요	

<table>
<tr><td>대동부가미</td><td>매 1석당 1두</td><td rowspan="5">대동법(大同法)에 의한 대동미와 관련된 부가세</td><td rowspan="5">읍징, 석렴</td></tr>
<tr><td>대동부가
가급미</td><td>매 1석당 8두</td></tr>
<tr><td>대동간색미</td><td>매 1석당 1승</td></tr>
<tr><td>대동낙정미</td><td>매 1석당 4승</td></tr>
<tr><td>대동타석미</td><td>매 1석당 1승</td></tr>
</table>

Ⅳ. 결론

조선시대 실학을 집대성한 위대한 실학자 다산 정약용은 그의 저서인 「목민심서」와 「경세유표」에서 사회 전반적인 부분에 대한 폐단과 그 개선책을 제시하였다. 당시의 국가체제에서 거의 모든 분야에서 폐단이 있고 그 개혁이 시급히 필요했겠으나, 국가의 운영과 백성의 삶에 직결되는 부분인 세법분야의 폐단에 대한 개혁의 필요 또한 그 어느 분야와도 비교하여 중요성이 떨어지지 않았을 것이다. 다산 정약용 또한 이러한 점을 모르지 않았을 것이므로 그의 저술인 「목민심서」와 「경세유표」에서 조선시대의 세법에서 발생하는 폐단에 대한 원인을 파악하고 그 개선책을 제시하였다. 다산 정약용은 조선의 세법에 대한 폐단의 원인과 개선책을 제시하는 과정에서 유배지였던 전라도 강진의 조세자료를 조사하기도 하였다. 그 조사자료에는 기본 전세 외에 법전에 기록되거나 기록되지 않은 부가세 성격의 조세가 수없이 많이 포함되어 있었다. 전세 외에 더 부가적으로 납부하게 되는 조세는 백성들의 부담을 당연히 더 가중시키는 것이다. 하물며 법전에 나와 있지도 않는 조세를 수시로 납부하거나 더 나아가서는 뇌물까지도 조세로 둔갑시켜 납부하게 되는 지경이었으니 백성들이 기본 전세 외에 납부한 각종 부가세의 부담은 그들의 고단한 삶의 고통을 더 가중시킨 것이다. 실학자 다산 정약용의 수많은 사회개혁책 중에서 세법의 부분은 바로 기본 전세 외에도 갖가지 명목으로 납부하게 되는 부가세로 인해 고통받는 백성들의 부담을 덜어주기 위해서 반드시 필요했던 것이다. 본 연구는 다산 정약용의 세법에 대한 개혁책 제시를 기초로 하여 조선시대 백성의 부담을 가중시켰던 각종 부가세를 검토해 보고자 하였다. 이를 통해, 선행연구에서 미비했던 각종 부가세의 세액과 성격을 수정 및 보완하고, 선행연구에서 언급되어지지 않았던 각종 부가세를 추가적으로 정리하여 당시까지 존재했던 부가세의 종류와 성격정의를 좀더 넓혀보고자 했다.

본 연구의 이러한 목적달성을 위해 한국고전번역원에서 번역한 다산 정약용의 「목민심서」와 「경세유표」를 참고로 하였고, 박시형(1994) 및 최학삼(2016)의 연구를 기본 선행연구로 검토하였다. 박시형(1994)은 「목민심서」와 「경세유표」를 참고로 해서 다산 정약용이 전라도 강진 유배시절에 조사한 조세자료를 <표 1>과 같이 정리하였다. 그가 정리한 자료는 다산 정약용의 유배지였던 전라도 강진지역의 조세를 국납, 선급, 읍징으로 구별하여 그에 속하는 항목의 조세를 배치 및 결렴, 석렴, 쇄렴으로 다시 구분한 것이다. 최학삼(2016)은 조선시대의 전반적인 부가세 자료를 <표 2>와 같이 정리하였다. 그의 연구는 특정 시기 및 지역이 아닌 조선시대 전반의 부가세를 정리한 것이었다.

본 연구의 Ⅱ.에서 「목민심서」와 「경세유표」의 자료 및 선행연구를 검토해 보고, Ⅲ.에서 다산 정약용이 전라도 강진 유배시절에 조사한 조세자료에 대한 정의 및 해석을 거치고 나니, 박시형(1994)의 연구는 각종 부가세에 대한 해석과 정의가 아쉬웠고, 최학삼(2016)의 연구는 조선시대 전반적인 부가세 자료의 수집과 정리에서 미비했던 점이 많이 발견되었다. 본 연구에서는 이러한 선행연구의 아쉬운 점을 고려하여 선행연구에서 미비했던 각종 부가세의 징수방법과 세액 및 성격의 정의를 <표 3>에서 다시 해 보았고, 선행연구에서 언급되어지지 않았던 각종 부가세를 <표 4>에서 추가적으로 정리하였다.

본 연구의 검토과정에서 발견되었던 유사 및 반대의 성격이 있는 부가세는 본문에서 비교 설명하였다.

이와 같은 본 연구의 검토를 통해 조선시대 전체적인 부가세의 정리에는 많이 부족하겠으나 당시 백성들의 삶의 고통을 가중시킨 각종 부가세의 종류와 성격정의의 범위를 좀더 확대해 보았다는 것에 그 의의를 찾을 수 있을 것이다. 향후의 연구에서는 시대적인 범위를 좀더 확대하여 구한말까지 존재했던 악덕 관리의 조세수탈내용을 포함한 조선시대 각종 부가세의 종류 및 성격의 정의를 확대해 보고자 한다.

참고문헌

(국역)「경세유표」, 한국고전번역원.
(국역)「대전통편」, 국사편찬위원회.
(국역)「만기요람」, 한국고전번역원.
(국역)「목민심서」, 한국고전번역원.
(국역)「성호사설」, 한국고전번역원.
(국역)「승정원일기」, 한국고전번역원.
(국역)「조선왕조실록」, 국사편찬위원회.
「신편 국역 재용 군정 만기요람 1」, 2008, 한국학술정보(주).
「한국세제사 제1편 연대별」, 2012, 한국조세연구원.
「한국고전용어사전」, 세종대왕기념사업회.
박시형, 1994,「朝鮮土地制度史(中)」, 신서원.
소애경, 1983, "朝鮮朝時代의 別錢에 관한 硏究", 숙명여자대학교 석사학위 논문.
오기수, 2012,「조선시대의 조세법」, 어울림.
______, 2013,「세종대왕의 세금 스토리텔링」, 어울림.
이익 원저 최석기 옮김, 2015,「성호사설」, 한길사.
임성수, 2015, "조선후기 田結稅 징수와 '중간비용' 연구,「대동문화연구」 제9집: pp.7-51.
정약용 원저 박일봉 역저, 2012,「목민심서」, 육문사.
정약용 원저 이익성 옮김, 2012,「경세유표 Ⅱ」, 한길사.
정약용 원저 이익성 옮김, 2012,「경세유표 Ⅲ」, 한길사.
최학삼, 2016, "조선시대 별도세. 목적세. 부가세에 관한 연구",「조세연구」 제16권 제2집: pp.37-64.
______, 2018, "정만석의 응지상소(應旨上疏) 중 삼폐(蔘弊)에 관한 연구",「조세연구」 제18권 제1집: pp.7-28.

정만석의 응지상소(應旨上疏) 중 삼폐(蔘弊)에 관한 연구

정만석의 응지상소(應旨上疏) 중 삼폐(蔘弊)에 관한 연구

조선시대 정조 재위시절 연일현감 정만석이 영남의 여섯 가지 폐단에 대하여 올린 상소가 있다. 본 연구는 이 상소에서 정만석이 인삼의 공납과 관련한 삼폐(蔘弊)에 대하여 정조에게 보고했던 내용에 대하여 중점적으로 검토해 보았다.

정만석이 보고한 인삼의 공납과 관련한 폐단은 인삼의 진상과 공납과정에 책임이 있는 심약에게 삼상이 들러붙어 인삼방납의 폐단을 만들었고, 또한 인삼의 유통과정에서 발생한 각종 수수료 및 비용 명목의 과중한 부가세 때문에 인삼의 가격이 폭등하여 그 부담은 결국 인삼을 공납해야 하는 지역의 백성들에게 지워졌다는 것이다.

정만석은 이러한 폐단에 대한 해결책으로 대동법의 방식과 같이 인삼을 서울에서 작공(作貢)하는 방법을 제안하였다. 그러나 이 개선책은 성공하지 못하고 인삼은 기존의 방식대로 공납되었다. 본 연구는 삼상이 지방관청과의 특수관계를 이용하여 인삼공납의 방납을 일삼는 폐단에 대한 단순한 이해보다는 삼상이 심약이라는 지방의원과 결탁하여 인삼공납의 방납을 일삼고, 그 과정에서 발생하는 인삼가격의 폭등과 부정이익의 공유, 각종 부가세의 발생 등 폐단이 발생하여 인삼을 공납하는 백성의 고통이 가중되었다는 것을 정만석의 상소를 통해 발견했다는 것에 그 의의가 있다.

Ⅰ. 서론

인삼(人蔘)은 우리 민족의 가장 귀하고 중요한 약재 중의 한 가지이다. 세계적으로도 그 약효를 인정받고 있다는 것에 의문을 제기할 사람은 없을 것이다. 이런 인삼이지만 일부 부유층 및 특권층을 제외하고는 많은 사람들이 이용하지는 못한 것도 사실이다. 시대적인 제한을 조선시대로 해 보면 인삼의 주요 수요층은 임금을 포함한 왕실과 전의감, 내의원, 혜민서 등의 의료기관, 양반을 비롯한 일부 부유층이었을 것이다. 또한 정기·비정기 사행(使行)에서 명 황실에 보내는 진헌삼(進獻蔘) 및 조선에 온 명 사행에게 사여하는 답례품,[1] 왜(일본)에 통신사를 파견할 때 무역자금으로 사신·역관에게 지급하는 인삼과 일본국왕, 대마교주에게 주는 예물인삼(信蔘)[2] 등의 충당에도 많은 수량이 필요했을 것이다.[3]

한편, 인삼은 약재의 효용성으로 인해 국내의 소비뿐만 아니라 공·사무역을 통해 중국과 일본에 많이 수출되었다. 특히 18세기 중엽 이후 일본에서 들어오던 은이 거의 끊어지고 국내 은광개발도 부진하게 되자 중국과의 무역에서 인삼의 중요성이 더욱 커지면서, 조선 후기 상품화폐 경제의 발달을 가져오는데 큰 역할을 한 품목이다.[4]

이와 같이 인삼의 수요가 크게 증가하고 예로부터 귀하고 중요한

1) 박평식, 2008a, "朝鮮前期의 人蔘政策과 人蔘流通", 「한국사연구」, 제143집, p.219.
2) 문광균, 2011, "18세기 강계(江界0지역 공삼제(貢蔘制)의 운영과 변화", 「조선시대사학보」, 제57집, p.174.
3) 선조 34년(1601년) 3월 조정에서 이루어진 공액양정(貢額詳定) 논의에서 김수(金晬)는, 평상시의 1년 공삼액이 1,900여 근이었다가 임란 직후인 갑오년(선조 27년, 1594년)에 반감된 이래 지금은 겨우 500근에 불과한 현실은 거론하고 있었다.(중략) 국초 이래 조선전기 국가에서 공납제를 통해서 전국에서 수취하던 인삼 공물의 총액은 1년에 대략 최소 1,000여 근 이상에서 많게는 1,900여 근에 이르고 있었다.(박평식, 2008a. 앞의 논문, p.206.)
4) 김동철, 1989, "吳星著《朝鮮後期 商人研究－17·8 世紀 人蔘·木材·米穀·鹽商의 活動을 중심으로－》(서울 : 一潮閣, 1989)", 「역사학보」, 제124집, p.209.

약재인 인삼이 진상 및 공납되는 과정에서 담당 관리와 결탁한 무리가 부정한 방법으로 이익을 보려고 하는 폐단이 분명히 존재하였을 것이라는 짐작을 할 수 있다. 본 연구는 이러한 점에 착안하여 인삼의 진상과 공납에 관련한 폐단을 「조선왕조실록」 등 관련 자료를 검토해 보던 중 정만석(鄭晩錫: 1758년~1834년)이라는 인물의 "연일현감 정만석이 역폐·부폐·적폐·해폐·산폐·삼폐 등에 대해 상소하다"라는 상소내용을 찾게 되었다. 이 상소의 내용 마지막 부분에 인삼의 진상 및 공납과 관련한 폐단을 보고하는 내용인 삼폐(蔘弊)가 있었다.

과재 정만석은 일반 사람들에게 그리 잘 알려지지는 않은 인물이다. 정만석이 연일현감으로 활동한 시기는 조선시대 정조 재위시절인 1798년(정조 22년)이고 그 시점에서 가장 유명한 인물로는 다산 정약용을 빼 놓을 수는 없을 것이다. 정약용은 정조가 사망하기 전 국가와 백성을 위해 서양의 발전된 과학기술 등과 천주교 등을 말하는 서학을 받아들이고 연구하는 내용과 정조의 명에 따라 경기도 암행어사로 활동하여 당시 관찰사 서용보의 악행을 조사하여 폐단을 바로잡는 활동이 있었다. 정만석 또한 여러 차례 암행어사로 활동한 경험이 있었고, 1798년 연일[5]현감 재직당시 영남의 여섯 가지 폐단을 정조에게 보고하여 정조와 조정이 그 폐단을 바로잡으려 했다. 이러한 내용에서 국가와 백성을 위하는 위대한 실학자로 추앙받는 정약용과 본 연구에서 검토하고자 하는 정만석이라는 인물에 공통점이 있다고 할 수 있다.

정만석은 판서 및 관찰사 등을 거쳐 1829년(순조 29년)에는 우의정까지 오르게 된다. 정만석이 연일 현감 재직 당시 정조의 교지에 응하여 보고한 영남의 여섯 가지 폐단은 역폐(군역에 대한 폐단), 부폐(세금에 대한 폐단), 적폐(환곡에 대한 폐단), 해폐(해세(어업세, 염세, 선세)에 대한 폐단), 산폐(산림에 대한 폐단), 삼폐(인삼공납에 대한 폐단)였다. 정만석이 보고한 영남의 여섯 가지 폐단 중 본 연구에서 중점적으로 검토하게 될 내용은 삼

5) 현재의 포항지역을 말한다.

폐(蔘弊)와 관련된 내용이다. 정약용 또한 목민심서의 제10장 공전육조(工典六條) 제1조 산림(山林)에서 "동남 지방에서 인삼을 공납하는 데 따르는 폐단은 해가 갈수록 더하고 달이 갈수록 늘어나니 (수령은) 마음을 다하여 깊게 살펴야 하며 과중하게 거두지 말아야 한다."[6]는 내용을 주장하였다. 이 내용에 대한 해설에서도 연일 현감 정만석이 올린 여섯 가지 폐단 중에서 인삼의 공납과 관련한 삼폐(蔘弊)에 대하여 언급하고 있다. 그렇다면 정약용과 정만석이 말한 인삼의 공납과 관련한 폐단은 인삼을 주로 사용하는 임금과 왕실, 지배계층 등에게 인삼의 품질문제 및 제때에 사용하지 못하는 문제 등의 피해를 주었을 뿐만 아니라 명나라에 보내는 진헌(進獻)인삼의 준비에도 큰 차질을 가져왔을 것이다. 당연하게 예상되는 이치로 인삼의 진상과 공납과정에 책임이 있는 관리에게 들러붙어 이권관계를 맺은 무리들 간의 부정도 발생했을 것이다. 또한, 인삼의 유통과정에 필요한 각종 수수료 및 비용 명목의 과중한 부가세 때문에 인삼의 가격이 폭등하면 그 부담은 결국 인삼을 공납해야 하는 지역의 백성들에게 돌아갔을 것이다. 그러므로 본 연구에서는 이러한 인삼의 진상과 공납과정에서 발생하는 폐단의 과정에 대하여 중점적으로 검토해 보고자 한다.

본 연구는 Ⅰ.에서 서론을 기술하고, Ⅱ.에서는 「조선왕조실록」에 기록되어 있는 인삼공납의 폐단에 관한 내용과 정만석이 올린 상소 중 인삼공납의 폐단에 대한 내용을 기술한다. Ⅲ.에서는 약재·인삼의 공납과정에서 삼상(蔘商과) 결탁하여 인삼방납의 폐단을 만들어 낸 심약의 역할과 부정에 대하여 검토하며. Ⅳ.에서는 삼폐(蔘弊)와 관련된 부가세와 무납을 검토한다. 마지막으로 Ⅴ.에서는 결론을 기술한다.

6) 東南貢蔘之弊(동남공삼지폐) 歲加月增(세가월증) 盡心稽察(진심계찰) 毋至重斂(무지중렴).

Ⅱ. 인삼공납의 폐단과 정만석의 상소

본 장에서는 먼저 조선시대 때 인삼공납의 폐단과 관련 있는 「조선왕조실록」의 기록들을 검토해 보고자 한다. 다음은 1604년(선조 37년) 2월 28일의 기록이다.

함경 감사 서성이 인삼 방납의 폐단 개혁에 대해 건의하다.
함경 감사 서성(徐渻)의 계목(啓目)에,

"지금 인삼을 공납(貢納)하는 일은 서북 지방의 첫째가는 민폐입니다. 근년에 중국군이 나라에 찼으므로 장사꾼이 인삼을 환매하여 취하는 이득이 평시의 몇 배나 됩니다. 이 때문에 캐기 시작하는 달에는 민간에서 필요한 물건을 가지고 가서 전 수량을 사가므로 관가에 바치는 인삼은 도리어 장사꾼의 전대를 채우고 남은 물건일 뿐입니다. 그래서 또 철이 지난 때에 액수(額數) 이외에 더 배정하는데, 봄여름 사이에 민가에 어찌 한 뿌리의 인삼인들 있을 리가 있겠습니까. 어쩔 수 없이 방납(防納)하는 교활한 무리에게서 사야 하므로 그 값이 점점 뛰어 이토록 극도에 이르게 되었으니, 매우 한심스럽습니다. 삼상(蔘商)들을 일체 금단할 수는 없으나 장사꾼들로 하여금 반드시 호조(戶曹)와 개성부(開城府)의 노인(路引)[7] 을 얻어 감영(監營)에서 체문(帖文)으로 바꾼 뒤에야 비로소 통행할 수 있게 하고, 노인이 없는 자는 관진(關津)에 왕래하는 것을 허가하지 말되 은밀히 숨겨주는 자가 있으면 제서유위율(制書有違律) 로 처단하며, 혹 포고(捕告)하는 자가 있으면 그 물건의 반을 주게 하소서. 그리고 본 고을에서 공납할 인삼을 먼저 고른 뒤에야 장사꾼이 무역하는 것을 허가한다면, 공사(公私)가 다 잘 되고 고황(膏肓) 같은 폐단이 점점 고쳐질 수 있을 것입니다.(중략) 도내(道內)는 신이

7) 여행을 허가하는 증명서를 말한다.

이문(移文)하여 금지하겠습니다만, 해조(該曹)로 하여금 시전(市廛)에 알려서 무지한 백성이 법망에 걸리는 걱정이 없게 하소서. 하였는데, 호조에 계하하였다."[8]

위의 기록에서는 함경도에서 인삼을 채취하기 시작하는 시기에 현지에서 이들 삼상들이 민간의 필수물화를 동원하여 인삼을 전부 환매하여 버리는 바람에 정작 공삼[9]마저도 삼상의 주머니에서 나오는 형편이었고, 만일 인삼이 채취되지 않는 봄과 여름의 절기에 공삼이 배정되기라도 하면 방납가가 더욱 치솟는 형편이었다.[10]는 것을 알 수 있다. 이 내용이야 말로 인삼방납의 직접적인 폐단을 보여 주고 있는 것이다. 이러한 인삼방납에 대한 해결책으로 노인(路引)이 없는 삼상들은 인삼산지의 관진(關津)에 왕래하는 것을 허가하지 말고, 고을(관청)에서 공납할 인삼을 미리 고른 후에 삼 장사꾼이 거래하는 것을 허가해 주자는 것을 함경감사 서성이 제안하고 있는 것이다.

함경감사 서성의 위와 같은 제안은 그 후 조정에 의해 채택되어 법제화되었다. 즉 삼상에 대한 국가통제 규정은 선조 40년(1607년)에 이르러, "삼상으로 성책(成册)에서 누락되거나 성책 후에 여기에서 탈루를 기도한 자, 공문 곧 노인(행장)없이 사사로이 인삼을 매매한 자, 인삼방납을 기도한 자들은 그 물건을 몰관하고 전가사변(全家徙邊[11])의 중형에 처한다."는 일반화된 법조문 내용으로 「수교집록」에 실리게 된다. 이 법안은 경외의 삼상을 모두 성책을 통해 파악하여 국가에서 관리함으로써 이들의 산지 인삼매점과 방납 등의 행태를 예방하고, 나아가 진헌인삼을 포함한 국용 인삼을 안정적으로 확보하려는 목적에서 마련한 법안이

8) 「선조실록」, 1604년(선조 37년) 2월 28일.
9) 공삼(貢蔘), 즉 공납하는 인삼을 말한다.
10) 박평식, 2008b, "宣祖朝의 對明 人蔘貿易과 人蔘商人", 「역사교육」, 제108집, p.150.
11) 죄를 지은 사람을 그 가족과 함께 평안도나 함경도의 변방으로 강제 이주시키는 형벌을 말한다.

었다.[12)]

한편, 위의 내용과 관련하여 조선시대 「속대전」 호전의 잡세조에는 “삼상(蔘商)이 강계로 내려갈 때는 호조에서 황첩(黃帖)을 내주고 세를 징수한다. 황첩 매장에 전 3냥을 수세한다. 송도에서 이 황첩을 신청하여 얻은 경우에도 수세는 이와 같다.”라는 내용이 있다. 이 내용은 인삼(산삼 포함)을 무역하는 상인이 인삼의 산지로 지정되어 있는 평안도의 강계로 내려갈 때는 호조에서 황첩(黃帖)이라는 인증서를 발급하고 조세를 징수하며, 황첩 한 장에 전 3냥을 수세하고 송도, 즉 개성에서도 똑같이 수세하여[13)] 삼상의 사사로운 인삼매매와 인삼방납을 막고자 하는 조선 조정의 노력을 알 수 있는 것이다.

다음은 선조 39년(1606년) 10월 14일의 기록이다.

> 사행의 봉진에 인삼을 공납하는 폐단을 제거하고 용관을 파직하다.
> 장령 이충양(李忠養)이 내계(來啓)하기를,
>
> “인삼은 우리나라의 토산이기는 하나 중강(中江)에서 통상(通商)하고 부경(赴京)할 때에 사사로이 가져가는 일이 있고부터는 도리어 귀해져서 얻기 어려운 재화가 되었습니다. 그리하여 진헌(進獻)[14)]에 합당할 만한 것은 한 근의 값이 은(銀) 스무 냥이 되므로 방납(防納)하는 폐단과 모리하는 염려가 날로 더하고 달로 더합니다. 이 때문에 인삼을 공납(貢納)하는 고을은 백성이 흩어져 마을이 비었으므로 판출하도록 요구할 길이 없는데, 이제 또 사행(使行)의 봉진(封進) 때문에 내년의 공물을 앞당겨 받게 되었습니다. 이는 저축이 모자라기 때문에 마지못해 하는 일이기는 하나, 외방(外方) 고을의 백성은 이미 스스로 판출하지 못하고 무명과 베를 실어 와서 방납하는 무리에게 대납을 요구한다면 그 값이 뛰어서 또 전에 비해 배나 될 것입니다. 올해의 공납도 갚지 못

12) 박평식, 2008b, 앞의 논문, p.151.
13) 오기수, 2012, 「조선시대의 조세법」, 어울림, pp.321－323.
14) 명나라 황실에 조공(朝貢)하는 것을 말한다.

하였는데 내년 것을 앞당겨 거두는 것을 또 급히 하니, 가엾은 백성이 무슨 죄입니까. 제때에 변통하지 않으면 간신히 살아 남은 백성이 죄다 흩어지게 될 것이니, 인삼이 있는 곳이 모두 버려진 고을이 되는 것은 이산(理山) 한 군데 뿐이 아닐 것입니다. 이 지경에 이르면 이산에 의지하던 것을 다른 고을에 이정(移定)하려 하여도 구제하지 못할 것입니다. 이미 앞당겨 받은 수량은 부경하는 행차 기일이 이미 가까왔으므로 고칠 수는 없으나, 그 나머지와 후년에 공납할 것은 해조를 시켜 특별히 더 상의하여 열읍에 분정함으로써 산군(山郡)만이 치우치게 괴로운 폐단이 없게 하소서."[15]

위의 기록에서는 인삼이 중강[16]에서 거래되고, 사사로이 명나라로 들어가는 물량이 많아져서 구하기가 어려워졌는데 명나라에 진헌(進獻)할 인삼이 필요하여 내년도의 인삼공납을 앞당겨 하게 되는 고을에 대하여 말하고 있는 것이다. 그렇지 않아도 인삼이 귀해졌는데 진헌(進獻)을 위해 내년의 공물(인삼)을 미리 납부하여야 하니 인삼을 방납하는 무리에게 대납을 요구하게 되고, 그에 따라 인삼의 값이 배로 올라가는 인삼공납의 폐단을 보여주고 있는 것이다. 이런 이유로 인삼을 공납하는 고을의 백성이 고통을 견디지 못해 그 고을을 떠나는 현상이 발생하여 앞으로는 인삼의 공납을 여러 고을에 분배하자는 것을 제안하고 있는 것이다.

한편, 위의 기록과 관련하여 조선시대 국초에 어느 시기보다 많은 사신의 왕래가 조선과 명나라 사이에 오갔으며, 이에 따라 조선인삼 역시 정기 · 비정기 사행(使行)에서 명 황실에 보내는 진헌삼(進獻蔘)과 조선에 온 명 사행에게 사여하는 답례품 등의 형태로 중국에 유입되고 있었다.[17] 세

15) 「선조실록」, 1606년(선조 39년) 10월 14일.

16) 서애 류성룡이 임진왜란 중인 선조 26년(1593년)에 명나라 요동지방으로부터 미곡(군량)과 마필을 조달하기 위한 목적으로 건의하여 압록강 중강진에 국제 무역시장을 열었다.(최학삼, 2016b, "서애 류성룡의 경세(經世)사상과 조세개혁정책 시행에 관한 연구" 「산업경제연구」, 제29권 제5호 통권(127호), p.2066.)

17) 박평식, 2008a, 앞의논문, p.219.

종 12년(1430년) 이후 정기사행으로 매년 파견된 진헌인삼 액수는 정조사(正朝使) 90근, 성절사(聖節使) 50근, 천추사(千秋使) 40근 등 총 180근이었고, 이 액수는 조선 전기 내내 대체로 준행된 것으로 보인다.[18]

또한, 조선시대 국초 이래 수다하게 파견된 사은사(謝恩使), 진하사(進賀使), 주문사(奏聞使) 등의 대명 비정기 사행에서도 인삼은 주요 진헌방물로 명 황실에 송부되고 있었다. 조선왕조 개창 직후부터 성종조에 이르는 100여 년 동안 명나라에 파견된 비정기 사행은 총 344여 회로서, 연 평균 3.3회에 이르고 있었다. 그리고 그 중 진헌품으로 인삼을 보낸 사실이 확인되는 사행은 총 117회로서, 전체 사행의 1/3이 약간 넘는 기록에서 구체적인 진험인삼의 액수가 확인되고 있다.[19] 그 내역은 <표 1>, <표 2>와 같다.

〈표 1〉 태조–성종 연간 비정기 사행의 대명 인삼진헌 횟수 및 진헌액

수량(근) / 국왕	50	80	100	120	150	200	250	300	450	1,000	파견 횟수	총진헌액 (근)	1회 평균 진헌액 (근)
태종					1						1	150	150
세종	2	1	29		16	7	7	3	1	1	67	10,980	164 151*
문종			2		3	2					7	1,050	150
단종	1					1					2	250	125
세조	2		13	1	4	2	1				23	2,770	120
예종			2		1						3	350	117
성종	3		6		4		1				14	1,600	114
계	8	1	52	1	29	12	9	3	1	1	117	17,150	147 139*

* 세종 15년(1433년) 명의 요청에 다라 이루어진 1,000근의 특례진헌을 제외하고 산정한 수치.

출처: 박평식, 2008a, "朝鮮前期의 人蔘政策과 人蔘流通", 「한국사연구」, 제143집, p.221.

18) 박평식, 2008a, 앞의 논문, p.220.

19) 박평식, 2008a, 앞의 논문, pp.220－221.

〈표 2〉 세종 · 성종조의 연간 대명 진헌인삼 총액 추정치

분류 / 국왕	정기사행 진헌액(근)	비정기사행		연간 진헌총액(근)
		연평균 파견 횟수	회당 평균 진헌액	
세종	180	4	151*	784
성종	180	1.2	114	317

* 세종조 비정기 사행의 회당 평균 진헌액수는 명의 요청에 따른 특례진헌이었던 동왕 15년(1433년)의 1,000근 진헌을 제외하고 산정한 수치임.
출처: 박평식, 2008a, "朝鮮前期의 人蔘政策과 人蔘流通", 「한국사연구」 제143집, p.222.

다음은 선조 40년(1607년) 5월 2일의 기록이다.

인삼 방납의 폐해에 관해 호조에서 상소하다.
호조가 아뢰기를,

"인삼에 관한 한 가지 일을 말씀드리겠습니다. 공납하는 백성들은 이 때문에 흩어지고, 방납(防納)하는 무리들은 이익을 만 배나 얻고 있습니다. 지금 조정에서 헤아려 변통하여 새로 삼을 무역하는 규정을 세워서 거의 전일의 폐단을 제거할 수 있게 되었는데, 방납하는 삼상(蔘商) 무리들이 하루아침에 큰 이익을 잃게 되자 한없이 원망하고 분노하여 갖가지 계책으로 방해하고 헐뜯으니, 그 정상이 매우 밉습니다. 평시서(平市署)의 관원이 삼상 약간 명을 거느리고 와 가포(價布)를 이미 받아 갔는데도 오부(五部)의 관원은 삼상들이 모두 도망하였다고 핑계하면서 데리고 올 생각을 하지 않습니다. 그런데 중부(中部) · 서부(西部)는 도리어 만홀(慢忽)한 말을 하니 그지없이 놀랍습니다. 경외(京外)의 삼상들은 모두 세력가에 의지하여 이익을 노리는 부유한 사람들인데 어찌 하루아침에 다 도망하여 흩어졌겠습니까. 중부와 서부의 관원을 우선 추고하여 그 나머지를 경계시키는 것이 어떻겠습니까?"

하니, 윤허한다고 전교하였다.[20]

20) 「선조실록」, 1607년(선조 40년) 5월 2일.

사신은 논한다. 인삼 무역하는 법을 실시해 방납하는 폐단을 제거하려는 것은 잘한 일이라 하겠다. 그러나 이른바 방납하는 삼상들은 모두 의지하는 곳이 있으니 제궁(諸宮)의 소속이 아니면 반드시 권귀(權貴)의 집에 의탁하고 있어, 혹 죄범이 있더라도 달려가 편지 한 장만 얻어오면 무사하게 되므로 임금의 명령이 행해질 수 없고 국법으로 금할 수 없으니, 오부(五部)의 관원이 제어할 수 있는 바가 아니다. 그러므로 조정의 권한은 시정(市井)으로 돌아가고, 시정의 이익은 권문(權門)으로 들어가서, 이익으로써 권세를 바꾸고, 권세로써 이익을 바꾸어, 이익과 권세의 위치가 바뀌었으니 임금의 형세가 외롭다 하겠다.」

위의 기록은 인삼을 무역하는 규정이 있는데도 불구하고 인삼을 방납하는 삼상(蔘商)들은 왕실이나 권세가 있는 자와 결탁하여 죄가 있어도 벌을 받지 않고, 결탁한 무리와 그 이익을 나누어 가지게 되는 폐단을 보여주고 있는 것이다.

다음의 내용은 정만석이 정조에게 올린 상소 중 앞에서 살펴본 인삼공납의 폐단의 내용을 시정하기 위하여 보고한 삼폐(蔘弊)와 관련된 원문 및 번역문이다.

其蔘弊則近來山採漸稀，家植甚多。 古所稱羅蔘，雖或有之，而蔘商輩潛附審藥，非其所賣，便有點退，故各邑皆從蔘商貿納。 而一錢價，定以四十兩，而竝計其色價、稱縮價、駄價，及審藥、醫生等情債雜費，則一錢所(債)〔入〕，恰過七十金。 而皆出於民，或收斂結夫，或定保納布。

此乃名以羅貢，而實皆京貿，往往以曾進之物，輪回復納。 則豈宜竭此民力，以爲蔘商輩網利之資耶？ 若欲救弊，莫如作貢於京中，則營邑間無限滲漏，可以減除，而結稅稍輕，軍丁頗裕矣。

여섯째, 삼폐(蔘弊)에 대해서 말씀드리겠습니다.

"근래 산에서 캐내는 경우는 점차 드물어지고 집에서 심는 것이 매우 많아지고 있습니다. 예로부터 일컬어지는 나삼(羅蔘)이라는 것이 간혹 있기는 합니다만, 삼 장사꾼들이 남몰래 심약(審藥)에게 아부하면서 자기네들이 판 것이 아니면 바로 퇴짜를 놓게 하기 때문에 각 읍에서 모두 삼 장사꾼들에게 사서 납부를 하곤 합니다. 그런데 삼 1전(錢)의 값이 40냥(兩)으로 정해져 있는데, 색가(色價) · 칭축가(稱縮價) · 태가(駄價) 및 심약과 의생(醫生)에게 주는 정채(情債)와 잡비(雜費)까지 합쳐 계산하면 1전에 들어가는 비용이 족히 70금(金)이 되고도 남습니다. 이 모든 비용이 백성에게서 나오는데 혹 결부(結夫)에게 거둬 가기도 하고 혹 보인(保人)을 정해 포목을 납부하게 하기도 합니다.

이것이 바로 나공(羅貢)이라고 이름하는 것입니다만 사실은 모두가 경무(京貿)인 셈인데 가끔 가다가는 일찍이 올렸던 물건을 돌려가면서 다시 납부하게 하는 경우도 있습니다. 그렇다면 어찌 그토록 민력(民力)을 고갈시켜 가면서 삼 장사꾼들이 이익을 독점하도록 해 주어서야 되겠습니까. 만약 폐단을 바로잡으려 한다면 서울에서 작공(作貢)하게 하는 것이 가장 좋을 것인데, 그렇게 하면 각 영과 본읍 사이에서 한없이 빠져 나가는 비용을 절감할 수 있어 결세(結稅)도 조금 가벼워지고 군정(軍丁)도 꽤 여유를 되찾게 될 것입니다."[21]

위의 내용에서 먼저 "삼 장사꾼들이 남몰래 심약(審藥)에게 아부하면서 자기네들이 판 것이 아니면 바로 퇴짜를 놓게 하기 때문에 각 읍에서 모두 삼 장사꾼들에게 사서 납부를 하곤 합니다."라는 내용은 바로 대동법이 시행된 직접적인 원인이 된 공물방납의 폐단을 보여주고 있는 것이다. 삼 장사꾼이 심약(審藥)과 결탁하여 자기들이 판 것이 아닌 인삼은 공물로 받아주지 않게 하는 방납(防納)에서부터 삼폐(蔘弊)가 시작된 것이다.

21) 「정조실록」, 정조22년(1798년) 10월 12일.

Ⅲ. 심약(審藥)의 역할과 부정

1. 심약의 역할

지금까지 인삼공납의 폐단인 삼폐(蔘弊)에 대한 몇 가지 기록과 정만석의 상소에서 삼폐에 대한 보고내용을 검토해 보았다. 다음으로는 심약에 대해서 검토해 봐야 할 것이다. 심약(審藥)은 조선시대 때 궁중(宮中)에 진상하는 약재(藥材)를 감사(監査)하기 위하여 각 도(道)에 파견하는 종9품 벼슬로, 전의감(典醫監)·혜민서(惠民署)의 관원 중에서 선임하였다. <표 3>에서와 같이 각 도의 감영과 병영에 거의 1명씩 배속된 심약은 관직의 품계는 종9품으로 최말단 지방외관직이었으나 인삼의 진상과 공납과정에서도 인삼의 품질 등을 심사하는 권한을 가지고 있었기 때문에 마음만 먹으면 삼 장사꾼과 결탁하여 인삼 방납을 일삼고 그 과정에서 발생하는 이익을 나누어 가지는 부정을 저지를 수 있는 가능성이 있었다. 심약과 삼 장사꾼의 결탁으로 인한 부정의 피해는 고스란히 인삼을 진상하고 공납하는 지역의 백성들에게 돌아간 것이다.

〈표 3〉 조선시대 전국의 심약 분포

지역	심약(審藥) 수(단위: 명)	비고
경기도	1	
충청도	2	1명은 절도사도에 둠
경상도	3	1명은 좌도절도사도, 1명은 우도절도사도에 둠
전라도	3	1명은 절도사도에 두고 1명은 제주에 둠
황해도	1	

강원도	1	
영안도 (함경도)	3	1명은 남도절도사도에 두고 1명은 북도 절도사도에 둠
평안도	2	1명은 절도사도 둠
계	16	

출처 : 윤국일, 2005, 「신편 경국대전」, 신서원, pp.102－110.

심약은 인삼뿐만이 아니라 지방수령의 지시를 받아 각종 약재의 진상과 공납에도 감독권한이 있어 제대로 된 약재를 진상 및 공납하지 않을 경우에는 심약에게 엄중한 책임을 묻기도 하였다.

이와 같이 심약의 수적 희소성과 책임 및 권한의 중요성으로 인해 그만큼 부정을 마음먹고 행하려고 하는 모리배에게 포섭될 가능성 또한 컸던 것이었다.

다음은 성종 1년(1470년) 2월 23일과 성종 25년(1494년) 8월 7일의 기록이다.

> 제도 관찰사에게 글을 내려 약초를 캐는 방법과 말리는 법을 백성에게 알리게 하다.
>
> 제도 관찰사(諸道觀察使)에게 글을 내리기를,
>
> "무릇 약재(藥材)는 뿌리 · 줄기 · 꽃 · 열매가 각각 그 맛이 있는데, 만일 채취하는 것이 시기를 놓치고, 건정(乾正)하는 것이 마땅함을 잃어서 인하여 본성(本性)을 잃으면 효험을 얻을 이치가 없다. 금후로 약재는 각각 마땅히 채취할 달에 심약(審藥)을 보내어 진가(眞假)를 살피고, 친히 말리는 법을 알려주고, 다음 달 보름 후에 봉진(封進)하되, 만일 일이 있어서 기약과 같이 하지 못하면 사유를 갖추어 아뢰라."하였다.[22)]

22) 「성종실록」, 1470년(성종1년) 2월 23일.

각 도 관찰사에게 명하여 약재를 월령에 따라 채취하게 하다.
제도(諸道)의 관찰사(觀察使)에게 하서(下書)하기를,

"무릇 약재(藥材)는 뿌리 · 줄기 · 꽃 · 열매가 각각 그 맛이 있는데, 채취(採取)하는 데 시기를 잃고, 건정(乾正)하는 데 마땅함을 잃으면, 효험을 얻을 이치(理致)가 없으니, 이후로는 월령(月令)[23]에 따라 법대로 채취하도록 하라. 그렇지 않으면 한갓 심약(審藥)뿐만 아니라, 경(卿) 또한 벌(罰)을 면하지 못할 것이다."하였다.[24]

위의 두 기록에서는 진상할 약재의 채취시기, 진위 여부 검사, 건조 방법지도 등 심약(審藥)의 책임에 대하여 알 수 있다.

다음은 광해군일기(중초본) 87권, 광해 7년(1615년) 2월 23일의 기록이다.

사간원이 귀한 약재를 생산하는 해묵은 뽕나무를 베어낸 김기명 등의 파직을 청하다.
사간원이 아뢰기를,

"뽕나무 겨우살이는 얻기 어려운 약재입니다. 반드시 수백 년 묵은 뽕나무에서만 생산되는 것이므로 도중(島中)의 백성들이 가꾸고 수호하여 의국(醫局)의 수용을 대기해 왔는데, 백령 첨사(白翎僉使) 김기명(金基命)이 관재(棺材)로 쓰기 위해 해묵은 뽕나무를 베어버렸습니다. 본도(本島)의 것을 다 베어내게 되자, 그 피해가 또 대청도(大靑島)에까지 미쳤다고 합니다. 도민의 호소와 본도의 장계가 명백하여 의심의 여지가 없으니 그 사사로운 이익을 꾀하고 공적인 일을 무시한 죄가 그지없습니다. 감사와 봉진 관리는 능히 살피지 못하고 도리어 가짜 겨우살이

---

23) 한 해 동안의 정례(定例)의 정사(政事) · 의식(儀式)이나 농가(農家)의 행사 등을 다달이 구별하여 기록한 표를 말한다.
24) 「성종실록」, 1494년(성종 25년) 8월 7일.

로 책임만 모면하고 심약(審藥)은 가짜임을 알면서도 말하지 않고 달가워하면서 기망하였으니 김기명과 심약을 함께 잡아다가 국문하기를 명하고 감사와 봉진 관리도 모두 먼저 파직한 뒤에 추고하도록 하소서."
하니, 차차 결정하겠다고 답하였다.

위의 기록 또한 귀한 약재로 쓰이는 뽕나무의 겨우살이를 가짜인줄 알면서도 말하지 않은 심약의 책임을 보여주는 것이다.

한편, 심약은 내의원, 전의감, 혜민서 등 중앙 의료기관의 의료혜택이 닿지 않는 지방에서 의원, 의생 등과 함께 지방 공공의료의 최일선에 있었으며, 감영과 병영에 배속되어 있었으므로 각 감영과 병영의 의료와 함께 의학교육도 맡았다.[25]

다음의 기록은 황해도에 괴질이 발생하여 그에 대한 방역책으로 심약을 활용하는 것과 관련된 1497년(연산군 3년) 9월 24일의 기록이다.

윤필상(尹弼商)·정문형(鄭文炯)·한치형(韓致亨)·이극돈(李克墩)·성준(成俊)이 의논드리기를,

"서도(西道)[26]의 여질(癘疾)을 소멸할 계책은, 성종(成宗)께서 이미 상세히 강구(講究)하여 특별히 의원(醫員) 두 사람을 황해도에 보내어 증세에 따라 치료하게 하셨는데도 그 후에 효과가 없었으니, 만약 구원하는 약이 정당했다면 어찌 그 효과가 없었겠습니까. 그러나 그때에 폐단이 있다고 여겨서 파하였으니, 지금 다시 번복할 수가 없습니다. 신 등의 생각으로는 급히 심약(審藥)을 선택해서 보내되, 유수(留守)는 본부(本府)에 영을 내리고, 관찰사(觀察使)는 각 고을에 사람을 시켜, 거리의 멀고 가까움을 계산해서 모두 모이는 날짜를 정하여, 의생(醫生)으로 약방문을 아는 자를 모아 심약(審藥)으로 하여금 구호(救護)하는 방법을 가르친 다음에, 여러 고을로 나누어 보내고, 또 심약으로 하여

25) 신동원, 2004, "조선후기 의원의 존재 양태", 「한국과학사학회지」 제26권 제2호, p.210.
26) 황해도를 말한다.

금 순행하여 치료하게 해서, 그 효과를 나타낸 자에게는 상을 주고, 구료(救療)를 삼가하지 않은 자에게는 죄를 과(科)하며, 수령(守令)으로서 검거(檢擧)를 삼가히 않은 자도 아울러 엄중히 따지게 하는 것이 어떠하옵니까?"[27]

다음은 평안도와 황해도의 사민정책과 관련 있는 1484년(성종 15년) 1월 7일의 기록이다.

병조에서 평안도·황해도의 사민 안접 사목을 아뢰다.

병조(兵曹)에서 평안도·황해도의 사민안접사목(徙民安接事目)을 아뢰었는데, 이러하였다.

"1. 여러 고을 빈 곳에 살 만한 땅을 해당 수령으로 하여금 미리 먼저 살펴 정하게 하고, 옮긴 백성의 장정 수(數)를 계산하여 참작해 헤아려 절급(折給)[28] 해서 성(城)을 만들어 백성을 모아 마을을 이루어 살도록 한다.

1. 이 앞서 평안도·황해도에 옮긴 백성은 매호에 각각 전지 18결(結)을 주었는데, 거느린 장정의 많고 적음을 헤아리지 아니하고 일체로 절급한 것은 적당치 못하니, 이제는 마땅히 인구를 계산하여 적당하게 절급할 것이다.(중략)

1. 새로 옮긴 백성은 풍토(風土)가 달라서 혹시 병이 생기면 관찰사가 심약(審藥)으로 하여금 순행하여 구료해서 일찍 죽는 일이 없게 하며, 죽음에 이른 자가 있으면 비록 한 살 된 아이라고 하더라도 즉시 장부에 기록하여 일찍 죽게 한 것이 많은 자는 죄를 과(科)한다.

1. 새로 옮긴 백성이 친척과 아는 이로서 서로 의뢰할 만한 사람이 없으면 원주민과 가까이 있는 자에게 인구를 계산하여 보호를 받

27) 「연산군일기」, 연산군 3년(1497년) 9월 24일.
28) 몇 번에 걸쳐 나누어 주는 것을 말한다.

게 하고, 농사를 지을 때나 병이 있을 때에 서로 도와 보호하게 한다.(후략)"

위의 기록을 살펴보면 성종 15년(1484년)에 평안도와 황해도 백성들을 이주시키는 사민(徙民)정책을 실시하면서 새로 옮긴 백성이 풍토(風土)가 달라서 혹시 병이 생기면 심약이 다니면서 치료를 해 주라는 내용이 보인다. 이러한 내용은 심약이 지방 공공의료의 최일선에 있었다는 점을 보여주는 것이다.

2. 약재 · 인삼의 진상 및 공납과정에서의 심약의 부정

앞의 절에서는 심약이 무슨 일을 하고 그 숫자가 어느 정도인지였는지에 대하여 검토하였다. 그렇다면 본 절에서는 심약이 인삼과 기타 약재의 진상과 공납과정에서 저지른 부정에는 어떤 내용들이 있었는지를 검토해 보도록 한다.

다음의 기록은 1623년(광해군 15년) 2월 4일에 전의감 제조가 뇌물을 바치고 심약이 되는 폐단에 대하여 보고하고 있는 내용이다.

전의감 제조가 의적에 이름 없는 사람이 물품을 바치고 심약이 되는 폐단을 아뢰다.

전의감 제조가 아뢰었다.

"국가에서 부서를 설치하여 의관의 인재를 양성하는 것은 위로 성상의 옥체를 보호하고 아래로 백성들의 생명을 구제하기 위한 것으로서 관계되는 것이 가볍지 않고 〈조항도 매우 자세합니다.〉 봄가을 두 차례에 취재하여 부록(付祿)하는데, 점수가 모자라는 자들을 각도의 심약(審藥)으로 배정하여 보내어 권장하는 뜻을 보이는 것이 바로 2백 년의 금석과 같은 법이었습니다. 그런데 요즈음 의적(醫籍)에 이름이 없는 서울과 지방의 백도(白徒)들이 사소한 물품을 도감에 바치고 심약으로 차출되기를 청하고 있는데 〈그 폐단이 이미 고질처럼 되었습니다.〉 따라서 의관들이 〈살아갈 길이 없으므로〉 모두가 울분을 금치 못하고 있는데 누가 수고롭게 쫓아다니며 이익도 없는 일을 억지로 하려고 하겠습니까. 〈의술이 끊어지려 하는 것이 실로 이런 이유 때문일 것이니〉 이후로 도감에 물품을 바치고 심약으로 차출되기를 청하는 것을 일체 엄금하고 〈만일〉 전과 같이 제수되기를 도모하는 자가 있을 경우 법전에 의거하여 군역(軍役)에 충당 하는 것이 〈어떻겠습니까?〉"

위의 내용은 의적(醫籍)에도 없는 자가 뇌물을 바치고 심약이 되려는 폐단에 대한 전의감 제조의 보고내용이다. 심약은 각 도에 거의 1명씩만 배속되어 진상 및 공납되는 인삼과 기타 약재의 감사권한을 가지고 있었기 때문에 심약의 이러한 권한에 눈이 멀어 뇌물을 바치고서라도 심약이 되고자 한다는 것이다. 뇌물로 심약이 된다면 그 뇌물의 몇 갑절 되는 이익을 얻기 위해 부정을 저지를 가능성은 그만큼 더 커질 수 있다는 것이다.

다음은 녹용의 진상과 관련된 1784년(정조 8년) 윤3월 10일의 기록이다.

영의정 정존겸과 북도의 녹용 봉상을 의논하다.
차대하였다. 영의정 정존겸(鄭存謙)이 아뢰기를,

"전 헌납 김이용(金履鏞)이 상소하여 북도의 녹용(鹿茸)에 대한 폐단을 진달하였습니다. 그런데 들으니, 약원(藥院)에서 녹용을 봉상(捧上)할 때에 애당초 한 대(對)마다 4냥쭝을 표준으로 삼는 규정이 없으며, 4냥쭝을 표준으로 삼는 것은 틀림없이 심약(審藥)의 무리들이 조종(操縱)을 하고 농간을 부리는데서 이루어진 것입니다. 그러니 도신(道臣)과 수신(帥臣)에게 행회(行會)하여, 중량과 수량에 구애를 받지 말고 그들로 하여금 진품(眞品)을 가려서 봉진(封進)하도록 하는 것이 적당하겠습니다."29)

위의 기록을 살펴보면 녹용을 진상할 때 녹용 한 대(對)마다 4냥쭝을 표준으로 삼는 규정이 없는데도 불구하고, 4냥쭝을 표준으로 삼는 것은 심약의 조종과 농간 때문이니 감사(관찰사)와 절도사(병마절도사와 수군절도사)가 진품을 가려 진상하게 하자는 내용을 영의정 정존겸이 정조에게 건의하고 있다는 것을 알 수 있다. 이러한 내용은 귀한 약재인 녹용의 감사권한을 가진 심약(審藥)들이 인삼의 진상과 공납과정에서의 삼장사꾼과 마찬가지로 녹용을 취급하는 무리와 결탁하여 그 값을 조종(操縱)하고 농간을 부리는 폐단을 개선해 보고자 영의정 정존겸이 건의하고 있는 것이다.

다음은 녹용공납 폐단과 관련한 1789년(정조 13년) 8월 6일의 기록이다.

차대하여 녹용 공납 폐단에 대해 신칙하다.

차대하여 북도(北道)에서 녹용을 공납하는 폐단에 대해 신칙하였다. 이에 앞서 우의정 채제공이 아뢰기를,

"신이 지난해에 북영(北營)을 맡고 있을 적에, 녹용 한 대(對)의 값을 80냥으로 정했었는데 요즘에는 4, 5백 냥이나 된다고 합니다. 이는 모두가 심약(審藥)이 중간에서 농간을 부리기 때문입니다. 북지(北地)의 녹용은 봉진을 허락하지 않고 곧장 본값으로 징납하는데, 각 고을에서 나오는 데가 없고 보니 부득불 해마다 민간에다 강제로 떠맡기고 있습니다. 불가불 한 차례 탕척하여 간악한 짓을 막아야 할 것입니다."

29) 「정조실록」, 정조 8년(1784년) 윤3월 10일.

위의 기록은 우의정 채제공이 녹용의 값이 몇 갑절이나 오른 것은 심약의 농간 때문이니 처벌을 해야 된다는 것을 정조에게 건의하고 있는 내용이다.

Ⅳ. 삼폐(蔘弊)와 관련된 부가세와 무납

앞의 정만석의 삼폐(蔘弊) 관련 상소에서 "삼 1전(錢)의 값이 40냥(兩)으로 정해져 있는데, 색가(色價) · 칭축가(稱縮價) · 태가(駄價) 및 심약과 의생(醫生)에게 주는 정채(情債)와 잡비(雜費)까지 합쳐 계산하면 1전에 들어가는 비용이 족히 70금(金)이 되고도 남습니다. 이 모든 비용이 백성에게서 나오는데 혹 결부(結夫)에게 거둬 가기도 하고 혹 보인(保人)을 정해 포목을 납부하게 하기도 합니다."라는 내용이 있다.

위의 내용은 '삼 1전(錢)의 값이 40냥(兩)으로 정해져 있는데 각종 부대비용이 붙어 1전에 들어가는 비용이 족히 70금(金)이 되고도 남습니다'라는 내용은 삼 1전의 값이 40냥에서 70냥으로 불어난 이유에 대하여 설명하고 있는 것이다.

위의 내용처럼 인삼의 값이 오르게 된 원인 중에서 먼저 색가(色價)는 간색가(看色價)라고도 하는 것으로 물건의 우열과 진가를 감정하는데 들어가는 수수료를 말하는 것이다. 간색가(看色價)와 유사한 용어로 조선시대 부가세였던 간색미((看色米)라는 것도 있었다. 이 간색미는 세곡의 수량을 검사하는 담당자인 급창과 세곡을 보관하던 고지기(창고관리자)의 보수를 말하는 것인데 세곡 1석당 1되의 간색미를 징수하였다.[30]

다음으로, 칭축가(稱縮價)는 평축가(秤縮價)라고도 하는 것으로 본래의 무게나 양에서 축난 것을 보충하는 비용이다. 인삼이란 땅에서 생산

30) 최학삼, 2016a, "조선시대 별도세, 목적세, 부가세에 관한 연구", 「조세연구」 제16권 제2집(통권 제32권), p.58.

되는 물건이므로 처음 캐었을 때 단 근량에 비하여 시간이 지난 뒤에는 자연 시들거나 잔뿌리가 떨어지거나 하여 근량이 축나게 된다. 곧 이 축난 근량을 보충하는 가격을 말한다. 이 칭축가(稱縮價)와 유사한 의미로 쓰인 조선시대 부가세로는 곡상(斛上)이 있었다. 곡상은 곡물의 부패나 건조 등 곡물 자체적 생기는 감축분을 보충하기 위한 부가세로 세곡 1석당 3되를 징수하였다.[31]

다음으로, 태가(駄價)는 수운가(輸運價)라고도 하는 것으로 운반하는데 드는 비용을 말한다. 공물(貢物) 중에도 특히 인삼은 운반과정에서의 유실이나 농간을 막기 위하여 감시관을 수행시키는 등 각별히 유의하였기 때문에 운반 및 감시관에 대한 비용 또한 타 공물에 비하여 많이 들었다. 수운가 외에 조선시대 때 공물, 세곡 등을 운반할 때 징수했던 부가세로는 선가(船價), 기선요미(騎船料米), 부석가(負石價), 차사원지공(差使員支供) 등이 이었다. 선가는 세곡[32] 운송시에 이용하는 배의 운임인데 충청도, 경상도, 전라도 삼남지방의 조선(漕船)을 두고 있는 군에서는 수납하지 않았다. 기선요미는 선창에서 바다에 떠 있는 세곡선까지 싣고 가는 종선의 운임이고, 부석가는 세곡을 조선(漕船)에 실을 때에 고용한 일꾼에게 지급하기 위하여 징수하던 부가세이며, 차사원지공은 세곡 운송을 맡아보는 관리의 식량으로 쓰려고 거두던 부가세이다.[33]

다음으로 심약과 의생(醫生)에게 주는 정채(情債)와 잡비(雜費)는 심약과 의생에게 주는 인정잡비(人情雜費)라고 할 수 있는데 말 그대로 인정으로 주는 돈이나 물건 등의 잡비를 말한다. 이와 유사한 용어로 조선시대 부가세로 인정미(人情米)라는 것이 있었다. 인정미는 세곡의 검사를 위하여 파견된 각 사(司)의 담당 관리에게 위로비조로 세곡 1석에 쌀 2되씩 징수하였는데 인정가(人情價)라고도 하였다. 인정미는 말이 좋아 위

31) 최학삼, 2016a, 앞의 논문, p.56.
32) 최학삼, 2016a, 앞의 논문, p.56.
33) 최학삼, 2016a, 앞의 논문, p.57.

로비이지 이는 바로 세곡검사 담당관리에게 은근히 건네주었던 뇌물인 것이다. 인정잡비의 성격 또한 마찬가지인 것이다.

〈표 4〉 인삼의 진상 및 공납과 관련된 부가세

부가세 명칭	성격	전세(田稅)에 부가된 유사 부가세
색가(간색가: 看色價)	물건의 우열과 진가를 감정하는데 들어가는 수수료	간색미((看色米)
칭축가(稱縮價) 또는 평축가(枰縮價)	본래의 무게나 양에서 축난 것을 보충하는 비용	곡상(斛上)
태가(駄價) 또는 수운가(輸運價)	운반하는 데 드는 비용	선가(船價), 기선요미(騎船料米), 부석가(負石價), 차사원지공(差使員支供)
정채(情債)와 잡비 또는 인정잡비(人情雜費)	인정으로 주는 돈이나 물건 등의 잡비	인정미(人情米)

다음으로 앞의 정만석의 삼페(蔘弊) 관련 상소의 마지막 부분을 살펴보도록 한다.

> "이것이 바로 나공(羅貢)이라고 이름하는 것입니다만 사실은 모두가 경무(京貿)인 셈인데 가끔 가다가는 일찍이 올렸던 물건을 돌려가면서 다시 납부하게 하는 경우도 있습니다. 그렇다면 어찌 그토록 민력(民力)을 고갈시켜 가면서 삼 장사꾼들이 이익을 독점하도록 해 주어서야 되겠습니까. 만약 폐단을 바로잡으려 한다면 서울에서 작공(作貢)하게 하는 것이 가장 좋을 것인데, 그렇게 하면 각 영과 본읍 사이에서 한없이 빠져 나가는 비용을 절감할 수 있어 결세(結稅)도 조금 가벼워지고 군정(軍丁)도 꽤 여유를 되찾게 될 것입니다."

위의 기록을 살펴보면 나삼(羅蔘)을 공납한다고는 하나 사실은 서울

(한양)의 삼상(參商)에게서 사들였다는 것을 알 수 있는데 이러한 내용은 각관(各官)에서 매년 본색(本色)으로 이를 납부하지 못한 채 결국 경중(京中)에서 인삼을 사서 납부하게 되는 이른바 무납(貿納)의 실태를 거론하고 있는 것이다.[34] 또한, 각종 부가세가 추가되어 인삼의 값이 크게 오른 상태에서 삼상(參商)들에게 대납하게 한다면 그 고통은 고스란히 백성들에게 돌아가고 이익은 삼상(參商)이 독점하게 되는 것이다. 그 이후에는 삼상들과 결탁한 심약 등의 관리에게 당연히 이익의 일부가 돌아갔을 것이다.

위의 기록에서 정만석은 이러한 폐단을 개선하려면 서울에서 작공(作貢)하게 하는 것이 가장 좋다고 하였다. 이 내용은 바로 대동법(大同法)의 방법처럼 관에서 삼상에게 미리 정해진 인삼 값을 주고 인삼을 구매하면 된다는 것을 말하고 있는 것이다. 즉, 공물방납의 폐단을 막기 위한 대동법 본래의 목적처럼 공물 대신 쌀을 백성에게서 받고 해당 관청에서는 필요한 인삼을 삼상에게서 구매하면 백성의 부담인 결세(結稅)도 가벼워지고 군정(軍丁)에도 여유가 생길 수 있다는 것을 말하는 것이다.

그러나 광해군 때부터 차츰 시행되어져 온 대동법은 정만석이 삼폐(蔘弊)에 대한 상소를 올리는 시점인 정조 말기까지도 완전한 성공은 거두지 못하고 있었다. 특히, 약재 및 인삼 등에서는 대동법의 시행과정에서 필요한 물량만큼 구하기도 어려워지고 품질이 떨어지는 물건으로 인해 임금과 왕실, 내의원, 전의감, 혜민서 등의 의료기관에서 많은 불만이 제기되기도 하였다. 이러한 내용으로 인해 약재 및 인삼 등은 기존의 진상이나 공납방식이 그대로 재연되게 된 것이다.

34) 박평식, 2008a, 앞의 논문, p.211.

V. 결론

인삼(人蔘)은 우리 민족의 가장 귀하고 중요한 약재 중의 한 가지이다. 조선시대 때 인삼의 주요 사용처는 왕실, 의료기관, 양반을 비롯한 일부 부유층, 명나라에 황실에의 진헌용, 왜국에 보내는 용도 등이 있었다. 이처럼 그 수요가 많고 중요한 약재인 인삼은 진상 및 공납하는 과정에서 담당관리와 결탁한 무리가 부정한 방법으로 이익을 보려고 하는 폐단의 가능성이 그만큼 더 컸을 것으로 예상이 된다. 본 연구는 이러한 예상에서 출발하여 「조선왕조실록」에서 연일현감 정만석이 정조에게 올린 영남의 여섯 가지 폐단과 관련한 상소 중에서 삼폐((蔘弊)에 대하여 검토해 보았다.

정만석이 정조에게 보고한 인삼의 공납과 관련한 폐단은 인삼을 주로 사용하는 임금과 왕실, 지배계층 등에 피해를 주었을 뿐만 아니라 명나라에 보내는 진헌(進獻)인삼의 준비에도 큰 차질을 주었다. 이와 관련하여 인삼의 진상과 공납과정에 책임이 있는 관리인 심약에게 삼상이 들러붙어 이권관계를 맺은 후 거기에서 발생하는 이익을 분배하는 부정이 있었다. 즉, 삼상이 먼저 민간에서 인삼을 거의 다 구매해 버리고 나면 인삼을 공납해야 되는 지역의 백성들은 자연히 공납해야 되는 인삼이 부족해질 수밖에 없는 것이다. 거기에다가 명나라에 진헌하는 인삼까지 배정받을 경우는 더더욱 인삼을 구하기가 어려워지는 것이다.

이러한 상황에서 삼상이 인삼의 채취시기 및 품질 등의 감사권한을 갖고 있던 심약과 결탁하여 자기들이 판매하는 인삼이 아니면 공납을 받아주지 않는 인삼의 방납폐단이 발생했고, 공납책임이 있는 백성들은 기본 인삼가격보다 몇 갑절이나 높은 가격으로 인삼을 삼상에게 구매하여 공납하는 수밖에 없었던 것이다. 또한, 인삼의 공납이 인삼산지에서 이루어지는 것이 아니라 산지에서 미리 인삼을 구매해 둔 서울의 삼상을 통해 이루어지는 이른바 무납이 성행하기도 하였으며, 인삼 공납을 위한 유통과정에서 본래의 인삼가격에 각종 수수료와 비용을 포함하는 부가세가 들러붙어 인삼의 가격이 크게 오르면 그 부분까지도 백성의 부담으로 돌아가는 현상이 발생했다. 부가세 중에는 사실상 심약과 의생에게 주는 뇌물성격의 잡비도 있었다. 이러한 내용들이 인삼공납의 과정에서 발생하였던 폐단을 설명해 주는 것이다.

정만석은 이러한 인삼공납의 폐단에 대한 개선책으로 서울에서 작공(作貢)하게 하는 방법을 제안하였다. 즉 대동법(大同法)의 방법처럼 관에서 삼상에게 미리 정해진 인삼 값을 주고 인삼을 구매하면 된다는 것을 말하고 있는 것이다. 즉, 공물방납의 폐단을 막기 위한 대동법 본래의 목적처럼 공물 대신 쌀을 백성에게서 받고 해당 관청에서는 필요한 인삼을 삼상에게서 구매하면 백성의 부담인 결세(結稅)도 가벼워지고 군정(軍丁)에도 여유가 생길 수 있다는 점을 강조한 것이다. 그러나 광해군 때부터 차츰 시행되어져 온 대동법은 정만석이 삼폐(蔘弊)에 대한 상소를 올리는 시점인 정조 말기까지도 완전한 성공은 거두지 못하고 있었다. 특히, 약재 및 인삼 등에서는 대동법의 시행과정에서 필요한 물량만큼 구하기도 어려워지고 품질이 떨어지는 물건으로 인해 임금과 왕실, 내의원, 전의감, 혜민서 등의 의료기관에서 많은 불만이 제기되기도 하였다. 이러한 내용으로 인해 약재 및 인삼 등은 기존의 진상이나 공납방식이 그대로 재연되게 된 것이다.

본 연구는 삼상이 지방관청과의 특수관계를 이용하여 인삼공납의 방납을 일삼는 인삼공납의 폐단에 대한 단순한 이해보다는 삼상이 심약이라는 지방의원과 결탁하여 인삼공납의 방납을 일삼고, 그 과정에서 발생하는 인삼가격의 폭등과 부정이익의 공유, 각종 부가세의 발생 등 폐단이 발생하여 인삼을 공납하는 백성의 고통이 가중되었다는 것을 정만석의 상소를 통해 발견했다는 것에 그 의의가 있다.

참고문헌

(국역) 「조선왕조실록」, 국사편찬위원회.

김동철, 1989, "吳星著《朝鮮後期 商人硏究－17·8 世紀 人蔘·木材·米穀·鹽商의 活動을 중심으로－》(서울 : 一潮閣, 1989)", 「역사학보」 제124집: 207－217.

문광균, 2011, "18세기 강계(江界)지역 공삼제(貢蔘制)의 운영과 변화", 「조선시대사학보」 제57집: 161－206.

박평식, 2008a, "朝鮮前期의 人蔘政策과 人蔘流通"「한국사연구」 제143집: 201－241.

______, 2008b, "宣祖朝의 對明 人蔘貿易과 人蔘商人", 「역사교육」 제108집: 127－158.

신동원, 2004, "조선후기 의원의 존재 양태", 「한국과학사학회지」 제26권 제2호:197－246.

오기수, 2012, 「조선시대의 조세법」, 어울림.

윤국일, 2005,「신편 경국대전」, 신서원.

정약용·박일봉(역), 2012, 「목민심서」, 육문사.

최학삼, 2016a, "조선시대 별도세, 목적세, 부가세에 관한 연구", 「조세연구」 제16권 제2호: 37－64.

______, 2016b, "서애 류성룡의 경세(經世)사상과 조세개혁정책 시행에 관한 연구", 「산업경제연구」 제29권 제5호 통권(127호): 2047－2075.

저자약력

최학삼

경북대학교 대학원 회계학과 졸업(경영학석사)
경북대학교 대학원 회계학과 졸업(경영학박사)
(사)한국회계학회 영구회원
(사)한국세무학회 영구회원
(사)한국조세연구포럼 영구회원
(사)한국조세사학회 정회원
(사)한국국제회계학회 상임이사, 영구회원
(사)한국국제회계학회 사무국장 역임(前)
김해대학교 세무회계과 교수(前)
김해세무서 국세심사위원회 심사위원(前)
현, 김해대학교 사회복지상담과 교수
현, 김해대학교 입학홍보처장
현, 부산지방국세청 국세심사위원회 심사위원
현, 김해세무서 납세자보호위원회 및 공적심의회 위원

저서 및 주요논문
핵심 국세기본법 및 부가가치세 정리, 2015, 탑21북스
핵심 소득세법, 2016, 탑21북스
부가가치세 실무, 2017, 유원북스

재무적자비율과 재무흑자비율 및 잉여현금흐름이 조세회피에 미치는 영향, 경북대학교 경영학박사학위논문
민고(民庫)에서 징수한 부가세에 관한 연구, 2019, (사)국제문화기술진흥원
고려시대 전세체계 및 임시목적세 징수에 관한 연구, 2018, (사)한국세무학회
갑오개혁과 동학농민운동의 조세제도개혁 관련성에 관한 연구, 2017, (사)한국조세연구포럼
조선시대 별도세, 목적세, 부가세에 관한 연구 2016, (사)한국조세연구포럼
조선시대 훈련도감과 기타 중앙군영 및 장용영의 재정조달에 관한 연구, 2016, (사)한국조세연구포럼
재무적 상황과 조세회피, 2015, (사)한국산업경영학회
잉여현금흐름과 조세회피, 2015, (사)한국산업경제학회 등 다수

조선을 이끈 경세가들

초판 발행 2020년 2월 20일

지은이 최학삼
펴낸이 안종만 · 안상준

편 집 우석진
기획/마케팅 박세기
표지디자인 벤스토리
제 작 우인도 · 고철민

펴낸곳 (주) 박영사
서울특별시 종로구 새문안로3길 36, 1601
등록 1959. 3. 11. 제300-1959-1호(倫)
전 화 02)733-6771
f a x 02)736-4818
e-mail pys@pybook.co.kr
homepage www.pybook.co.kr
ISBN 979-11-303-0939-2 93300

정 가 18,000원